Une journée Montessori

Crédits photo : © Marine Poron

© Hachette Livre (Marabout), 2017.
Aucune partie de ce livre ne peut être reproduite sous quelque forme que ce soit ou par quelque moyen électronique ou mécanique que ce soit, y compris des systèmes de stockage d'information ou de recherche documentaire, sans autorisation écrite de l'éditeur.

AUDREY ZUCCHI

Une journée Montessori

MARABOUT

SOMMAIRE

Faire le choix de la bienveillance 9

UNE JOURNÉE EN FAMILLE

Pour des matins qui chantent 49
Pour des repas zen 85
Pour des activités épanouissantes 113
Pour des soirées apaisées 151
Pour mieux vivre tous ensemble 181

VOS ALLIÉS AU QUOTIDIEN

Adoptez la philosophie du hygge 215
L'alimentation positive 229
Les remèdes naturels 255

Oui, nos enfants ont des super-pouvoirs ! 287
Bibliographie 291
Remerciements 293
No Milk Today ! 295

Le minimum à savoir est qu'élever un enfant n'est pas une mince affaire. Selon ma femme, c'est un test destiné à éprouver notre capacité à supporter le désordre et l'imprévisible. Un examen pour lequel il n'existe aucune préparation universitaire, et dont les résultats ne sont pas toujours rassurants. Lorsqu'on veut signifier que quelque chose n'est pas aussi difficile qu'on le croit, plutôt que de citer la technologie spatiale ou la chirurgie du cerveau, on devrait plutôt dire : « Bon, ce n'est pas comme s'il s'agissait d'élever un enfant… »

Alfie Kohn,
Aimer nos enfants inconditionnellement

Avec les enfants comme en de nombreuses situations de la vie, s'en référer à Confucius : espérer le meilleur, prévoir le pire, prendre ce qui vient.

Sandrine Donzel, sur son blog « S Comm C »

FAIRE LE CHOIX
DE LA BIENVEILLANCE

É chographie du troisième trimestre. J'ai lu tous les livres pour mener ma grossesse dans les meilleures conditions jusqu'à son terme. Il est temps de trouver le bon mode d'emploi pour élever cet enfant, notre enfant, MON enfant. De *Dresser un être de pulsions* à *Cultiver la perle rare*, j'ai acheté, emprunté, dévoré, stabiloté, corné, annoté un grand nombre d'ouvrages de courant divers. Certains m'ont ennuyée, voire indignée. D'autres ont bouleversé mes croyances et ont été de grandes sources d'inspiration. Mais je n'avais pas encore compris que tant que la rencontre n'aurait pas lieu, cela ne servirait à rien. Qu'il nous faudrait de longs mois pour « expérimenter » vraiment cette nouvelle vie ensemble, nous découvrir, enfant, père, mère, nous comprendre quelquefois, nous tromper souvent, tâtonner beaucoup, espérer « bien faire » toujours.

Je n'avais pas encore compris non plus que cette quête de « bien faire » (ou quelquefois ce simple questionnement : « comment faire ? ») ne cesserait jamais. Ma bibliothèque recèle ainsi de nombreux ouvrages dédiés aux relations entre parents et enfants, ou bien portant sur l'analyse seule des enfants comme des êtres méconnus, alors qu'ils vivent sous notre propre toit !

Comme tout parent, je suis émerveillée d'avoir des enfants si compétents, drôles, affectueux, pétillants, bienveillants, intelligents, touchants… Mais je suis aussi confrontée à des enfants exigeants (pour le dire d'une manière politiquement correcte), qui m'ont poussée dans mes retranchements, fait m'interroger, qui m'ont « exaspérée » avec leur ténacité, face auxquels je me sentais démunie lors des inévitables tempêtes émotionnelles. Vu le niveau de fréquentation du rayon « Parentalité » en librairie ou les discussions qui animent nombre d'adultes la trentaine passée, je sais que je ne suis pas la seule : tous les parents cherchent, à leur manière ! D'ailleurs, c'est avec amusement que je jette toujours un œil aux ouvrages présents dans la bibliothèque d'amis eux aussi parents pour mieux comprendre où ils en sont dans leur relation : *Pour une enfance heureuse, Parents efficaces, Tout se joue avant six ans, Avant j'avais une vie, maintenant j'ai des enfants, La discipline sans drame, Il me cherche !, Savoir dire non la conscience tranquille, J'ai tout essayé !*, etc. Les titres des livres sur la parentalité sont effectivement très parlants !

Aujourd'hui, je sais que le guide infaillible n'existera jamais et c'est heureux. Chaque enfant, chaque parent, chaque famille étant différente, chacun construira sa propre méthode, à partir de sa soif de connaissances, de ses sources d'inspiration, de ses rencontres heureuses, de ses prises de conscience.

En effet, nous ne sommes pas « parents » le jour où nous le devenons. Loin de là ! L'enfant étant un être d'interaction, sans cesse en mouvement et en transformation, il nous impose de suivre le rythme – son rythme, plus exactement ! Être parent est un processus d'apprentissage, de croissance et de développement personnel tout à la fois réciproque et perpétuel. Ce qui est d'ailleurs profondément réjouissant : s'il y a des personnes auxquelles nous devons donner le meilleur de nous-même, ce sont bien nos enfants ! Sautons sur l'occasion pour nous améliorer en tant que parent, mais également en tant qu'être humain ! Élevons nos enfants et « élevons-nous » également, au sens propre du terme !

En multipliant mes lectures, discussions passionnées, phases d'introspection et expériences, j'ai pu trouver ici ou là des informations capitales et des conseils avisés, m'intéresser aux pédagogies alternatives, comprendre les rouages du développement du cerveau humain, découvrir la communication non-violente, saisir l'impact de l'alimentation, du sommeil ou apprécier l'aide des remèdes naturels…

Je ne suis ni spécialiste de la petite enfance ni professionnelle de la psychologie. Ma seule expérience est d'être mère, mais je partage bien volontiers les sources et découvertes qui m'ont permis de grandir et d'essayer également d'« élever » mes enfants. Puissent-elles vous aider et vous apporter du bon dans la relation à ceux que vous chérissez le plus au monde.

Être parent : un art difficile

« Tout a commencé le jour où, en regardant mes enfants, je me suis dit que j'étais une meilleure mère avant de les avoir. Rien, rien, RIEN ne se passait comme je l'avais prévu ! » Cette réplique de *Serial Mother* a le don de me faire sourire, mais je sais aussi qu'elle résonne fort chez de nombreux parents, désemparés par la tâche ardue (et largement sous-estimée !) que constitue l'art d'élever des enfants.

D'ailleurs, c'est un paradoxe terriblement injuste : alors que le nombre de mètres linéaires dédiés à la parentalité s'allonge de mois en mois en librairies, les stages et conférences sur l'éducation affichent complet, les émissions, magazines et sites Internet dédiés au sujet connaissent une forte audience, les écoles alternatives se multiplient, jamais la mission de parent ne nous a paru aussi délicate !

Élever des enfants serait-il donc devenu plus difficile ? Ou peut-être est-ce notre regard sur l'éducation qui a évolué, dans une société qui a connu, ces dernières décennies, de profonds changements.

Dans une famille qui bouge, la place de chacun change

Depuis les années 1970, tous les membres de la famille sont confrontés à un véritable jeu de chaises musicales.

Exit le patriarche autoritaire, place au papa poule ! Prendre en charge des tâches ménagères, jouer avec les enfants, aller les chercher à l'école ou aux activités parascolaires, les pères d'aujourd'hui sont bien plus investis dans la vie domestique que ne l'étaient les nôtres dans leur grande majorité. Qu'il s'agisse d'un souhait et/ou d'un « ajustement » dans la vie du couple, cela les rend plus doux, plus tendres, plus compréhensifs et plus complices avec leurs enfants.

À l'opposé, les mamans assument souvent le statut de «cumularde». Avec une vie sociale et professionnelle souvent plus active que celle de nos mères, elles ne sont plus dévouées exclusivement aux desiderata du foyer. Cette surcharge de travail aurait tendance à les rendre plus autoritaires, moins patientes et, surtout, moins présentes auprès de leurs enfants. Toujours en quête de perfection, la plupart persistent à se couper en quatre tout en culpabilisant allègrement de n'en faire jamais assez.

Par ailleurs, les familles se composent et se recomposent, ce qui implique que chacun redéfinisse son rôle à l'aune des nouveaux arrivants, de leur personnalité, de leurs exigences : belle-mère, beau-père, demi-frères et demi-sœurs, sans oublier les nouveaux bébés !

Pour accroître encore la difficulté, ce jeu de chaises musicales est un peu biaisé puisque personne ne perd véritablement sa chaise, mais s'assoit à moitié sur celle du voisin ! Certes, c'est super de ne plus nous en tenir à un rôle étriqué devant nos enfants (le gentil/le méchant, l'autoritaire/le laxiste…). Mais avouons que nous sommes parfois déstabilisés et que nous ne savons plus véritablement quelle posture adopter face à l'enfant.

Les enfants sont eux aussi bien différents de ceux que l'on a été

«Ah, les enfants d'aujourd'hui ! Ils sont capricieux, hyperactifs, réfractaires à l'autorité…» Autant de reproches que l'on voit ressurgir de génération en génération ! Le progrès technologique, l'accélération du temps, un environnement toujours plus complexe, une plus grande liberté de parole et d'actions sont autant d'éléments qui modifient le comportement des enfants, s'adaptant ni plus ni moins au monde dans lequel ils naissent. Nos grands-parents faisaient déjà le même constat avec nos propres parents et cela fonctionne avec les générations précédentes, de nombreux écrits l'attestent.

Il est amusant de constater que ce mouvement immuable est systématiquement oublié, chaque génération se prévalant d'avoir les enfants les plus difficiles à éduquer…

L'enfant est devenu un choix, presque une cerise sur le gâteau

La naissance d'un enfant est de plus en plus programmée, organisée dans ses moindres détails, fantasmée. Fruit d'une expérience de couple souvent bien installé, elle vient « couronner » une vie qu'on estime avoir bien remplie. Mais ce tout petit bébé qu'on s'apprête à accueillir a intérêt à avoir les épaules solides !

Si les mécanismes psychologiques et émotionnels à l'œuvre derrière nos façons d'être parent sont complexes et multiples, nous avons tous tendance à reproduire les comportements suivants (il est possible de cocher une ou plusieurs cases…

* Angoissés par un futur qui s'annonce toujours plus difficile, nous souhaitons préparer au mieux nos enfants en les dotant de mille compétences : initiation à l'anglais, méthodes de lecture et d'écriture, cours de judo, de tennis ou d'échecs, etc.

* Espérant combler nos manques (qu'il s'agisse du temps qu'on leur offre ou de ce dont nous avons été privés dans notre propre enfance), nous les gâtons abondamment et sommes capables de nous mettre en quatre pour répondre à leurs moindres désirs.

* Comme nous ne supportons pas qu'ils puissent vivre un échec, nous les surprotégeons, au point d'annihiler leurs capacités d'initiative, et nous interférons en permanence dans leur vie.

* Par ailleurs, nous tentons de gonfler au maximum leur confiance en eux, multipliant les compliments, les portant aux nues quoi qu'ils fassent, confondant souvent des propos flatteurs pour l'ego avec la construction d'une véritable estime de soi.

* Devenant notre principale projection (parce que nos vies nous déçoivent ou simplement parce que notre génération a moins d'enfants que celles qui nous ont précédés), nous attendons de nos enfants qu'ils aient des qualités exceptionnelles. C'est ce qui nous attirera louanges et admiration de la part des autres !

Il nous faut bien le confesser, ces enfants à qui l'on donne tant, nous souhaiterions – plus ou moins consciemment – qu'ils répondent à l'image d'un enfant idéal : beau, intelligent, en bonne santé, drôle, sociable…

Et cet enfant a son corollaire : la famille idéale ! Celle que l'on imagine comme un havre de paix et d'amour, le lieu ultime du bonheur à l'heure où le monde extérieur est si menaçant, si angoissant. Celle qui nous est montrée à longueur de journée, dans les médias, comme un cocon rassurant. Celle que l'on a l'impression d'observer par le trou de la serrure sur les réseaux sociaux.

Facebook, Instagram et de nombreux blogs nous renvoient l'image de familles parfaites, de mères épanouies, d'enfants sages et super-lookés, nous faisant oublier au passage que tous ces clichés sont soigneusement préparés par des « professionnelles de la maternité et de la mise en scène de soi ». Loin d'être inspirante, « la fréquentation des réseaux sociaux vient exacerber les petites contrariétés de la vie quotidienne » de mères découragées face à cette inaccessible injonction de perfection, frustrées, agacées ou déçues de leurs relations quotidiennes, attristées par le sentiment d'avoir raté quelque chose. « Comme si désormais, pour réussir sa vie, il convenait aussi d'afficher son épanouissement personnel et celui de ses enfants. Et peu importe si cela passe par des heures à enfiler des chemises en lin à son bébé, ou à recoiffer sa petite dernière tout en faisant disparaître les bavoirs de la cuisine[1]. »

Dans ce contexte, être parent aujourd'hui ne peut qu'être un art difficile. Prendre conscience des changements profonds survenus dans les relations parents/enfants est un premier pas. Mais cela doit surtout nous inciter à chercher une nouvelle manière de définir nos rôles et à poser les bases d'une relation apaisée et authentique.

---

1. Zineb Dryef « Le retour de la mère parfaite », *Le Monde*, 27 mai 2016.

Vive la parentalité bienveillante

Depuis quelques années, l'éducation bienveillante (aussi appelée éducation positive ou respectueuse) a le vent en poupe. Elle s'appuie sur ce principe : l'enfant n'est pas un adulte miniature, avec des « sous-droits » et des « sous-compétences », mais un être à part entière qu'il s'agit de respecter comme tel. C'est en sens une évolution assez naturelle de la société où la démocratisation finit par toucher toutes les couches de la population et où chaque être humain peut prétendre être l'égal de l'autre (homme/femme, patron/salariés, gouvernants/citoyens…).

Selon ce principe, l'adulte ne « dirige » pas l'enfant, mais l'accompagne par un comportement fait d'empathie et d'écoute. Il ne cherche pas à orienter les actions de l'enfant, mais seulement à lui proposer un environnement suffisamment riche et harmonieux pour que ce dernier puisse se développer en confiance et apprendre les valeurs essentielles à la vie en société.

L'éducation bienveillante propose donc aux parents de troquer les comportements coercitifs, autoritaires ou laxistes contre une attitude qui prend en compte les besoins de l'enfant en termes d'affection et de sécurité, qui reconnaît les sentiments et émotions qui le traversent (et parfois le submergent), qui respecte sa personne et lui assure un soutien indéfectible. Elle reconnaît le désir d'autonomie de l'enfant tout en fixant les règles et limites nécessaires à son bon développement et à son épanouissement.

Au quotidien, c'est une attitude, des paroles, des modes de résolution de conflits, une écoute, une remise en question perpétuelle. Bref, une philosophie de vie étayée par de nombreux outils, pour le bien-être de toute la famille.

La parentalité positive trouve ses sources dans de multiples disciplines utilisées par et pour les adultes. La communication non violente (CNV) en fait partie et ses principes sont notamment utilisés au quotidien pour renforcer les relations et instaurer un respect mutuel entre les parties. Le père de la CNV, Marshall B. Rosenberg, l'envisage comme étant la capacité d'un individu à « vivre avec l'élan du cœur, observer sans jugement, distinguer entre nos sentiments et nos besoins, formuler des demandes claires et encourager les relations au service de la vie[1] ».

Sur le papier, la promesse est claire. Elle s'impose d'ailleurs comme une évidence lorsqu'on la lit au calme, dans son canapé. Mais quand votre enfant chahute alors que vous téléphonez ou qu'il renverse son verre pour la troisième fois, votre cerveau disjoncte et vous avez plus tendance à vous transformer en l'incroyable Hulk qu'à repenser la situation à la lumière de Marshall Rosenberg. Car être un parent positif, en adopter l'attitude et le langage, cela s'apprend, comme nous apprenons à maîtriser une autre langue et une autre culture. Et cela demande beaucoup de persévérance !

Ce qu'en disent les neurosciences

Ces quarante dernières années ont été, dans le domaine des neurosciences, riches en expériences et découvertes qui confirment l'intérêt d'une éducation bienveillante pour le développement harmonieux de l'être humain. Il s'agit là de preuves scientifiques, diffusées auprès du grand public par des experts émérites comme les docteurs Catherine Gueguen ou Daniel J. Seigel et Tina Payne Bryson. Démocratisant la manière dont se développe et fonctionne le cerveau de l'enfant, leurs livres[2] vous donnent l'impression d'avoir entre les mains la (passionnante) notice technique de nos enfants. Parmi les découvertes dont ils parlent dans leurs ouvrages, voici celles qui m'ont le plus épatée.

Le cerveau de l'enfant est en construction jusqu'à ses 25 ans !

À la naissance, le cerveau de l'enfant est immature, fragile et malléable, mais déjà extrêmement puissant. À chaque seconde, des millions de connexions se font entre ses neurones, en fonction des expériences

---

1. Marshall B. Rosenberg, *Les Ressources insoupçonnées de la colère : approche de la communication non violente*, Jouvence, 2012.
2. Catherine Gueguen, *Pour une enfance heureuse : repenser l'éducation à la lumière des dernières découvertes sur le cerveau*, Pocket, 2015 ; Daniel Seigel et Tina Payne Bryson, *Le Cerveau de votre enfant*, Les arènes, 2015.

qu'il est amené à vivre. Pour profiter à plein de cette formidable plasticité cérébrale, les adultes doivent lui fournir un environnement de qualité, riche en expériences de toutes sortes.

Saviez-vous d'ailleurs que nous n'avons pas un, mais trois cerveaux : le cerveau archaïque, qui gère les fonctions physiologiques (respiration, rythme cardiaque, etc.) et permet également, en situation de stress, de déclencher des comportements primitifs tels que la fuite ou l'attaque ; le cerveau émotionnel, qui nous permet de ressentir les émotions mais aussi de réguler les signaux que peut nous envoyer le cerveau archaïque ; le cerveau supérieur, enfin, qui abrite les fonctions cognitives (langage, apprentissage, gestes, perception des sens, raisonnement, créativité, mais aussi empathie, conscience de soi, etc.).

Ces trois cerveaux vont évoluer progressivement au fur et à mesure de la croissance de l'enfant. L'une des clés du bien-être consistera à les faire fonctionner ensemble, de manière intégrée et équilibrée (par exemple, pour ne pas être submergé par nos émotions, réagir avec agressivité et prendre une décision irrationnelle, ou à l'inverse prendre une décision nous coupant de nos émotions). Il s'agit là d'un véritable apprentissage et d'un entraînement quotidien dans lequel les adultes ont un rôle clé à jouer auprès des enfants : leur expliquer comment le cerveau fonctionne et partager des outils très pratiques pour répondre à toutes les situations de la vie. L'escalier mental, la roue de la conscience, la télécommande de l'esprit ou le *mindsight* sont autant d'outils didactiques mis au point par Daniel Siegel et qui rendent cet apprentissage beaucoup plus simple qu'il n'y paraît.

Les adultes, des modèles à suivre pour les neurones miroirs de l'enfant

Si chaque enfant vient au monde avec sa personnalité, les adultes qui l'entourent ont une influence incroyable sur son comportement par le biais des neurones miroirs. Les scientifiques ont en effet constaté que le simple fait de regarder quelqu'un agir fait s'activer nos neurones miroirs et nous poussent à imiter la personne en question ou à décoder les émotions qui traversent. D'ailleurs, nous l'expérimentons régulièrement, lorsque nous avons envie de bâiller devant quelqu'un qui bâille, de boire devant quelqu'un qui boit, etc. Ne dit-on pas aussi que le rire ou le stress sont communicatifs ? Eh bien oui, c'est parce que nos neurones miroirs sont à l'œuvre !

Du fait de l'apprentissage implicite qui se produit via les neurones miroirs, tout adulte est pour l'enfant un modèle, bon ou mauvais. Quoi que nous fassions, l'enfant observe et imite, il se nourrit littéralement de nos gestes et de nos émotions. En avoir conscience doit nous permettre d'être exemplaires dans nos comportements, notre vocabulaire, l'expression de nos besoins et de nos sentiments et savoir précisément ce que nous souhaitons transmettre de nous-mêmes à nos enfants.

Les « caprices » n'existent pas

Si les enfants sont submergés par de véritables tempêtes émotionnelles jusqu'à six ou sept ans, c'est parce que les fonctions du cerveau qui leur permettraient d'analyser la situation pour s'en détacher ne sont pas encore matures. Oui, les chagrins sont inconsolables, les peurs abyssales, les colères terribles, mais ce ne sont pas des « comédies », comme on l'entend dire trop souvent : leur cerveau émotionnel est en lien direct avec leur cerveau archaïque, le cortex préfrontal n'agit pas encore comme un filtre !

L'enfant NE PEUT PAS réagir autrement. Dans ces conditions, inutile de l'en blâmer ou de lui demander d'arrêter de pleurer, d'avoir peur, d'être en colère. C'est tout aussi absurde que de lui suggérer de sauter 4,28 mètres à la perche ou de résoudre une équation à trois inconnues, car c'est IMPOSSIBLE pour lui.

Cela ne signifie pas que nous devons accéder à toutes ses demandes. Il s'agit simplement de comprendre que cette immaturité l'empêche de se calmer seul. Plus nous accompagnerons notre enfant avec empathie (par une attitude bienveillante, un soutien empathique, confirmé par l'expression du visage ou des gestes), plus nous l'aiderons à mettre en mots les émotions et sentiments qui le traversent, et plus son cerveau se développera harmonieusement.

Pas toujours simple pour les parents, me direz-vous? Même les grands pontes du cerveau comme Daniel Siegel l'admettent volontiers et vous encouragent avec humour: «Les moments où vous tentez de survivre sont en réalité des opportunités pour aider vos enfants à s'épanouir.»

Le stress abîme le cerveau de l'enfant

Depuis quelques années, les mécanismes du stress nous sont de mieux en mieux connus. Généré en quantité raisonnable chez un adulte, il nous donne «un coup de pouce», une énergie qui nous permet de faire face. Mais quand il est trop important, nous le ressentons de manière négative et il engendre de l'angoisse, de la peur et d'autres émotions ou sensations désagréables.

Chez les enfants, les situations de stress doivent être évitées. Les recherches ont en effet montré que le cortisol (hormone du stress) produit à des taux très élevés peut rester plusieurs heures, voire plusieurs jours, dans le cerveau et détruire des neurones chez l'enfant, notamment dans l'hippocampe ou dans le cortex préfrontal. L'adulte doit donc veiller à lui épargner le stress ou à le réconforter quand une situation stressante se produit.

✻ À l'école, à la crèche ou en famille, il faut éviter les situations où l'enfant est humilié (par des mots ou par des gestes) car, sous l'action du stress, l'hippocampe rétrécit et les mécanismes d'apprentissage sont entravés. À l'inverse, quand les adultes soutiennent et encourage l'enfant dès son plus jeune âge, le volume de l'hippocampe augmente.

✻ Il faut TOUJOURS réconforter un enfant (et a fortiori un bébé) qui pleure. Cette simple action permet au cerveau de produire un «antidote» très puissant, l'ocytocine (hormone de l'amour), qui va l'apaiser.

✻ La fessée, les coups, les cris, ce n'est pas anodin! Les violences physiques et verbales modifient les circuits cérébraux, notamment celles du cortex orbito-frontal, occasionnant des troubles du comportement, de l'anxiété, de la dépression.

La molécule qui atteste les bénéfices d'une parentalité bienveillante

À la fois hormone et neurotransmetteur, l'ocytocine est la molécule de l'amour, capable de générer dans l'organisme une multitude de réactions et de sensations agréables : stabilisation de l'humeur, sensation de bien-être et de plaisir, diminution du stress, développement de l'hippocampe (pour mieux apprendre et mémoriser), renforcement du lien et de l'affection qui unit les êtres, développement de l'empathie, de la confiance, de la coopération, etc.

Or, la production de l'ocytocine est liée à des situations agréables comme évoluer dans une ambiance bienveillante, recevoir des gestes affectueux, des regards aimants, des mots gentils prononcés d'une voix douce, avoir des interactions authentiques… En valorisant le fait de prendre soin d'un enfant, de le réconforter, de le rassurer, la parentalité bienveillante favorise donc ces réactions neurologiques vertueuses.

Comme le dit Catherine Guegen, « il faudra probablement un certain temps pour que ce savoir [au sujet des découvertes neuropédiatriques] se diffuse et fasse évoluer les habitudes culturelles. Ce savoir ne simplifie pas le rôle des adultes, mais il les rend plus conscients et plus responsables de leur attitude avec les enfants ». À bon entendeur…

C'est bon aussi pour les parents

Si vous n'en pouvez plus des « caprices » et des colères de votre enfant, si la maîtresse ne cesse de vous répéter qu'il est turbulent, si chaque matin c'est une bataille pour partir à l'heure à l'école, si vous en avez assez de répéter cent fois la même chose, si vos enfants n'arrêtent pas de se disputer, s'ils ne coopèrent jamais à la maison, s'ils sont incapables de jouer en silence tous seuls, adoptez la parentalité bienveillante !

✻ Votre enfant agit en miroir : si vous le respectez, si vous parlez calmement, d'une voix posée, si vous dites « je » au lieu d'un « tu » accusateur, il y a de fortes chances pour qu'il finisse par vous imiter ! Mais attention, l'inverse est vrai aussi !

✻ Accueillir les sentiments et émotions des enfants est un des piliers de la parentalité bienveillante. Et pas forcément le plus facile à assumer au quotidien ! Reconnaître finement une émotion, la gérer, exprimer avec justesse son ressenti, l'apprécier à sa juste valeur ou au contraire s'en détacher est une tâche ardue. Mais c'est aussi une grande force intérieure et une grande sagesse dont nous pouvons petit à petit doter nos enfants.

✳ La parentalité bienveillante responsabilise l'enfant : parce qu'il est conscient de son autonomie, il peut percevoir les conséquences de ses actes. Il fera ainsi naturellement attention à ses actions et, quand une erreur ou un désagrément se produira, il saura comment la réparer.

✳ La parentalité bienveillante développe le libre arbitre. Si vous êtes à l'écoute des choix, des envies, des aspirations de votre enfant, lui-même va apprendre à s'écouter. Et la nature humaine est suffisamment bien faite pour le pousser naturellement vers les activités adéquates à chaque phase de son développement. Vous n'entendrez plus jamais : « Je sais pas quoi faire, je m'ennuie… » et vous verrez de surcroît votre enfant pleinement investi et concentré dans des activités qui le passionnent.

✳ Parce qu'elle place parents et enfants dans un rapport de coopération et les fait agir en partenaires, la parentalité bienveillante va renforcer le sentiment d'appartenance familiale, incitant les enfants à plus de respect à l'encontre de la maisonnée. Elle va également le motiver à pratiquer l'entraide et le soutien mutuel. La prochaine fois que vous lancerez : « Dépêchons-nous, on va être en retard ! », c'est un « On arrive ! » clamé en chœur que vous entendrez.

Alors, on se lance ?

Montessori : une source d'inspiration formidable

Maria Montessori aurait pu être une héroïne de roman. Née en 1870, elle fut la première femme diplômée de médecine dans une Italie alors très conservatrice – la faculté de médecine était alors réservée aux hommes. Après avoir travaillé à la clinique psychiatrique de Rome auprès de jeunes enfants souffrant de troubles psychiques, elle se tourne vers la pédagogie. À partir d'observations et d'expérimentations, elle acquiert la conviction que les enfants disposent, dès la naissance, d'incroyables capacités d'apprentissage qui pourront se développer si l'on

FAIRE LE CHOIX DE LA BIENVEILLANCE

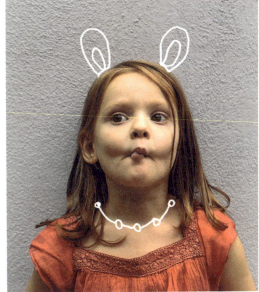

respecte leur histoire et leur personnalité propre. C'est sur cette conviction qu'elle fonde sa pédagogie, qui va rencontrer un succès mondial jamais démenti depuis.

Loin de la vision limitative que nous portons à l'enfant, cette humaniste affirme (et démontre) que l'enfant est « naturellement programmé » pour se développer harmonieusement, éveiller ses sens et son intelligence, partir en quête de son autonomie. Dans « L'enfant au travail », une des conférences données en 1936, Maria Montessori expliquait ainsi très humblement : « Ce que l'on appelle improprement "la méthode Montessori" est un mouvement complexe, pédagogique et social né directement de l'enfant ; nous ne sommes, nous, adultes, que les interprètes de cet enfant. Le véritable maître, celui qui révèle à la société les valeurs de la vie, c'est lui. On a cru qu'il suffisait, pour l'éduquer, de lui enseigner des principes et de corriger ses défauts. L'expérience a montré qu'il fallait, au contraire, lui ménager une ambiance adaptée, préparer les moyens nécessaires à son développement, et puis transformer la personnalité de l'adulte dans ses rapports avec lui. »

Voyons donc, concrètement, les fondements sur lesquels s'appuie la pédagogie Montessori et comment les parents peuvent en appliquer la pensée au quotidien.

Les trois piliers de la pédagogie Montessori

L'esprit absorbant

Jusqu'à six ans, les enfants apprennent naturellement – c'est pour eux un besoin aussi vital que respirer ou dormir. C'est ce que Maria Montessori appelle « l'esprit absorbant » (inconscient de la naissance à trois ans, puis conscient de trois à six ans). « Voilà donc l'âge auquel l'homme travaille sans fatigue et assimile la connaissance comme un aliment vivifiant », écrira-t-elle durant ses phases d'observation.

L'enfant agit en véritable petit explorateur, curieux de tout, insatiable, capable de se concentrer intensément des heures durant. Pour Maria Montessori, le bébé va capter sans discrimination tout ce qui constitue son environnement, le bambin saisir toutes les expériences qui se présenteront à lui pour exercer ses mains ou comprendre les relations de cause à effet, le jeune enfant choisir de manière intentionnelle et consciente les activités dont il a besoin pour nourrir le développement de son intelligence. D'ailleurs, n'apprendra-t-il pas, de manière autonome, proactive et au prix d'efforts incroyables, à marcher et à parler ? Mais aussi à raisonner, à assimiler les usages culturels, à se servir de son corps, à exercer de plus en plus finement sa main ? Tout comme il pourrait – avec la supervision discrète d'un pédagogue et un environnement adapté – découvrir en autonomie la lecture, l'écriture, les chiffres, les opérations, la géographie, etc.

Les neurosciences confirment aujourd'hui les observations de Maria Montessori sur la «plasticité cérébrale» : «De la naissance à cinq ans, sept cents à mille nouvelles connexions se créent chaque seconde. Chaque image, chaque interaction, chaque événement – aussi quotidien soit-il – se fixe dans les fibres du cerveau de l'enfant en connectant des neurones. Le cerveau se structure directement de ses expériences avec le monde. Ainsi lors de cette période de grande impressionnabilité cérébrale, l'enfant recueille un nombre extraordinaire d'informations et pose les premières pierres du temple de son intelligence[1].»

Encore faut-il qu'il évolue dans une atmosphère et un environnement comblant cette soif d'exploration et favorisant l'indépendance et l'initiative. Pour apprendre, l'enfant doit en effet être actif, engagé pleinement dans une expérience, motivé par une proposition qui ne soit ni trop facile ni trop ardue, ne pas être entravé par la présence de l'adulte. Bref, agir en autonomie et sous le coup de sa propre envie (et non pour faire plaisir à ses parents).

C'est une idée qu'il nous faut garder en tête pour nous permettre d'envisager la maison comme un lieu d'expérimentation à part entière pour le jeune enfant, mais aussi pour nous retenir d'intervenir, lorsqu'il se met en mouvement: «L'effort que représente l'élan de l'enfant pour pénétrer dans le monde devrait remplir l'adulte d'admiration. Or l'homme a peur de ces petites mains tendues vers les objets sans valeur

---

1. Céline Alvarez, *Les Lois naturelles de l'enfant : la révolution de l'éducation*, Les arènes, 2016.

et sans importance qui l'entourent, et ce sont ces objets qu'il s'attache à défendre contre l'enfant. Son souci est de répéter "ne touche pas", comme il répète "ne bouge pas", ou "tais-toi" ! » L'enfant suit pourtant un but intellectuel précis : la découverte d'une nouvelle habileté, le perfectionnement d'un geste, une exploration sensorielle... Finalement, tous ces petits gestes sont les balbutiements de l'homme travailleur. Alors, encourageons-le[1] ! »

Nous verrons concrètement, dans la première partie de cet ouvrage, les éléments qui peuvent combler ce besoin d'exploration : mobilier adapté, objets ergonomiques, intérieur harmonieux et ordonné, rotation des jeux et activités, exercices de plateau, espaces de travail qui peuvent être mis en place à la maison et juste attitude parentale.

Les périodes sensibles

Les enfants passent par des stades de développement durant lesquels ils ont une préférence marquée pour certaines activités. Durant ces « périodes sensibles », comme les appelle Maria Montessori, l'enfant s'intéresse tout particulièrement à un domaine et, mû par son désir d'apprendre, il entreprend des choses difficiles qu'il peut recommencer encore et encore, sans perdre son enthousiasme ni se décourager, jusqu'à la maîtrise parfaite du geste ou sa juste compréhension. Voici quelques exemples : période sensible aux petits objets entre un et deux ans, période sensible à l'ordre entre deux et quatre ans, explosion du langage vers deux ans et poursuite active de cette acquisition jusqu'à cinq ans, sensibilité pour l'écriture puis la lecture vers quatre ans, période sensible du raffinement sensoriel de la naissance à six ans...

Une nouvelle fois, les neurosciences confirment : « Les périodes sensibles s'ouvrent progressivement et atteignent en quelques mois un pic de plasticité où les connexions d'une région cérébrale sont remarquablement nombreuses : lors de ces moments incandescents de formation, l'apprentissage est facile, rapide, joyeux et solide – si, bien évidemment,

---

1. Lydie Barusseau, blog « La semaine Montessori ».

l'enfant peut réaliser les expériences spécifiques que son intelligence lui réclame[1] ».

Il est capital que les parents – et les enseignants – observent attentivement les enfants et leur proposent des activités adaptées, car les acquisitions sont beaucoup plus difficiles à la fin d'une période sensible.

Prenons l'exemple du langage. L'enfant apprend à parler en entendant parler autour de lui. De trois mois à cinq ans, soit la durée de cette période observée par Maria Montessori, il s'imprègne de nos paroles, les comprend dans un premier temps, tente de les répéter encore et encore, jusqu'à maîtriser son élocution et se faire comprendre à son tour. Face à ce désir profond, nous devons être à la hauteur de ses exigences et lui proposer un langage construit, correct, riche, ne pas hésiter à lui proposer des mots compliqués à mesure qu'il progresse. Il est étonnant d'ailleurs de voir comme un enfant de moins de six ans pourra apprendre une langue étrangère et la maîtriser comme un natif, avec des constructions de phrases fines et un accent parfait. Il intégrera véritablement cette langue, non sans effort mais grâce à beaucoup d'envie. Ce qui est beaucoup plus difficile à l'âge adulte. Sans doute avez-vous expérimenté vous-même la difficulté d'un tel apprentissage : pas de doute, vous êtes sorti de cette période sensible il y a fort longtemps… Vous êtes définitivement trop grand !

Le développement de l'autonomie

Votre tout-petit vous imite dans la salle de bains ou essaie de passer le balai à vos côtés ? Il a décidé que ce matin, c'est lui qui verse le lait dans son verre, sans votre aide, ou enfile son manteau TOUT SEUL ? Au lieu de refuser pour gagner du temps ou parce que vous avez peur des dégâts que cela pourrait occasionner, fêtez cela en grande pompe ! Son énergie folle et sa volonté farouche de faire seul est la partie visible de ce qui se trame dans son cerveau : loin d'être une lubie, ce désir d'autonomie est une impérieuse nécessité pour son développement cérébral.

---

1. Céline Alvarez, *op. cit.*

UNE JOURNÉE MONTESSORI

Aidons nos enfants à faire tout seul des gestes du quotidien pour qu'ils développent leurs compétences exécutives !

Entre trois et cinq ans, ces activités du quotidien, si banales qu'elles vous paraissent, vont en effet lui permettre de construire des « compétences exécutives », c'est-à-dire des facultés cognitives primordiales, participant (plus que le QI !) à sa réussite à l'école comme dans la vie[1]. Ces compétences exécutives sont au nombre de trois :

* la mémoire de travail, pour retenir la consigne, renforcer les expériences passées et réaliser petit à petit une suite d'opérations précises pour atteindre le but fixé ;

* le contrôle inhibiteur, pour être profondément concentré, persévérant, ne pas être distrait à la moindre occasion, contrôler ses gestes et émotions ;

* la flexibilité cognitive, pour identifier ses erreurs et s'adapter ou adopter une nouvelle stratégie pour parvenir à ses fins.

« Offrir aux enfants les moyens de construire ces compétences à la maison, dans les programmes d'éducation précoces, et dans tous les autres contextes où ils vivent régulièrement, est l'une des plus importantes responsabilités de la société », expliquent les chercheurs du Centre de développement de l'enfant, à l'université de Harvard. Et c'est précisément ce que l'enfant fait lorsqu'il se chausse seul, range ses affaires seul ou participe aux tâches ménagères ou à l'élaboration du repas. Conscient qu'il ne s'agit pas d'un jeu mais d'un travail, il vise un objectif précis, se concentre intensément, organise ses actions, contrôle ses gestes et ses émotions, cherche des stratégies alternatives en cas de difficultés pour arriver à son but. Dans ces conditions, nous rappelle Céline Alvarez, « l'adulte ne peut que l'encourager, dès trois ans, à faire lui-même ce qu'il peut faire lui-même, en l'accompagnant sans faire à sa place, en l'encourageant, puis en s'effaçant progressivement. Rien de plus. Nul besoin d'aller chercher des activités extraordinaires. À trois ans, l'ordinaire est extraordinaire. »

---

1. Selon la définition donnée par le Centre du développement de l'enfant de l'université de Harvard.

Sur le plan psychologique, le développement de l'autonomie offre par ailleurs des bénéfices majeurs.

＊Il permet de développer estime de soi et confiance en soi. En lui proposant de «vraies» activités, vous envoyez à l'enfant un message fort en tant que parent: «Je sais que tu es/seras capable.» Ayant un «vrai rôle» dans la famille, l'enfant prendra plaisir à coopérer et à se prendre en charge pour les routines du quotidien.

＊Grâce à l'autonomie, l'enfant exerce son libre arbitre. Être autonome, c'est faire des choix en accord avec ses envies et ses besoins, savoir prendre soin de soi sans dépendre du bon vouloir des autres. C'est également un moyen d'apprendre rapidement que ses décisions ont des conséquences. L'enfant optera naturellement pour des choix qui s'inscrivent dans un cadre respectueux de son environnement et des autres.

L'environnement adapté

Si nous ne devons pas aider directement l'enfant, nous devons prendre conscience que nos maisons sont loin de favoriser cette quête d'autonomie! Trop grand, trop haut, trop fragile… Essayez de passer une journée à genoux (c'est-à-dire à hauteur d'enfant) chez vous et vous comprendrez mieux les frustrations et énervements quotidiens des tout-petits. Et encore, vous n'aurez pas l'occasion de vous servir d'instruments deux fois trop lourds pour vos mains.

Adapter l'environnement vous demandera beaucoup d'empathie, un peu d'ingéniosité et quelques aménagements. Mais quelle récompense! Un environnement adapté et des accessoires ergonomiques, c'est la promesse d'enfants calmes, persévérants dans leurs tâches, sereins dans leur quête d'autonomie. Bref, épanouis.

Après un siècle et demi d'exercice à travers le monde, de rapprochements indiscutables avec les découvertes neuropédiatriques et d'expérimentations incroyablement réjouissantes (notamment celle de Céline Alvarez, en France), la méthode Montessori n'est pas un phénomène de mode mais une formidable source d'inspiration pour tout parent soucieux de vivre un quotidien enrichissant et bienveillant avec son enfant.

> ### EN APARTÉ
>
> ## L'EXPÉRIENCE DE CÉLINE ALVAREZ
>
> En 2009, Céline Alvarez passe le concours de professeur des écoles avec le projet d'infiltrer le système éducatif français pour y mener une expérience pédagogique innovante, pensée à partir des lois de développement de l'enfant.
>
> Après obtention d'un accord du ministère de l'Éducation nationale, elle va, durant trois ans, mettre en place des conditions d'apprentissage s'inspirant de la méthode Montessori et des récentes découvertes des neurosciences, dans une école maternelle implantée en zone d'éducation prioritaire (ZEP). Les résultats sont spectaculaires : calmes, sociables, autonomes, les enfants de sa classe ont appris à lire, écrire et compter, parfois même dès quatre ans !

À l'épreuve du quotidien

La parentalité bienveillante est la promesse merveilleuse d'une éducation au diapason des besoins de l'enfant et favorisant l'harmonie en famille. Mais elle se heurte souvent à un quotidien stressant, à nos automatismes de langage, à nos conditionnements psychologiques. Bref, au monde vu à travers nos lunettes d'adulte.

Par ailleurs, pour ne pas être déçu, il vaut mieux éviter de croire que ce courant éducatif va éradiquer les conflits. Imaginez la sagesse qu'il faut avoir développée pour accueillir un comportement inadéquat de votre enfant comme « un simple retour d'information » au lieu d'un signe d'insubordination ? Pas évident !

Enfin, pour être appliquée à bon escient, la « parentalité positive » ne doit pas vous réduire au rôle de parent ni vous faire renoncer à vos besoins propres ou adopter un mode d'expression aseptisé et contraint !

Vous l'aurez compris (et peut-être expérimenté !), si la théorie de la parentalité bienveillante est séduisante sur le papier, sa mise en œuvre s'avère souvent plus ardue qu'il n'y paraît. Voici encore quelques conseils pour qu'elle saupoudre petit à petit votre quotidien.

Libérez-vous de la violence éducative ordinaire

Après avoir pris soin de choisir des biberons sans bisphénol A, réalisé des tests comparatifs sur les sièges auto, visité cinq crèches et nourrices pour nous assurer les meilleures conditions de garde pour notre enfant, notre objectif principal en tant que parent glisse inéluctablement vers la meilleure façon de lui demander de se conformer à nos demandes. D'ailleurs, la majeure partie de la littérature sur la parentalité ne parle pas de la relation parent-enfant mais de la façon la plus efficace de nous faire obéir de nos enfants.

C'est là qu'entre en jeu la violence éducative ordinaire (VEO), qui a son observatoire, fondé par Olivier Maurel. Ce dernier définit la VEO comme « tous les comportements qui se veulent éducatifs, mais qui sont des formes de violence physique, verbale ou psychologique tolérées ou préconisées dans une société donnée ». Nous parlons de coups, de gifles, de fessées, de pincements, mais aussi de cris, de menaces, d'insultes, d'humiliations et autres remarques sarcastiques, d'indifférence, de retrait d'amour, de punitions, etc.

Qu'il s'agisse des théories de la psychanalyse, des écrits religieux, de la soi-disant sagesse des dictons populaires (« Qui aime bien châtie bien ») ou même des comptines (« Fais dodo, t'auras du gâteau »), on nous a tellement présenté l'enfant comme un être asocial, pulsionnel et manipulateur que nous avons fini par y croire et juger nécessaire d'appliquer certaines « méthodes » pour l'éduquer et faire qu'il se conforme aux règles sociales.

Fort heureusement, en l'espace d'une cinquantaine d'années, ces « méthodes » ont évolué : coups de bâton, de martinet ou de règle, cheveux et les oreilles tirés, enfermement dans le noir, privation de repas ne sont plus tolérés et on promeut des méthodes comme le time-out (mise à l'écart ponctuelle ou mise au coin), le système punition-récompense ou la technique reproche-compliment.

La parentalité bienveillante rejette, bien sûr, les pratiques violentes (même si elle autorise le time-out»). Mais elle a tendance à se concentrer uniquement sur les besoins de l'enfant. Le risque, c'est qu'à vouloir «trop bien faire», le parent mette en place une attitude de façade qui craquera bien vite les jours de grande fatigue ou lors d'épisodes particulièrement houleux. D'ailleurs, si la fessée, la tape, les humiliations, les cris et les punitions ne sont plus considérés comme des méthodes éducatives à proprement parler, ils restent pratiqués dans la plupart des foyers français !

Au fond de nous, nous savons bien que ce comportement n'est pas approprié, même s'il est le fruit de circonstances «exceptionnelles» : «Pourquoi appellerait-on AGRESSION le fait de taper un adulte, CRUAUTÉ le fait de frapper un animal, mais ÉDUCATION le fait de frapper un enfant?»

Ce comportement serait même contre-nature, comme nous le démontre brillamment l'Observatoire de la violence éducative ordinaire. Chez les Bonobos, considérée comme l'espèce la plus proche de l'Homme, aucune femelle ne frappe son enfant. Les mères ignorent même le geste consistant à frapper du plat de la main. «Frapper les enfants n'a donc probablement rien d'instinctif. C'est un comportement humain, culturel, acquis par imitation. La maltraitance ne peut être considérée comme un comportement bestial. Ce que nous avons en nous d'animal n'y est probablement pour rien. Aucun de nos comportements innés ne nous prépare à frapper nos enfants, et rien dans les comportements innés des enfants ne les prépare à être frappés par les êtres qui constituent leur base de sécurité[1].»

Les scientifiques avancent que les êtres humains ont commencé à frapper leur progéniture lorsqu'ils ont adopté un mode de vie sédentarisé. Est-ce parce que la présence des enfants est devenue alors plus contraignante? Pour l'anthropologue Sarah Blaffer Hrdy, la sédentarisation a provoqué des naissances plus rapprochées, qui ont pu rendre

---

1. Olivier Maurel, «La violence éducative est-elle un phénomène naturel?» (www.oveo.org/histoire-de-la-violence-educative).

les premiers-nés plus agressifs à l'encontre du nourrisson qui accaparait leur mère. Ce réflexe de défense de la mère face à la jalousie des aînés a pu alors s'installer comme un geste éducatif nécessaire, répété ensuite sur les générations suivantes. À l'inverse, aujourd'hui encore, aucune observation de violence éducative n'est faite chez les petites tribus de chasseurs-cueilleurs ou chez les derniers peuples nomades, mais au contraire des comportements d'affection, d'entraide, d'empathie et une grande liberté laissée aux enfants.

La violence éducative est un héritage

Il est urgent de comprendre qu'elle est à la base de la violence humaine, des crimes les plus atroces aux incivilités du quotidien. Alice Miller a notamment mis en lumière, dans ses travaux, le fait que tous les dictateurs du XXe siècle (Hitler, Staline, Mao, Ceausescu, Saddam Hussein) ont été victimes de comportements très cruels de la part de leurs parents. Cette analyse n'excuse par leurs actes, mais elle nous oblige à voir l'évidence : la violence génère la violence.

Dans leur pratique de la parentalité bienveillante, les parents doivent se battre en priorité contre eux-mêmes pour faire cesser cet ancrage culturel et libérer leurs propres enfants. De génération en génération, le seuil de tolérance s'abaisse et la violence des comportements à l'égard des plus petits s'amoindrit dans bon nombre de pays. Mais sans une loi visant à les interdire totalement, ces pratiques risquent de se perpétuer encore longtemps.

Pourquoi tarde-t-elle tant et fait-elle autant débat ? Comme le rappelle Olivier Maurel, il est quand même étrange que « les enfants [soient] aujourd'hui, dans presque tous les pays, la seule catégorie d'êtres humains qu'il soit permis de frapper légalement, alors qu'ils sont aussi les êtres humains les plus fragiles, les plus vulnérables et ceux sur qui la violence a les conséquences les plus graves ». En France, les parents peuvent légalement exercer un droit de correction sur les enfants ! Eh oui, la patrie des Droits de l'homme a du retard à l'allumage quand il s'agit de protéger les plus faibles.

Un conditionnement mental

Quand on a deux, quatre ou six ans, recevoir des coups d'un parent auquel on est viscéralement attaché et en qui on porte sa plus grande confiance, c'est la voie royale pour CROIRE que l'on est vraiment mauvais. Et que cette violence n'est qu'une expression désagréable de l'amour parental. C'est la fameuse phrase « C'est pour ton bien » que l'on retrouve dans la bouche de ces enfants devenus adultes, avec cette idée sous-jacente bien intériorisée : « Ces gifles, ces coups m'ont remis sur le droit chemin. » Mais comme le rappelle Olivier Maurel, « c'est parce que nous avons presque tous subi ces traitements que nous trouvons normal de les infliger aux enfants ». Voilà pourquoi nous avons parfois envie de frapper nos enfants (ce que certains considèrent même comme un droit). D'où notre réticence à faire voter une loi en ce sens. Car la loyauté de l'enfant n'a pas de limite, pas même de date de péremption !

Les conséquences de la violence éducative ordinaire

Des propos aussi aberrants que « Une bonne fessée n'a jamais fait de mal à personne » ne devraient plus avoir cours face aux preuves criantes apportées par la science. Les conséquences des VEO sont aujourd'hui examinées par de nombreuses études internationales et, pour partie, reconnues par l'Organisation mondiale de la santé (OMS) :

✳ Elles favoriseraient l'apparition de troubles psychiatriques (anxiété, conduites addictives, risque suicidaire, troubles de la personnalité, troubles sexuels – notamment dans le cas des fessées), d'hyperactivité.

✳ Elles présenteraient aussi un risque accru de troubles cardiovasculaires, pulmonaires, de l'immunité, de douleurs chroniques, d'obésité.

✳ Le corps gardant la mémoire des coups reçus, elles seraient à l'origine de maladies somatiques et psychosomatiques (dépression, attaques de panique, peurs nocturnes, etc.).

✳ Au niveau neurologique, une « simple fessée », des cris et toute autre forme de violence abîment immédiatement les structures cérébrales, très sensibles, de l'enfant : un cerveau d'enfant choqué produit du cortisol en excès, ce qui perturbe les mécanismes d'apprentissage, de mémorisation.

✱ Sur le plan émotionnel, l'enfant peut être amputé de sa capacité d'empathie (« Même pas mal ! ») qui va temporairement le couper de la violence des coups reçus mais qui peut aussi le couper, une fois adulte, de la souffrance des autres, au risque de le rendre insensible et cruel.

✱ Enfin, dans une « stratégie » éducative sensée, la violence ne peut qu'être contre-productive ! Car un enfant persuadé que ses parents sont OBLIGÉS de le frapper pour le corriger tellement il est « mauvais » ne peut guère avoir qu'une faible estime de soi, préjudiciable pour son avenir et pour celui de la société : usage abusif de drogue ou d'alcool, soumission, incivilité, violence envers autrui, etc.

Considérée comme une norme sociale, pratiquée par 40 à 80 % de la population française selon les enquêtes, la fessée, comme toutes les autres formes de VEO, n'est définitivement pas une méthode éducative valable ni un acte anodin. Les dégâts occasionnés chez l'enfant sont démesurés, comparés au vase qu'il a cassé !

Comprendre pourquoi nous reproduisons ces comportements (gestes ou mots) et connaître leurs effets sont un premier pas indispensable pour nous aider à nous en défaire, à porter un autre regard sur l'enfant et à trouver d'autres manières de vivre ensemble.

Affranchissez-vous du concept d'obéissance !

« Qu'il est sage ! C'est bien, tu es un gentil garçon. » Voilà les plus beaux compliments que peuvent recevoir nos enfants. Et les premières questions que l'on pose aux nouveaux parents ne déparent pas avec ces compliments : « Alors ce bébé, il est gentil, il fait ses nuits ? » Quel est le rapport ?

De quelle sagesse parle-t-on ? Celle qui consiste à être élevé spirituellement et à agir avec un haut niveau de conscience de soi et des autres ? Certainement pas. Et de quelle gentillesse parle-t-on ? Celle qui évoque l'élan du cœur, la générosité, le plaisir de s'offrir à l'autre ? Certainement pas non plus.

Nous travestissons les mots pour qu'ils traduisent un concept sociale-ment entendable mais ce que nous désignons ainsi comme « sagesse » et « gentillesse » n'est finalement que la capacité de l'enfant à être docile. À se plier à notre autorité. À accepter notre super-pouvoir de parent.

Alors que nous sommes engagés dans une mission de la plus haute importance qui consiste à donner à nos enfants les meilleures clés pour qu'il s'épanouisse, souhaitons-nous vraiment qu'il développe des « valeurs » comme la docilité, l'obéissance inconditionnelle à toute forme de pouvoir, la subordination sans poser de question ?

Contrairement aux discours entendus si souvent sur le laxisme ambiant, on sent bien que la société tout entière attend que l'enfant soit « sage », ne fasse pas de bruit, ne bouge pas trop, etc. Dès lors, tout est bon pour les « éduquer » par la domination et le contrôle : manipulation, mensonges, chantage, isolement, moquerie, humiliation, mépris, priva-tion d'amour, punitions, coups, etc. Certains parents peuvent même voir dans la parentalité positive un moyen soft de parvenir à leurs fins : qu'on utilise une « reformulation » basée sur la CNV ou le time-out, la « discipline positive » n'en reste pas moins une méthode visant à ce que l'enfant réponde à nos souhaits d'adulte !

La bonne nouvelle, c'est que les solutions autoritaires fonctionnent de moins en moins. La mauvaise ? La parentalité positive ne sera jamais un allié si votre stratégie est purement celle de l'obéissance.

Démocratisation de la parole, niveau de conscience plus élevé, remise en question des figures d'autorité traditionnelle, des mouvements profonds font évoluer la société et vos enfants n'y échappent pas. Comment faire alors ? Quelles sont les clés pour n'être ni laxiste ni auto-ritaire ? Comment maintenir un équilibre sain dans la relation ?

Nous souffrons presque tous d'adultisme

L'« adultisme » est un mal séculaire qui empoisonne nos relations parents/enfant au quotidien. Au même titre que le racisme ou le sexisme, l'adultisme considère que certains individus sont non pas diffé-rents, mais supérieurs à d'autres. En vertu de quoi, la vie d'un jeune enfant, voire d'un adolescent ou d'un pré-adulte, est extrêmement contrôlée. On peut ainsi chercher à tout prix à faire taire ses besoins, car ils ne sont pas en adéquation avec les nôtres. Son besoin d'explorer nous embête, son besoin de bouger nous inquiète, son besoin d'être actif nous fatigue. Nous essayons donc de le contenir. Dans cette perspective, l'adulte estime que lui seul est capable d'estimer si un comportement est acceptable ou non, bénéfique ou non. C'est moi qui décide et c'est tout !

C'est au professeur Barry Checkoway, de l'université d'Ann Arbor (Michigan), que nous devons le concept d'adultisme. Son analyse est d'ailleurs édifiante : dans la pyramide sociale, seule la vie des prisonniers serait plus contrôlée que celles de nos enfants ! Et les sanctions ressemblent, voire dépassent, celles de ce «dernier» groupe : donner des ordres, contraindre, priver de privilèges, menacer, insulter, frapper. Si l'on décrivait les traitements appliqués quotidiennement aux enfants sans préciser à qui ils s'adressent, beaucoup de gens s'en scandaliseraient : «Mon dieu, mais quel est ce peuple opprimé ? »

Tout comme les gens racistes ou sexistes, nous sommes adultistes avec les enfants car nous avons été élevés ainsi et parce que la société approuve cet état de fait.

Mais un changement de posture, selon Teresa Graham-Brett, pourrait modifier en profondeur les rapports entre individus dans la société : «Même si nous combattons le racisme, même si nous luttons pour un monde pacifiste, plus respectueux de l'environnement, si nous abusons de notre pouvoir sur nos enfants, alors nous perpétuons une forme d'oppression. Il serait nécessaire de rééquilibrer cette tutelle nécessaire en attribuant à l'enfant une plus grande part de libre arbitre. […] Ce changement, ce défi pour nous tous, commence avec notre propre remise en question en tant que parents pour rejeter et éliminer l'adultisme sous toutes ses formes, sous notre propre toit et dans l'existence de tous les enfants[1]. »

---

1. www.oveo.org/ladultisme-ce-poison-invisible-qui-intoxique-nos-relations-avec-les-enfants

Une évolution des figures d'autorité

Une éducation autoritaire et répressive va vous demander beaucoup d'énergie, générer de l'inconfort de part et d'autre pour des résultats au mieux inexistants, au pire contraires à ceux que vous attendez.

Dans les sociétés traditionnelles et jusqu'à la fin des années 1960, les figures d'autorité étaient clairement établies : gouvernants politiques, représentants religieux, patrons, maîtres d'école et bien sûr patriarches. On ne s'interrogeait ni sur leur légitimité, ni sur leur exemplarité, pas même sur la pertinence de leurs décisions. Leur statut leur conférait immédiatement respect et obéissance. Mais depuis une cinquantaine d'années, une crise sans précédent touche l'ensemble des institutions : la société tout entière ne cesse de remettre en question ses figures d'autorité. À l'heure où vous critiquez peut-être la classe politique ou remettez en question la légitimité de votre supérieur hiérarchique, vous devez convenir que l'autorité ne relève plus tant d'une fonction que de la reconnaissance accordée aux personnes qui l'exerce. Une reconnaissance qui se fonde sur le respect que ces personnes vous inspirent pour leurs compétences, leurs qualités, leurs expériences, mais aussi sur le respect qu'elles vous portent également. C'est finalement assez simple et beaucoup plus juste : on n'est pas respecté pour la fonction que l'on incarne mais pour la personne que l'on est.

Ce phénomène qui se généralise touche forcément la sphère parentale. Selon le thérapeute Jesper Juul, « nous nous dirigeons lentement mais sûrement vers une époque où le degré de crédibilité personnel sera décisif quant au respect que nous inspirerons et au pouvoir que nous aurons le droit d'exercer envers les enfants et les jeunes, dans les relations pédagogiques comme dans les relations privées. [...] Les parents modernes doivent développer une autorité bien plus personnelle s'ils veulent que leur leadership porte ses fruits et que les abus de pouvoir soient évités[1]. »

---

1. Jesper Juul, *Me voilà ! Qui es-tu ? Sur la proximité, le respect et les limites entre adultes et enfants*, Éditions Fabert, 2015.

Des limites claires, données avec bienveillance

Il nous faut ajouter cette précision : si les enfants n'ont pas à être dressés en vue de les rendre dociles, obéissants et sages, ils doivent cependant apprendre, comme tout le monde, à respecter les limites des personnes qui les entourent. Comme ils ne peuvent ni les connaître de manière innée ni les deviner, c'est à nous de leur en faire part.

Si vous donnez une consigne à un enfant, il est important qu'il la comprenne et la respecte. Pour cela, dites ce que vous attendez de lui d'une façon claire, calme et dans un langage personnel (en disant « je veux/je ne veux pas » plutôt que « tu dois/il ne faut pas »). Sans le critiquer, le menacer ou le dénigrer. Sans non plus lui expliquer en long et en large les raisons de votre demande. Dans la plupart des cas, il fera volontiers ce que vous lui demandez, et avec plaisir. « Et "dans la plupart des cas" est tout ce que vous pouvez espérer – de la part de n'importe quel être humain », nous rappelle Jesper Juul.

Enfin, n'oublions pas que l'Homme vient au monde avec un capital de sociabilité inné, il est fait pour aimer l'autre, chercher son contact, vivre en bonne entente dans le groupe et collaborer. Pour nous en convaincre, il suffit d'observer un enfant en bas âge qui cherche à tout prix à nous imiter, à apprendre de nos propres gestes et à nous plaire ! Une fois encore, l'échange et le dialogue priment. Comme nous le dit Jesper Juul, « si un enfant en bas âge veut traverser la rue alors que le feu est rouge, vous devez bien sûr le retenir, mais quand il s'agit de développer chez votre enfant le respect et la compréhension de vos valeurs et limites, cela se fait au travers des interactions et du dialogue avec lui, et cela prend environ cinq ans à un enfant pour intégrer ces connaissances. Ce qui, soit dit en passant, est bien plus court que le temps nécessaire à un adulte pour apprendre à connaître les valeurs et limites de son partenaire. »

Quelle bonne nouvelle ! Donc, continuez de répéter avec bienveillance vos consignes. Le bout du tunnel n'est finalement pas si loin !

Faites de votre couple une priorité

À l'arrivée du premier enfant, l'équilibre du couple est chamboulé. Le bébé devient l'objet de toutes les attentions, entre le bonheur de sa découverte et l'apprentissage de notre nouveau rôle de parent. Et c'est bien normal… jusqu'à un certain point !

Un nouveau-né n'est jamais « trop » au contact de ses parents, mais souvent ceux-ci lui accordent trop d'attention. Certes, il est capital de répondre à l'enfant quand il exprime un besoin et de tisser un lien fort en le portant, le caressant, le massant, lui donnant le bain ou à manger. Mais il y a aussi de nombreux moments où il doit être acteur de son développement.

Dès ses premières semaines, le bébé s'exerce à observer son environnement, puis à bouger ses mains, ses pieds, à saisir des objets. Il va avoir tellement de choses à accomplir dans ses premières années : apprendre à marcher, à comprendre et à parler, à manipuler des objets dans un but précis. Cela lui demande beaucoup de concentration, d'attention, de volonté et d'énergie. Le rôle des parents consiste principalement à aménager l'environnement et à laisser l'enfant s'exercer, sans l'interrompre. À l'inverse, nos encouragements, nos regards insistants, notre tendance mettre entre ses mains tel ou tel jouet d'éveil pourraient nuire à cette formidable entreprise. « Personne ne peut accomplir pour l'enfant le travail intense qui consiste à construire l'homme », disait Maria Montessori.

Reportez plutôt ce trop-plein d'attention sur votre conjoint ou vous-même, car vous en avez besoin ! En effet, une fois l'euphorie des premiers mois passée, l'ambiance peut vite s'assombrir.

Les pères reprochent souvent aux mères d'en faire TROP. Il faut dire que leurs hormones – encore en folie – favorisent la relation proximale à l'enfant (être toujours collée à lui, partager son lit, répondre à chacune de ses demandes, etc.).

Pour leur part, les mères ont plutôt tendance à trouver que les pères n'en font PAS ASSEZ ! Il faut dire qu'elles ont souvent tendance à anticiper les besoins de l'enfant (c'est normal, cela fait neuf mois déjà qu'ils sont câblés tous les deux, le père n'a pas encore les mêmes repères). De surcroît, la plupart des hommes ne saisissent pas d'emblée leur néces-saire implication dans les tâches ménagères (même si, fort heureuse-ment, les choses évoluent très rapidement).

Enfin, les deux parents ont besoin de reconstruire leurs repères, de faire face à la désorganisation passagère, à la fatigue des nuits sans sommeil, aux bouleversements physiques et émotionnels. Ils peuvent aussi avoir tout simplement envie d'avoir du temps «pour soi» ou pour leur couple, sans autre interférence. Un besoin naturel mais que l'on a du mal à exprimer calmement ou à combler.

Vous l'aurez compris, ces reproches ou ces demandes mettent l'en-fant en exergue, alors que ce dont il s'agit réellement, c'est la relation du couple et/ou les besoins de chacun des parents. Deux sujets qui risquent fort de revenir de façon récurrente dans vos discussions jusqu'à ce que votre enfant ait au moins trois ans. Le savoir permet d'agir pour répondre à ces besoins. À titre d'exemple, voici quelques règles de vie que nous appliquons dans notre foyer.

✻ Celui qui fait a raison. Cette phrase magique tue dans l'œuf 80 % des conflits. Le couple parental n'étant pas une hydre à deux têtes, nous faisons les choses différemment. Chacun a besoin de faire ses propres expériences de parent (qu'il s'agisse de mettre une couche, de préparer le repas, de coiffer, de faire une activité ensemble) et de développer ses habitudes. On ne fait pas pareil, c'est certain, mais l'enfant le sait et le comprend, il peut même y prendre plaisir. Asséner, chaque fois que l'autre fait quelque chose, un «Fais comme ci, pas comme ça» est frus-trant, agaçant et décrédibilisant. (Remarque : «celui qui fait a raison» vaut pour les centaines d'actions du quotidien faites avec bienveillance et amour pour l'enfant – cela exclut donc la fessée et tous ses dérivés).

✻ Un parent ne doit jamais prendre l'ascendant sur l'autre. Les enfants traversent tous des phases de rejet ou d'identification à l'égard d'un des parents. Ces phases fluctuent. Dans tous les cas, ce n'est pas l'enfant qui décide qui s'occupe de lui, qui va le chercher à l'école, qui le couche le soir, qui lui donne son bain. Durant les périodes d'opposition, les parents doivent se soutenir mutuellement devant l'enfant. Pas pour montrer un front commun, mais parce qu'ils le pensent sincèrement.

FAIRE LE CHOIX DE LA BIENVEILLANCE

✻ La relation de couple a une existence à part entière. Dans la tendresse comme dans les conflits. Une caresse, un baiser, un moment en tête à tête font partie de la vie. Quant à montrer que l'on peut être en conflit, à vrai dire, nous ne voyons pas où est le problème, bien au contraire ! Les conflits font aussi partie de la vie. On ne peut pas être d'accord sur tout, tout le temps. Montrer à l'enfant comment on peut exprimer de façon saine et respectueuse une opinion différente ou un agacement constitue un bon exemple. Nos amis sont souvent choqués du franc-parler avec lequel nous échangeons, mais une brève discussion nous permet de nous remettre au diapason et de vider notre sac émotionnel. Par ailleurs il faut avoir conscience que l'imprégnation du climat familial et le comportement des adultes ont un impact très fort sur l'enfant. Inutile de se lancer dans de grandes leçons de morale sur le mensonge, le respect, la générosité, l'ordre, l'équité, le self-control, la politesse ou autre quand on ne pratique pas ces règles au quotidien.

✻ Une répartition claire des responsabilités de la vie domestique doit être pensée en couple. Nous parlons bien là des responsabilités qui concernent les différents champs d'action dans leur globalité (administration, linge, courses, préparation des repas, ménage, bricolage, etc.), pas des tâches faites à la va-vite en soupirant, parce que c'est inscrit sur une liste aimantée sur le frigo et qu'on nous a déjà rappelé quatre fois notre inaction. Il ne s'agit pas non plus de vouloir à tout prix arriver à une répartition strictement équitable, mais de choisir celle qui convient aux deux parties. Ceci étant, une liste écrite permet que chacun prenne vraiment conscience des responsabilités qui lui incombent – ce qui évite au partenaire d'endosser le rôle ingrat d'inspecteur des travaux finis, celui par qui arrivent TOUJOURS les disputes les plus nulles ! Ce « contrat » de couple peut d'ailleurs être réajusté si besoin.

✻ Pour finir, nous ne pouvons que vous encourager à suivre cette règle : reconnectez-vous aussi souvent que possible dans des activités que vous aimez pratiquer ensemble. Et offrez-vous chacun des fenêtres de liberté tout seul pour vivre indépendamment des autres membres de la famille. Vous n'en serez que plus heureux, serein et à l'écoute, une fois de retour parmi les vôtres.

Comme le dit Jesper Juul : « Partenaires d'abord, parents ensuite. » On est 100 % d'accord !

N'oubliez pas vos besoins et restez authentique !

À force de présenter la parentalité bienveillante comme le Graal à atteindre, beaucoup de couples s'évertuent à devenir des parents parfaits. C'est un risque inutile, nous prévient Jesper Juul : « Tous ces parents ont en commun le fait qu'ils sont prêts à agir de façon autodestructive afin d'atteindre leur objectif. Ce n'est pas comme cela qu'ils le pensent, mais en pratique cela veut dire qu'ils ne prennent ni leurs propres limites, ni leurs besoins, ni leurs valeurs au sérieux, et finissent par jouer le rôle de celui (ou celle) qui accepte tout, toujours souriant, toujours flexible, un adulte tout le temps au service, et alors leur responsabilité comme leur humanité disparaissent. Ils se réduisent en un genre de *Télétubbies* adulte[1]. »

Quand ils découvrent les pédagogies centrées sur les besoins de l'enfant, beaucoup de parents connaissent l'écueil suivant, par exemple : oublier qu'ils ont eux-mêmes des besoins, des sentiments, des désirs. Reconnaître et respecter les besoins de l'enfant, ce n'est pas s'y soumettre en s'oubliant au passage : le dogme adulte *versus* enfant ne doit pas être remplacé par son inverse, qui est tout aussi mauvais. Jesper Juul a ainsi développé le concept d'équidignité, qui vise à établir une relation parent/enfant respectueuse des besoins de chacun sans porter atteinte à l'intégrité physique et psychologique des enfants. Car les enfants ont besoin que les adultes qui les entourent aillent bien. Alors, ne vous oubliez pas et faites-le valoir auprès de l'enfant !

Et puis, si vous avez sur vos étagères un ou plusieurs manuels de parentalité positive, les dialogues présentés ne vous paraissent-ils pas parfois surréalistes ? On y voit des enfants en pleine crise ramenés au calme en trois répliques par un parent clairvoyant et absolument imperturbable. Le second écueil consisterait en effet à jouer un rôle de compo-

---

1. *Me voilà ! Qui es-tu ?*, op. cit.

sition en réinterprétant ces dialogues ! À trop vouloir épouser l'image du parent parfait et suivre à la lettre les mauvaises répliques de sitcoms, nous risquons de perdre notre authenticité… mais aussi notre crédibilité face à l'enfant ! Nos propos sonneront creux s'ils ne viennent pas vraiment de nous !

Toutes les méthodes éducatives, aussi intéressantes soient-elles, nécessitent de prendre un certain recul pour les adapter à notre contexte personnel et, surtout, de les enrichir de ce qu'aucune ne peut proposer à grande échelle : notre personnalité, notre authenticité, nos valeurs. Pour citer une dernière fois Jesper Juul, « les enfants n'ont aucun avantage à avoir des parents parfaits ou présomptueux. Ils seront le plus heureux avec des parents qui se montrent d'authentiques vivants, qui ne savent pas tout et qui cherchent perpétuellement à grandir[1] ». Voilà qui nous convient… parfaitement !

✳

Même si l'on est des parents attentionnés, aimants et pétris de bonne volonté, éduquer selon les principes de la parentalité bienveillante est loin d'être un long fleuve tranquille ! Cela nécessite des compétences qui ne sont pas innées pour la plupart d'entre nous : on avance à tâtons pour trouver la juste posture face à l'enfant, apprendre à écouter réellement ses besoins, soutenir le développement de ses capacités, savoir dire non dans le respect, l'accompagner dans ses tempêtes émotionnelles… Fort heureusement, la bienveillance ne repose pas QUE sur nos épaules ! Nous allons maintenant voir comment concrètement, dans chaque étape du quotidien, quelques agencements, des accessoires ergonomiques, des activités à libre disposition peuvent combler le besoin d'exploration de l'enfance, nourrir son intelligence, laisser jaillir tout son potentiel et vous permettre de vivre pleinement votre rôle de parent.

---

1. Jesper Juul. « Responsabilité ou obéissance ? », www.familylab.fr/responsabilite-ou-obeissance

1

Une journée en famille

Les parents d'enfants en bas âge ont souvent l'impression que, dès le saut du lit, les étapes de la journée s'enchaînent sans répit, les laissant à 21 heures sur le canapé, avec le sentiment d'être «passés dans le tambour de la machine à laver». Pour une fois, prenons le temps de détailler ces étapes: la préparation matinale, le temps du repas, les activités des enfants, les soirées en famille et les moments où l'enfant évolue dans des structures dédiées, avec les grands-parents ou en société. Faisons ensemble le tour du cadran en nous arrêtant sur les éléments – attitude, mobilier, accessoires – pour faire de chaque étape un enrichissement quotidien pour l'enfant et un apaisement de l'esprit pour les parents!

POUR DES MATINS QUI CHANTENT

Dans une famille avec un ou plusieurs enfants de deux à six ans, les crises d'opposition et autres conflits sont inversement proportionnels à notre patience le matin ! Alors, forcément, l'image de la famille Ricorée, où tout le monde sourit béatement et chante en chœur au petit déjeuner, en prend un coup !

Pourtant, la solution pour des matins qui chantent n'est pas si complexe : un rituel bien pensé, un environnement adapté, un petit déjeuner revisité et, surtout, une bonne dose d'autonomie devraient changer radicalement la physionomie de vos débuts de journée !

Mettez au point un rituel

Vous voulez connaître le secret des parents qui arrivent toujours à l'heure à l'école, le cheveu lisse et brillant, un sourire aux lèvres ? Cela tient en un mot : RITUEL. Pas un rituel vaudou, mais un rituel d'organisation familiale ! Chaque matin (et chaque soir), ils enchaînent mécaniquement une routine savamment pensée pour le bien-être toute la famille.

Tout comme vous, ces parents petit-déjeunent, se lavent les dents, s'habillent, etc., mais ils le font à horaires réguliers, toujours dans le même ordre, en ayant identifié les points de blocage et responsabilisé leurs enfants. Ce secret est finalement assez simple à mettre en œuvre. Regardons-le en détail.

✳ Pour commencer, prenez conscience que les rituels sont des facilitateurs incommensurables avec les enfants ! Vous auriez tort de vous en priver.

✳ Quand il vous voit tourbillonner de si bonne heure, votre enfant peut se sentir un peu perdu, déboussolé, incapable de savoir quoi faire à son tour, stressé. Ou alors, fraîchement levé, son désir de découverte le rend tout à coup absorbé par des détails, comme la manière dont s'ouvre et se ferme votre boîte à bijoux, mais pas vraiment par le brossage de ses dents ! Vous rendez-vous compte du nombre de choses nouvelles auxquelles il va être confronté dans cette journée qui s'annonce ? Aucun doute, un rituel clairement défini (et bien expliqué !) va lui permettre d'intégrer l'intérêt de cette suite d'actions qui précède le départ de la maison.

✳ N'oubliez pas que vos enfants n'ont pas la capacité de se repérer dans le temps avant l'âge de six ans. Notre fameux « Dépêche-toi » n'a pas réellement de prise sur eux (même quand il est dit sur le ton de l'urgence vitale !). C'est pourquoi le rituel va rapidement créer un enchaînement naturel des actions que vos enfants ont à accomplir tous les matins avant de partir pour la crèche ou l'école et va les aider à se repérer dans la journée.

✳ Quand ils auront assimilé les différentes étapes, vous n'aurez bientôt plus à répéter inlassablement les mêmes consignes (alléluia !) et vos enfants vont progressivement vouloir prendre en charge, de façon autonome, certaines étapes (alléluia bis !) !

✳ Enfin, commencer la journée par un rituel connu, régulier et maîtrisé leur permet d'avancer avec confiance dans la matinée qui les attend.

Commencez par mettre au point le rituel idéal

Le rituel idéal implique les deux parents et se prépare donc à deux. Sur une feuille blanche, tracez autant de colonnes qu'il y a de personnes dans votre famille et ajoutez-en une au début. Cette première colonne est réservée aux horaires. Écrivez ensuite le déroulé détaillé du début de la journée pour chaque membre de la famille (se lever, aller aux toilettes, petit déjeuner, se laver, etc.). Ajoutez ensuite, pour chacun, un petit mot sur l'humeur au réveil («a besoin de calme le matin», «toujours peur d'être en retard», «pas réveillé tant qu'il n'a pas pris son café»). Cela vous aidera à identifier des problèmes et des solutions possibles. Enfin, notez en bas de chaque colonne l'heure à laquelle chacun doit quitter la maison et encadrez cet horaire.

Et maintenant, ajustez !

Peut-être voyez-vous déjà apparaître les causes de certains dysfonctionnements ? Voici quelques exemples.

✶ Vous aimez vous préparer dans le calme ? Dans ce cas, se réveiller TOUS à la même heure n'est pas idéal. Vous feriez mieux de vous lever 10 minutes plus tôt pour préparer la table du petit déjeuner ou prendre votre douche quand tout le monde dort encore.

✶ Vos enfants ont besoin de temps pour émerger et n'ont ensuite pas assez de temps pour se préparer ? Couchez-les plus tôt et/ou avancez leur réveil d'une dizaine de minutes.

✶ Ils passent 20 minutes à table sans rien avaler parce que c'est le moment où vous prenez votre douche pendant que votre conjoint s'habille ? Arrangez-vous pour qu'un adulte reste à table avec eux.

Cette première analyse vous offre déjà quelques pistes pour faire des ajustements non négligeables.

Identifiez les saboteurs !

Tous les matins, la même action pose problème ? Vous redoutez le moment où elle pointe le bout de son nez, car elle fait systématiquement basculer l'horloge et vos nerfs dans le rouge. Identifiez les saboteurs de vos débuts de journée et tordez-leur le cou ! Systématiquement…

✶ Votre enfant refuse de dire bonjour ? Persistez à lui dire bonjour sans rien attendre en retour, tantôt très naturellement, tantôt avec humour. Avec les autres membres de la famille, dites-vous tous bonjour avec emphase… L'envie lui viendra bientôt.

UNE JOURNÉE EN FAMILLE

✽ Votre enfant ne veut pas aller aux toilettes au réveil et la lutte de pouvoir commence au saut du lit ? Faites-lui confiance ! Dans les 45 minutes qui suivent, il en aura probablement envie. Ne le braquez inutilement !

✽ Il n'est jamais d'accord avec la tenue que vous lui proposez ? Faites-lui préparer ses vêtements la veille au soir, après avoir regardé ensemble le bulletin météo.

✽ Vos enfants restent scotchés devant la télévision ? Il n'y a pas pire saboteur que la télévision le matin, tant pour l'organisation familiale que pour la concentration des enfants sur leurs activités du moment ! Supprimez cette mauvaise habitude en semaine et réservez-la pour le week-end.

✽ Au moment de quitter la maison, les clés de voiture ont encore disparu ou bien il manque une écharpe ou une chaussure ? Préparez votre sac la veille et installez dans l'entrée un panier au nom de chaque enfant, dans lesquels ils déposent leurs accessoires quand ils rentrent dans la maison. Une place pour chaque chose et chaque chose à sa place !

La découverte des saboteurs bouscule sans doute encore votre liste… Mais votre rituel du matin commence à prendre sérieusement forme.

Que peuvent faire vos enfants – en toute autonomie ?

Comme nous, les enfants répondent plus favorablement à la responsabilisation qu'aux ordres ! Ils peuvent ainsi, très probablement, prendre en charge certaines actions en toute autonomie. Dextérité, concentration, confiance en soi, etc. Les bienfaits sont si nombreux que vous devez absolument arrêter de tout faire à leur place ! Accessoirement, vous verrez que bon nombre des crises d'opposition vont disparaître par la même occasion. Voici comment procéder :

✽ Lorsqu'ils en sont aux prémisses de l'autonomie, n'hésitez pas à décortiquer les actions pour leur en confier une petite partie. Cela permettra de développer progressivement leurs capacités. Ainsi, on ne propose pas à un enfant de s'habiller tout seul de but en blanc : on lui demande d'abord de choisir une culotte dans la corbeille puis, la semaine suivante, on lui demandera de l'enfiler tout seul, etc. Ne brûlez

Prendre soi de soi, c'est important !

52

bien-être

dEXTéRITé

respect des autres

dignité personnelle

concentration

calme

pas les étapes : attendez que votre enfant maîtrise véritablement une action avant de passer à la suivante !

* Avant de confier une tâche à votre enfant, il est primordial lui en parler de façon solennelle, en le valorisant, à un moment où vous avez le temps, l'énergie et le calme nécessaires ! Sans faire de commentaires, montrez-lui ce que vous attendez de lui en procédant avec lenteur et précision, au besoin en exagérant vos gestes. Laissez-le ensuite essayer à son tour, voire se tromper et recommencer, sans que vous interveniez. Quand il a terminé, assurez-le de votre confiance et de votre soutien et rappelez-lui que vous êtes toujours là pour l'aider s'il en a besoin. Dès le lendemain, laissez-le faire. Vraiment.

* Pour les actions très compliquées ou en cas de refus ponctuel, encouragez-le toujours à persister, au besoin en proposant votre aide pour tout ou partie de l'action. Par exemple : « C'est difficile de mettre ses chaussettes, je te propose de rester à côté de toi. Si tu as besoin d'aide, je suis là. » Ou bien : « Quelquefois, moi aussi je n'ai pas envie de me brosser les dents, mais je sais qu'il le faut pour avoir un joli sourire ! Si tu veux, je commence à frotter pour toi, mais c'est toi qui termines. D'accord ? »

* Ralentissez le rythme ! Pour chaque action où l'autonomie de vos enfants est en jeu, veillez à prévoir une plage horaire suffisante. Enchaîner une suite d'actions qui font appel à des compétences élaborées n'est pas si simple ! Vous êtes sans doute capable de réaliser votre brushing tout en buvant votre café parce que cela fait trente ans que vous maîtrisez ces gestes. Ce n'est pas encore le cas de votre enfant ! Il faut en avoir conscience, prévoir suffisamment de temps pour ne pas le brusquer et l'aider à acquérir ces compétences importantes.

En encourageant l'autonomie de vos enfants et leur participation active au rituel du matin, celui-ci vient encore d'évoluer, n'est-ce pas ? Veillez à arbitrer vos propres actions en fonction du degré d'autonomie de vos enfants : durant certaines tâches parfaitement maîtrisées, vous pourrez vaquer à vos occupations, mais veillez à être disponible à proximité pour d'autres en cours d'acquisition !

Votre rituel est au point : mettez-le en forme !

Maintenant que vous avez décortiqué, toujours avec votre conjoint, les étapes précédentes, vous pouvez noter votre rituel au propre (si votre routine change beaucoup, il vous sera utile de vous référer à ce récapitulatif !). Chaque enfant doit aussi avoir son exemplaire papier du rituel familial.

Celui-ci récapitulera les différentes actions à effectuer le matin en les illustrant : à l'aide de symboles (par exemple, une brosse à dents) ou de saynètes photos ou dessinées (représentant, par exemple, un enfant en train de se brosser les dents). Cherchez des illustrations réalistes, évidentes, qui plairont à vos enfants. Décrivez également à l'aide de mots simples l'action présentée (« Je me lave les dents »), en utilisant une écriture attachée : cela fera une entrée en matière parfaite pour la lecture.

Ce dispositif visuel est un soutien à la fois sympathique (si les images sont bien choisies, vos routines matinales vont immédiatcment se dérouler dans une autre ambiance !) et capital à l'âge où l'attention des enfants est encore très fragile ! Ce support ouvre en effet la voie à l'autonomie de l'enfant, qui peut ainsi se repérer seul, évitant les multiples redites de l'adulte (aussi désagréables pour lui que pour nous !).

Pour la mise en forme du rituel, vous avez deux options

✳ Vous pouvez le présenter sous la forme d'un jeu de cartes, avec une carte illustrée pour chaque action (n'hésitez pas à plastifier les cartes). L'enfant prendra plaisir à reconstituer sa routine du matin et à retourner les cartes à mesure qu'il avance.

✳ Vous pouvez aussi présenter ces vignettes sur une feuille simple. Les actions seront alors inscrites les unes sous les autres et l'enfant pourra – à chaque étape franchie – faire « avancer » en concordance une pince à linge ou glisser un trombone comme une validation symbolique !

Cette petite action est souvent essentielle pour inciter les enfants à franchir les étapes avec entrain. Vous pouvez également ajouter une horloge à vos saynètes quand l'enfant est suffisamment grand ou encore une

L'enfant se réfère aux cartes « rituels » pour sa préparation matinale… en autonomie !

petite étoile pour identifier les actions que vous lui confiez en toute autonomie. C'est très valorisant !

Enfin, adaptez le nombre d'actions présentées à l'âge de l'enfant : à deux ans, on se limitera à trois ou quatre actions ; à cinq ans, on peut aller jusqu'à sept ou huit !

Un conseil de famille pour présenter votre rituel

Vous avez fait un super job dans l'intérêt de votre famille. Ce n'est pas le moment de vous prendre les pieds dans le tapis ! La présentation de votre rituel est CAPITALE. Réfléchissez bien avant de vous lancer ! Voici quelques conseils :

POUR DES MATINS QUI CHANTENT

✱ Commencez par énoncer clairement vos objectifs. → *Le matin, on a tous plein de choses à faire pour se préparer avant de partir à la crèche, à l'école, au travail. Je suis très stressé(e) à l'idée d'être en retard et trop souvent je me mets à crier… Puis vous vous mettez à crier, et finalement tout le monde est grognon ! Je trouve cela très désagréable et j'imagine que vous aussi, n'est-ce pas ? Avec papa/maman, on a donc imaginé une nouvelle organisation pour que le matin redevienne un moment sympa, où l'on profite les uns des autres, où l'on rigole et où l'on se prépare tous en même temps pour arriver à l'heure.*

✱ Faites-les adhérer au projet. → *Mais pour cela, on a besoin de faire équipe.*

✱ Montrez-leur le tableau de votre rituel. → *Avec papa/maman, on a beaucoup réfléchi et on a imaginé une nouvelle organisation. Ça, c'est la nôtre. Mais nous en avons également préparé une spéciale pour vous !*

✱ Montrez-leur les affiches ou les cartes préparées, passez-les en revue dans l'ordre et demandez-leur de décrire ce qu'ils voient sur les images. Lorsque vous arrivez sur celle(s) qu'ils peuvent réaliser en autonomie, proposez-leur solennellement de les prendre en charge. → *J'ai vu que tu savais de mieux en mieux te brosser les dents tout seul. Je te propose donc de te montrer, demain matin, comment ouvrir le tube de dentifrice et en mettre un pois sur ta brosse. Après quelques jours d'entraînement, je suis certaine que tu y arriveras. Même si je ne suis jamais loin en cas de problème ou si tu as besoin d'un coup de main, je te laisserai faire. Penses-tu pouvoir le faire seul ? Très bien. Alors j'inscris une petite étoile/un cœur ou autres sur la carte. C'est chouette !*

✱ Proposez-leur de marquer chaque action terminée : carte retournée, pince à linge placée à côté de la vignette, etc. → *Je vous propose de marquer avec une pince à linge chaque action terminée. Ça me permet de voir toute de suite où vous en êtes sans vous demander quinze fois : « Tu t'es lavé les dents, chéri ? » et ça vous évite de vous laver les dents deux fois, au cas où vous auriez oublié ! (Un peu d'humour ne fera pas de mal.) On essaie ?*

✱ Pour finir, il s'agit de rendre le rituel bien visible. → *Maintenant, vous allez choisir l'endroit où on va accrocher votre tableau/vos cartes pour que vous les voyiez bien tous les matins ! C'est parti !*

UNE JOURNÉE EN FAMILLE

EN APARTÉ

APPRENDRE À SE PRÉPARER EN AUTONOMIE EST TRÈS IMPORTANT

Pour Maria Montessori, le soin de soi relève de la sphère éducative. Dès ses premières expériences menées auprès d'enfants défavorisés, elle acquiert la certitude que la dignité du jeune enfant est un prérequis indispensable à son bien-être tant physique que psychique, donc au développement de ses capacités.

La première des dignités étant celle que l'on s'accorde à soi-même, proposer aux enfants dont elle s'occupait tout le matériel nécessaire à la toilette et dont ils pouvaient manquer chez eux lui est apparu comme une évidence. Quand ils arrivaient le matin, ces enfants issus de quartiers pauvres, souvent sales, pieds nus et vêtus de guenilles, pouvaient ainsi se laver le visage, les mains, les pieds, arranger leurs vêtements et se moucher (elle leur avait appris comment faire, à leur plus grande joie).

Ces quelques actions leur permettaient de se relier à eux-mêmes, de se sentir bien et d'entrer, avec calme et concentration, dans les autres ateliers.

Dans les classes Montessori, une station de travail est ainsi toujours dédiée au soin de soi. Elle comprend un miroir et de quoi se laver les mains et le visage. Quelques brosses et des pots de crème peuvent compléter l'ensemble.

Quand nos enfants essaient de reproduire nos gestes dans la salle de bains, cessons de les traiter comme des poupées que l'on habille ou coiffe à loisir et offrons-leur la possibilité de se prendre en charge : plus que de propreté, il est question ici du respect de soi et des autres et, osons le dire, de dignité personnelle.

POUR DES MATINS QUI CHANTENT

*Des gestes précis pour développer la dextérité
des petites mains… et l'autonomie !*

UNE JOURNÉE EN FAMILLE

Adaptez l'environnement

Se préparer le matin demande de faire quasiment le tour de la maison : salle de bains, toilettes, cuisine, chambre et entrée, sont donc autant de pièces concernées ! Êtes-vous certain que chacune offre un aménagement et des accessoires adaptés à la taille de votre enfant pour lui permettre d'accéder à son désir d'autonomie ? Faisons ensemble le tour du propriétaire…

Dans la chambre : pour aider votre enfant à s'habiller seul

Savoir s'habiller requiert de nombreuses compétences : équilibre, coordination, motricité fine, discrimination visuelle, planification des gestes, intégration du schéma corporel, etc. C'est un apprentissage long et difficile, qui peut générer frustration, énervement et découragement chez nos petits ! Mais nous pouvons faciliter ces découvertes et apprentissages par la mise en place d'un environnement adapté.

Pour en savoir plus sur l'environnement adapté, voir p. 27.

Commencez par alléger son armoire

La mode enfantine est en pleine expansion et il y a tellement de choses qui nous font envie ! Mais une approche minimaliste est de loin préférable, pour réduire le travail (lavage, repassage, rangement) et promouvoir l'indépendance d'un enfant en bas âge. Si son choix est limité, il pourra voir d'un coup d'œil les tenues à sa disposition, s'entraîner à des associations harmonieuses, être certain de n'avoir ni trop chaud ni trop froid et ranger plus facilement.

Un dressing bien organisé !

UNE JOURNÉE EN FAMILLE

*La version commode
pour les plus petits.*

> ### EN APPARTÉ
>
> ## NOTRE RECOMMANDATION
> ### (PAR ENFANT ET PAR SAISON)
>
> — 5 bas (pantalons ou jupes)
>
> — 5 hauts manches courtes ou sans manche
>
> — 4 hauts légers manches longues
>
> — 3 pulls ou gilets
>
> — 2 pyjamas
>
> — Assortiment de chaussettes et sous-vêtements
>
> — 2 paires de chaussures + 1 paire de bottes
>
> — 1 veste de saison
>
> — Lunettes de soleil, gants, bonnet, casquette, écharpe, foulard

Un mobilier adapté et de multiples rangements !

Un portant à hauteur d'enfant est un indispensable ! Pantalon, jupe, tee-shirt, pull, veste, chemisiers, tout peut y être suspendu de sorte que l'enfant puisse voir facilement le choix qui s'offre à lui sans être obligé de déplier (et de replier) les vêtements. Pour l'aspect pratique, il vaut mieux disposer les vêtements par catégories sur le portant : tous les pantalons ensemble, tous les tee-shirts ensemble… On peut même glisser des séparateurs de cintres.

Pour compléter ce dispositif, disposez des étagères à hauteur de l'enfant pour y ranger les vêtements qui ne peuvent pas être suspendus (culottes, chaussettes, accessoires…) et multipliez les contenants pour séparer les catégories. Si vous avez une commode, achetez des organisateurs de tiroir ou recyclez de vieilles boîtes de chaussures.

Pour que l'enfant puisse se repérer facilement, collez sur chaque boîte et sur chaque séparateur de cintres une image illustrant la catégorie concernée et son nom (écrit en lettres attachées). Votre enfant ne les lira peut-être pas tout de suite, mais c'est une bonne opportunité d'imprégnation.

Quelle que soit l'organisation choisie, veillez à expliquer son fonctionnement à l'enfant, puis à lui montrer plusieurs fois, en détachant bien tous les gestes :

* comment on enlève et on remet un cintre sur un portant ;
* comment on plie un vêtement avant de le poser sur une étagère ;
* comment on met un vêtement sur un cintre.

Pour compléter ces aménagements, installez à proximité un petit tabouret (très utile pour enfiler sous-vêtements et pantalons quand l'équilibre est encore précaire) et miroir en pied (pour que l'enfant puisse admirer le travail accompli !).

S'habiller, ça s'apprend !

Dans les écoles Montessori, les enfants s'exercent sur des cadres d'habillage, ce qui permet d'aborder séparément et successivement chaque étape et chaque difficulté. Voici quelques conseils pour amener vos enfants vers l'autonomie.

EN APARTÉ

UNE RÈGLE POUR MONTRER LES GESTES

Quand l'enfant n'est pas en âge de faire tout seul (autrement dit, quand l'adulte fait à la place du bébé), on verbalise. Mais dès qu'on sent chez l'enfant le désir de faire, on montre le geste sur soi, en silence et en détachant bien tous les mouvements.

✔ Apprenez-lui d'abord à se déshabiller !

Beaucoup plus facile, cette première approche lui permettra de comprendre comment fonctionnent ses vêtements, de découvrir les différents systèmes de fermeture et de répéter les mouvements qui seront ensuite nécessaires à l'habillage.

✔ Verbalisez au maximum le rituel de l'habillage dès le plus jeune âge

Au moment où vous aidez votre enfant, il est important d'expliquer ce que vous faites afin qu'il enregistre le vocabulaire et la répétition des gestes. C'est ainsi qu'il pourra développer ensuite ses propres automatismes.

✔ Pour qu'il persévère, usez régulièrement de quelques astuces !

Slip de super-héros, jupe de princesse, voire déguisement, ne reculez devant rien pour lui donner envie de faire seul ! Vous pouvez aussi poser ses vêtements au sol en formant un bonhomme pour récapituler les parties du corps et l'ordre dans lequel les vêtements doivent être enfilés.

✔ Faites une présentation pour chaque type d'habit

Par exemple, pour enfiler ou enlever un tee-shirt ou pull, décortiquez vraiment vos mouvements lors d'une démonstration sur vous-même : « Je déplie complètement le vêtement, je le retourne (face contre le sol – pour le mettre à l'endroit), j'ouvre la plus grande ouverture et je passe d'abord ta tête, puis de chaque côté les bras l'un après l'autre et je vérifie que le vêtement "tombe" bien. » Et pour le déshabillage : « Je replie un coude pour enlever la manche, etc. »

✔ N'abordez qu'un type de vêtement à la fois

Attendez que l'enfilage d'un vêtement soit bien maîtrisé pour passer au suivant.

✔ Pensez au confort de votre enfant

Pantalon slim, chemise fashion, tee-shirt ajusté, la mode enfantine est de plus en plus sophistiquée. Mais assurez-vous que les vêtements choisis n'entravent ni les mouvements de l'enfant ni ses capacités d'apprentissage ! De gros boutons, des vêtements amples, croyez-vous vraiment que cela fera de moins jolies photos dès lors que l'enfant arbore le minois radieux de celui qui aime apprendre et se sent capable de faire tout seul ? Quitte à s'affranchir des codes de la mode, pourquoi ne pas ajouter un lacet noué, un ruban ou un scoubidou sur la tirette de la fermeture Éclair, souvent si difficile à attraper pour les petites mains… L'enfant aura ainsi une prise plus grande.

✔ **Pour l'aider à ne pas enfiler ses vêtements à l'envers**

Placez en bas à gauche de chaque vêtement un petit repère (par exemple, les jolies étiquettes personnalisables Ludilabel) que l'enfant reconnaîtra bien vite comme «l'endroit» de ses vêtements. Nettement plus facile pour lui que de chercher «l'étiquette qui se trouve à l'intérieur»!

Dans la salle de bains : pour l'aider à se faire beau tout seul

Les accessoires

L'enfant doit pouvoir disposer d'accessoires à sa taille (celle de sa main ou de son corps) pour se préparer en autonomie. La salle de bains étant le plus souvent partagée avec d'autres membres de la famille, il est utile de regrouper dans une corbeille au nom de l'enfant les accessoires suivants :

✱ Une petite brosse à cheveux, avec un manche ergonomique.

✱ Une petite brosse à dents, un tube de dentifrice, un gobelet et, pourquoi pas, un petit sablier qui permet à l'enfant de se brosser les dents suffisamment longtemps. Vos enfants n'ont pas la même notion du temps que vous et rester immobile devant un miroir, à se brosser les dents, peut facilement leur faire estimer que 20 secondes, c'est largement suffisant! Aidons-les à se repérer!

✱ De quoi se débarbouiller le visage (un gant de toilette et un savon, ou une lingette de coton bio réutilisable et de l'eau florale dans un flacon-pompe), ainsi que des petits crochets à ventouser sur le mur à leur niveau pour y placer les débarbouillettes, serviettes et autres gants de toilette.

✱ Éventuellement une crème hydratante spécial enfant (hiver) ou une crème solaire (été).

✱ Un savon et une brosse à ongles pour bien se laver les mains (de surcroît, les enfants adorent ça!).

L'accès à l'eau et à un miroir

La plus simple est de disposer une caisse de vin en bois à l'envers, au sol, au pied du lavabo. Nettement plus large et moins complexe à utiliser qu'un marchepied, c'est une solution simple, peu onéreuse (certains cavistes seront ravis de vous les offrir), facilement personnalisable (vive l'atelier peinture !) et vraiment très sûre (n'oublions pas qu'une chute dans la salle de bains peut vite être très douloureuse voire dangereuse).

✳ Dans le plus pur esprit Montessori, vous pouvez également disposer sur un petit meuble d'appoint (par exemple, une table de chevet ou un bout de canapé) une cuvette ainsi qu'un broc d'eau. L'enfant versera de l'eau selon ses besoins ! Il pourra ensuite simplement la vider dans la baignoire à la fin de sa toilette. Il vous suffira de compléter ce dispositif d'un miroir.

EN APARTÉ

COSMÉTIQUES : DES PRÉCAUTIONS S'IMPOSENT

Soyez très vigilant sur la qualité des produits que vous sélectionnez pour vos enfants. L'industrie cosmétique fait trop souvent la part belle aux conservateurs, colorants et autres agents moussants qui peuvent irriter la peau des enfants et perturber leur système hormonal !

Pour le débarbouillage du matin, nous vous conseillons d'opter pour des produits naturels : un savon saponifié à froid (magasins bio) ou un hydrolat (voir p. 262), de lavande ou de fleurs d'oranger par exemple. Ces produits laisseront la peau de votre enfant toute douce et fraîche. (En vente dans les magasins bio.)

Remarque : le savon saponifié à froid est enrichi en glycérine naturelle. C'est un savon surgras grâce à l'ajout d'huile végétale vierge, il est donc extrêmement doux pour la peau.

POUR DES MATINS QUI CHANTENT

✷ N'oubliez pas de joindre une petite serviette de toilette (la plus petite possible) et montrez à votre enfant comment la reposer sur le porte-serviettes lorsqu'il a fini sa toilette ou la mettre au linge sale si besoin (cela vous évitera de râler à l'adolescence lorsque toutes les serviettes traîneront par terre !).

Dans l'entrée : pour rendre les départs plus faciles

C'est souvent sur le pas de la porte que la situation dégénère ! Il y a toujours une chaussure qui manque désespérément à l'appel, une crise de la veste à enfiler TOUT SEUL, quitte à recommencer vingt-sept fois, un enfant prêt qui se plaint de crever de chaud pendant que les deux autres se chamaillent (« Mais maman, c'est lui qui m'a poussé en premier ») et que le chrono tourne !

La solution miracle

Prévoyez, si l'espace de l'entrée le permet, une station de travail pour chaque enfant. Elle comprendra :

✷ une patère à hauteur d'enfant, pour y accrocher les vestes, manteaux ou gilets ;

✷ une corbeille posée au sol contenant l'ensemble des accessoires de saison et l'éventuel petit sac pour aller à l'école ;

✱ un petit tabouret grâce auquel l'enfant va pouvoir (plus) facilement mettre et enlever ses chaussures.

Une fois cet espace installé, vous verrez que les habitudes vont rapidement se mettre en place d'elles-mêmes. Avec à la clé :

✱ une entrée rangée matin et soir !

✱ des enfants qui s'habillent en même temps sans se rentrer dedans ;

✱ aucune question, recherche, interrogation de dernière minute : tout est à sa place !

Et maintenant… en route !

Ne sabotez pas votre bienveillance dès le petit déjeuner !

Saviez-vous que l'alimentation a un impact considérable sur le comportement de nos enfants et leur humeur ? C'est peut-être un des secrets les mieux gardés : la parentalité positive implique une « alimentation positive », à partir de produits bruts, sains, exempts d'additifs chimiques, avec un dosage minimum en sucre ! Et le petit déjeuner n'échappe pas à cette règle. Pour que la préparation matinale se déroule sans accroc, faisons le point sur les propositions à éviter et celles à privilégier.

La face cachée du petit déjeuner « idéal »

On nous le chante sur tous les tons : nos enfants doivent prendre un petit déjeuner avant de partir à l'école ! Et cette recommandation s'accompagne d'un menu « idéal » : un verre de jus d'orange pour les vitamines, un laitage pour le calcium, du pain ou des céréales pour le carburant… Le problème, c'est que cette vertueuse association combine le plus souvent, pour nos matins pressés, des produits industriels.

✱ Les jus d'orange tout prêts sont souvent trop sucrés (attention au pic de glycémie, qui provoque fringale et coups de pompe) et ils sont également agressifs pour un système digestif à jeun (ils peuvent provoquer des maux de ventre).

✱ Pour les laitages, la préférence de nos enfants va généralement aux yaourts aromatisés ou aux laits chocolatés, eux aussi trop sucrés. De surcroît, le lait de vache, s'il est consommé régulièrement, a la fâcheuse tendance à pénaliser la sphère ORL (vive les otites à répétition) et à encombrer le système digestif.

✱ Le choix des glucides porte généralement sur des céréales industrielles, riches en sucre (encore!) et en graisses, ou sur du pain blanc, lui aussi très sucré, riche en gluten mais pauvre en bons minéraux et nutriments.

✱ Beaucoup de produits industriels, outre leur teneur élevée en sucre, contiennent également de nombreux conservateurs, exhausteurs de goûts, colorants et autres agents de textures riches en phosphates, qui peuvent provoquer hyperactivité, difficultés à se concentrer, troubles du sommeil, agressivité, etc. Les produits du petit déjeuner (et du goûter) doivent donc être analysés scrupuleusement, car ils sont un terrain très

Un exemple de petit-déjeuner idéal

prisé des marques pour y exprimer toute leur créativité ! Même si on aimerait que les géants de l'agroalimentaire réfléchissent mieux à la composition de leurs recettes qu'à la énième mascotte sympathique… pour le bien de nos enfants !

De l'énergie au naturel

Pour donner à vos enfants de l'énergie à revendre, des tonnes de vitamines et de bons nutriments, misez sur des ingrédients naturels. Adaptez le fameux trio fruit/laitage/glucides pour composer des associations saines et pertinentes, en jouant avec les saisons et les envies du moment ! Il vous suffit de garder à l'esprit quelques règles simples.

✔ Ayez une vision générale de ce que vous proposez à votre enfant
Cela permettra que le petit déjeuner ne soit pas trop riche en sucre (encore moins raffiné !) et contienne des aliments faciles à digérer (pas trop de gluten ni de caséine). Quitte à poser le tout sur un plateau !

✔ Faites le plein de vitamines, nutriments et minéraux
Privilégiez les fruits de saison (sauf les agrumes, trop acides), entiers ou découpés en morceaux, préparés en purée ou en jus, cuits en compote, servis seuls dans un bol ou mélangés avec un yaourt nature ou des céréales.

Pour en savoir plus sur le contenu des assiettes et les aliments à privilégier, voir p. 229.

Pensez également aux fruits secs (amandes, noisettes, noix de pécan, etc.) et aux graines (tournesol, sésame, courge, etc.) ! Les enfants les adorent parsemés sur des fruits frais ou en barres énergétiques.

✔ Privilégiez les glucides lents
Ils apportent de l'énergie plus longtemps et sans à-coup. En version tartine, misez sur le pain complet ou pour du Pain des fleurs (la version ultra-saine des Craquottes, en vente dans les magasins bio). Si votre enfant adore les céréales qui croustillent, choisissez des céréales

complètes (moins sucrées que les produits industriels) à base de flocons d'avoine ou de quinoa. Vous pouvez aussi réaliser un müesli ou des barres maison : c'est rapide, simple, personnalisable à volonté, et vous aurez moins de scrupules à les parsemer de pépites de chocolat si vous savez que le reste des ingrédients est sain et en juste quantité ! Biscuits et gâteaux maison sont aussi une bonne option ; testez les recettes à base de farine d'avoine ou d'épeautre, dont l'énergie se diffuse tout au long de la matinée, sans fatiguer le système digestif ni provoquer de pic de glycémie.

✔ Misez sur les laits végétaux

Très digestes, ils sont également riches en minéraux, vitamines, fer et bons gras. Certains sont sans gluten (riz, amande, châtaigne, quinoa…) et tous sont dépourvus de résidus d'antibiotiques, vaccins et autres

---

> **EN APARTÉ**

TENTEZ LE « FAIT MAISON » !

Bien sûr, on sait combien votre planning est serré, en particulier le matin ! Mais certaines recettes de biscuits, gâteaux, cakes ou barres de céréales peuvent être préparées le week-end et se conserver toute la semaine dans une boîte hermétique. La pâte à cookies se congèle très bien, façonnée en boudin, enveloppée dans un film alimentaire et découpée en fonction des besoins juste avant la cuisson. Pensez aussi à congeler en petits sachets des fruits découpés, vous les sortez la veille et vous préparez le matin un jus frais en deux minutes chrono (vous pouvez même ajouter un peu de lait végétal !). Bref, les astuces ne manquent pas pour préparer des petits déjeuners maison sans se compliquer la vie. Avec un peu d'organisation, vos enfants partiront avec une bonne dose d'énergie qui leur permettra de faire fonctionner leurs muscles et leurs cerveaux à plein régime… au moins jusqu'à midi !

UNE JOURNÉE EN FAMILLE

hormones contenus dans les laits animaux. Aromatisés ou nature, leurs avantages varient : le lait d'amande est nutritif, antiseptique pour les intestins, plein de magnésium, potassium, phosphore, vitamine E, fer, etc. ; le lait de noisette est vermifuge, bourré de calcium et d'acides gras mono-insaturés ; excellent carburant pour le cerveau, le lait d'avoine est également riche en glucides, en calcium et en fibres.

Un petit déjeuner en autonomie

La préparation du petit déjeuner peut être un moment très joyeux, qui permet à l'enfant d'écouter ses envies, d'exercer ses mains et peut-être aussi d'ouvrir son appétit. Il suffit d'un peu d'organisation pour que cela se déroule en autonomie.

✳ Pour faciliter sa composition, regroupez tous les éléments du petit déjeuner sur une étagère à hauteur d'enfant ou dans un tiroir.

✳ Prévoyez un plateau à anses ainsi que deux ou trois propositions d'aliments permettant à l'enfant de choisir ce dont il a envie : une corbeille avec des fruits faciles à préparer (banane, mandarine, raisin), un bocal contenant des fruits secs, un pot à biscuits.

✳ Pour les boissons, certains jus de fruits ou laits sont conditionnés en briques, accompagnés d'une paille. Ils peuvent donc être laissés à disposition sur cette étagère. Si vous préférez de plus grands contenants ou si vos enfants aiment prendre une boisson chaude le matin, vous pouvez disposer sur la table les tasses ou les verres et les boissons servies dans une carafe.

✳ Vous pouvez également installer un marchepied dans la cuisine pour que les enfants fassent griller leurs tartines, ajouter à l'étagère «petit déjeuner» un petit couteau à beurre ou un presse-agrumes, en fonction de leur niveau d'éveil et de leur capacité à tartiner ou à réaliser un jus en autonomie. Sinon, réservez ces propositions aux week-ends, où le temps est moins compté !

UNE JOURNÉE EN FAMILLE

> ### EN APARTÉ
>
> ## VRAIMENT PAS FAIM LE MATIN ?
>
> Surtout ne le forcez pas. N'en faites pas une bataille quotidienne, ce serait inutile et pourrait même provoquer un blocage. En revanche, glissez dans son sac des fruits secs, une barre de céréales ou un de vos cookies et rediscutez-en au bout de quelques jours. A-t-il eu un petit creux dans la matinée ? Se sent-il vraiment plein d'énergie pendant la récréation ou après les premières activités de crèche ? Préfère-t-il prendre la collation qui lui est probablement proposée à 10 heures ? Voilà qui devrait vous rassurer !

Dès dix-huit ou vingt-quatre mois, un enfant sera ravi de ramener les éléments du petit déjeuner à la cuisine. À partir de trente-six mois, il pourra préparer un plateau simple, comprenant des biscuits ou des fruits secs, insérer une paille dans une brique de jus ou de lait. Et dès quatre ans, il pourra se verser à boire, faire griller du pain, réchauffer des pancakes, tartiner. Peut-être pas tous les jours, mais au moins le week-end.

Un dernier point : cette recommandation s'applique bien sûr aux enfants qui y prennent du plaisir ! Si votre petit « n'est pas du matin » et qu'il met des heures à émerger, mieux vaut qu'il se limite à débarrasser son petit déjeuner afin qu'il se concentre sur l'habillage ou le soin de sa personne.

Ces détails qui font la différence !

Même avec un rituel formidable, un environnement adapté, un petit déjeuner positif, il peut arriver que la machine s'emballe. Voici encore cinq conseils pour que le matin chante quand même.

Prenez 15 minutes pour vous

Être sans cesse interrompu pendant qu'on se prépare, boire systématiquement son café froid, retourner sept fois dans la cuisine éteindre la bouilloire parce qu'un enfant a demandé de l'aide, abandonner ce qu'on est en train de faire pour aller s'assurer qu'il se brosse bien les dents, s'apercevoir qu'on risque encore une fois d'être en retard... voilà qui est bien agaçant ! À y regarder de plus près, pourtant, ne croyez-vous pas que 50 % des crises du matin sont en fait imputables aux adultes ?

La solution ? Levez-vous 15 minutes plus tôt. Et OFFREZ-VOUS ces 15 minutes. Histoire de boire votre café au calme, de lire votre horoscope sans être interrompu, de méditer ou de faire une ou deux postures de yoga. Choisissez votre tenue, préparez votre sac à main, mettez en route une playlist qui vous met de bonne humeur. L'important, c'est de vous accorder ces 15 minutes qui vous aideront à démarrer la journée du bon pied. En comblant ainsi vos besoins, vous ferez le plein de sérénité et d'assurance. Aucune crise d'opposition ou mauvaise humeur d'enfant ne vous résistera !

Déléguez et faites confiance... vraiment !

On ne cesse de vous le répéter : les enfants réagissent mieux à la responsabilisation qu'aux ordres. Ne vous laissez pas entraîner dès le matin dans un conflit de pouvoir. Sous prétexte que l'heure tourne, on a tendance à débiter ordres et consignes à tout va alors que l'autonomie et la responsabilisation de nos enfants donneraient de bien meilleurs résultats.

✽ Commencez par encourager les initiatives : c'est le meilleur moyen de les multiplier ! Surtout si vous insistez sur le processus (et pas sur le résultat). ⇢ *C'était difficile de mettre tes boutons tout seul !* Ou encore : *Je vois un enfant habillé en moins de 5 minutes !*

✽ Cessez également de surveiller votre enfant du coin de l'œil, persuadé qu'il ne sera jamais prêt à temps ! Laissez-le faire. Une fois seul, il y a de fortes chances pour qu'il s'y mette vraiment et soit prêt en même temps que vous !

✶ Enfin, si le chrono dérape régulièrement, utilisez un timer : en visualisant l'écoulement du temps, l'enfant va maintenir son attention et son objectif en vue ! Mais attention, le timer ne doit pas être présenté comme un objet de contrôle stressant mais comme un accessoire ludique et aidant : → *Voici un timer, cela va t'aider à prendre conscience du temps qui s'écoule. Je sais que tu es capable de t'habiller en 10 minutes. Au moment où je le déclenche, tu vas entendre le tic-tac qui indique que le timer est en route, et plus l'aiguille se rapproche du zéro, plus tu devras avoir enfilé de vêtement. Quand l'alarme sonnera, tu seras habillé !*

Désamorcez les petites bombes du matin

L'heure tourne, mais votre enfant ne semble pas très bien engagé sur le chemin de la préparation matinale. Que faire ?

✶ Avant de répéter cent fois la même chose, vous êtes-vous assuré que votre demande contenait une seule recommandation, faite à hauteur d'enfant, les yeux dans les yeux ?

✶ Avez-vous répété – une seule fois – votre demande, en proposant votre aide ? → *Je vois que tu n'es pas habillé ! As-tu besoin d'aide ? Tu préfères t'habiller tout seul ou c'est moi qui le fais ?*

✶ Proposez des alternatives. → *Tu préfères te laver les dents ou t'habiller en premier ? Mettre le pull bleu ou le rouge ?*

✶ S'il commence à s'énerver, faites appel à son cerveau droit ! → *Qu'est ce qu'il nous reste à faire avant de partir ? Où est rangé ton sac à dos ?*

✶ Décrivez le problème et laissez le charme agir ! → *Je vois que tu es pieds nus et on est sur le point de partir…* Ou encore : *Oh, il y a du lait renversé sur la table !*

✶ Utilisez un seul mot au lieu d'une longue explication. → *Chaussures ! Manteau !*

* Chuchotez ! Voilà une manière très surprenante d'obtenir toute leur attention.

* Écrivez un petit mot. « Ne m'oubliez pas » posé sur une paire de chaussures intriguera même les enfants qui ne savent pas lire !

Soyez prêt à gérer les crises

* Avant de vous mettre à hurler, réfléchissez-y à deux fois. Comment ça s'est passé la dernière fois ? Le grand drame, avec colère, pleurs ou panique chez votre enfant. Vous avez dû prendre un moment pour le consoler et, de toute façon, votre éclat ne vous a pas soulagé tant que ça. Est-ce vraiment la bonne option pour gagner du temps ? Sans doute pas.

* Apprenez à relativiser. Et quand la colère gronde dans votre maison, imaginez que vous survolez toutes les maisons du quartier et que vous y découvrez le même état d'énervement, le même volume sonore, les mêmes yeux noirs et la même course folle contre la montre que chez vous ! Cette seule image devrait vous aider à retrouver le sourire !

* Surtout, demandez-vous combien de fois vous avez été en retard ? Très peu, probablement. Et que s'est-il passé ? La maîtresse vous a-t-elle éviscéré sur place ? La nounou a-t-elle refusé de vous ouvrir ? Au pire, l'assistante maternelle vous a-t-elle fusillé du regard (elle s'occupe toute la journée de vingt-huit petits mais peut-être n'en a-t-elle pas encore CHEZ ELLE !). Bref, rien de suffisamment grave pour que cela vaille la peine de dépenser autant d'énergie négative.

Injectez une dose de bonne humeur

Au lieu de vous agiter dans tous les sens pour vous préparer, ranger la maison, vider le lave-vaisselle ou compléter la liste de courses, commencez par vous demander si vous avez vraiment pris le temps de vous connecter avec votre enfant ce matin. Cinq minutes suffisent pour changer radicalement la physionomie de la journée ! Bataille sur le lit, chatouilles, câlins, danse de la joie, qu'importe. L'idée, c'est d'avoir un contact physique et un sourire pour débuter la journée.

Gardez aussi en tête que s'il est OBLIGATOIRE de se laver les dents, de se débarbouiller et de s'habiller avant de partir à l'école, l'enfant apprendra plus facilement dans une atmosphère plaisante. Coach spécialisé dans l'accompagnement à la parentalité, Sandrine Donzel le confirme : « On craint souvent qu'en rendant ces activités agréables, l'enfant n'en comprenne pas véritablement la nécessité ou laisse tomber une fois le plaisir disparu. Or, on observe scientifiquement le contraire : une activité associée à des souvenirs plaisants restera plus facile à faire même si le contexte déclencheur a disparu ! »

Pour conclure, prenez le temps de profiter de vos petits matins, sautez sur toutes les occasions de rendre votre enfant plus autonome et responsable, gonflez à bloc ses batteries émotionnelles pour qu'il attaque la journée en confiance. La famille Ricorée fera bientôt pâle figure à côté de votre tribu !

CE DONT VOUS AUREZ BESOIN POUR DES MATINS QUI CHANTENT

DANS LA CHAMBRE

- des cartes rituels détaillant chaque étape de préparation,
- une armoire contenant quelques propositions de vêtements de saison et accessoires,
- un portant à hauteur d'enfant et des séparateurs de cintres,
- des corbeilles ou de vieilles boîtes à chaussures, avec une étiquette symbolisant leur contenu (sous-vêtements, chaussettes, etc.),
- un petit tabouret et un miroir en pied.

DANS LA SALLE DE BAINS

- une corbeille (marquée au nom de l'enfant s'ils sont plusieurs),
- une petite brosse à cheveux (et des accessoires pour se coiffer si nécessaire),
- un gant de toilette, un savon, une brosse à ongles, une petite serviette, éventuellement de la crème et du baume pour les lèvres,
- quelques cotons ou lingettes en tissu,
- une boîte de mouchoirs en papier,
- un marchepied (ou une caisse de vin retournée).

DANS L'ENTRÉE

- des patères à hauteur d'enfant,
- une corbeille marquée au nom de chaque enfant avec ses accessoires de saison,
- un petit tabouret.

DANS LA CUISINE

- un plateau avec anses,
- un ou deux contenants remplis de vos propositions de petit déjeuner ou une corbeille avec des fruits,
- quelques serviettes.

QUELLES TÂCHES À QUEL ÂGE ?

DÈS 2 ANS
- Enlever, puis ranger son pyjama.
- Choisir et enfiler ses sous-vêtements ou sa couche.
- Se débarbouiller la figure.
- Commencer à manier la brosse à dents et la brosse à cheveux.
- Débarrasser son petit déjeuner.
- Accrocher la serviette de bain sur son portant.

DÈS 3 ANS
- Aller aux toilettes seul.
- Choisir l'ensemble de sa tenue.
- Enfiler pantalon, jupe, tee-shirt, pull, chaussures, veste.
- Se laver les dents.
- Se coiffer.
- Mettre de la crème ou du baume à lèvres.

DÈS 4 ANS
- Préparer son petit déjeuner.
- Mettre des gros boutons (et défaire des petits), zipper.
- Enfiler des chaussettes.
- Préparer son sac (doudou, goûter, mouchoir en papier, affaires de sport au besoin).

À 5 ANS
- Faire son lit.
- Mettre des petits boutons (ceux d'une chemise, par exemple).
- Lacer ses chaussures sans problème.
- Aider les plus petits que lui.

POUR DES REPAS ZEN

Qu'il s'agisse des manières à table, de la variété des plats proposés, de la composition des repas, de la capacité à manger à satiété, du développement du goût ou des repas pris à heures fixes, nous sommes exigeants avec nos enfants ! Et nous avons raison de l'être : la table est un enjeu majeur dans l'éducation. Parce qu'elle est source de santé, mais aussi d'innombrables plaisirs. Elle génère des moments forts de partage social et de découvertes culturelles… à condition d'en maîtriser les gestes et les codes !

Tout cela est difficile à comprendre et à intégrer quand on a deux, trois, quatre, cinq ou six ans ! Pourtant, nous le perdons vite de vue lorsque notre bambin refuse de goûter le plat préparé avec amour, oublie systématiquement de dire merci, envoie valser malencontreusement quelques petits pois par terre ou fait l'expérience des doigts dans la purée… Et si la clé des repas zen se trouvait dans les coulisses, en cuisine ?

Invitez vos enfants en cuisine !

Par manque de temps, parce que c'est plus pratique ou par envie de passer un moment entre adultes, beaucoup de parents font manger leurs enfants avant eux, le soir en particulier. Et servent, à table, une préparation à l'assiette à leurs gastronomes en culottes courtes, puis les regardent manger, tels de petits Roi-Soleils, focalisés sur leurs mimiques, leur attitude, leurs bonnes manières (ou pas !), suspendus à leur jugement, les interrompant régulièrement pour savoir ce qu'ils ont fait à la crèche ou à l'école aujourd'hui. Ce qui stresse tout le monde !

La cuisine : des bénéfices en cascade !

Stop ! Il est temps d'amener le plus souvent possible vos enfants en cuisine. Non seulement l'aide de vos petits commis en herbe vous deviendra vite indispensable mais, surtout, passer du temps devant les fourneaux va engendrer pour eux une cascade de bénéfices.

Pourquoi c'est important qu'ils mettent la main à la pâte

Pour obtenir leur adhésion à ce qu'ils vont manger

Demander aux enfants d'aider à préparer le repas est LA technique imparable pour qu'ils mangent avec plaisir leur assiette. Pendant toute la phase de préparation, ils se familiarisent avec l'ingrédient, leur appétit s'ouvre et, quand ils passeront à table, ils se sentiront générale-ment valorisés par le travail accompli. En tout cas, suffisamment pour vous éviter le fameux « J'aime pas… », le plus souvent prononcé sans même avoir goûté au plat !

Pour éveiller leurs sens et faire d'eux des becs fins

Pris dans nos vies d'adulte (mangeant devant l'ordinateur ou la télévi-sion ou absorbés par nos discussions quotidiennes), nous ingérons nos repas à la va-vite et oublions souvent de « manger en conscience », c'est-à-dire en prenant le temps d'observer le contenu de notre assiette, de le humer longuement, de nous délecter de chaque bouchée, de chercher à identifier précisément les sensations qui émergent. Mais à l'âge où les enfants goûtent régulièrement de nouveaux aliments et forment leur palais, il est urgent de ralentir la cadence pour reconnecter l'esprit et l'assiette.

Avant six ans, le raffinement des sens peut atteindre des sommets. En cuisine ou à table, laissez donc s'éveiller chez vos enfants l'odorat, le toucher, le goût et la vue ! Avec une telle philosophie et quelques heures d'entraînement, vous serez surpris de voir le nombre d'odeurs qu'ils peuvent deviner les yeux fermés ou leur capacité à reconnaître le juste degré de cuisson d'un gâteau ou le niveau de maturité d'un fruit en observant sa couleur (quel important travail sur les nuances) ! Et pour corroborer l'intuition de Maria Montessori concernant cette période sensible de raffinement des sens, saviez-vous que les enfants ont deux fois plus de papilles que les adultes ? Quelle explosion en bouche ce doit être ! Pas étonnant que leur jugement soit souvent si tranché !

Être actif en cuisine et prendre son temps à table sont deux habitudes qui leur permettront de développer une vraie curiosité pour les saveurs, les textures et offriront rapidement à leur palais une palette de goûts faisant d'eux de vrais gourmets « tout terrain ».

Pour développer leur vocabulaire et les familiariser avec la lecture

La cuisine est une discipline riche, qui nécessite d'utiliser des termes précis, tant pour les ingrédients ou les ustensiles que pour les gestes à effectuer (tamiser, pétrir, battre, écaler, etc.). Elle offre également une multitude de sensations très intéressantes à identifier et à exprimer le plus justement possible. Alors que les enfants sont dans leur pleine période sensible du langage jusqu'à six ans, ils sont avides d'apprendre de nouveaux mots – surtout lorsqu'ils sont très compliqués d'ailleurs ! Ne vous en privez pas. De même, suivre une recette sur un livre, repérer le paquet de farine ou celui de sucre, écrire ensemble la liste de courses sont autant d'occasions pour l'enfant d'entrer en contact avec la lecture.

Pour découvrir les chiffres, les réactions chimiques, la logique

Repérer que la balance indique 100 g à la huitième cuillère ajoutée, verser d'abord une première moitié du lait sur la préparation, ajouter trois œufs, observer le beurre fondre, enchaîner les étapes d'une recette en respectant la logique de progression, voilà des activités usuelles en cuisine et qui sont toutes apparentées à l'apprentissage des mathématiques et de la logique ! Maria Montessori insistait sur un point capital dans sa pédagogie : pour comprendre les concepts, les enfants ont besoin de manipuler ! Les mains dans la farine, comment ne pas aimer les maths ?

POUR DES REPAS ZEN

UNE JOURNÉE EN FAMILLE

Pour exercer leurs mains et expérimenter l'amour du travail bien fait

Brosser, peler, fouetter, pétrir, verser précisément un liquide dans le verre doseur jusqu'au trait des 10 cl, etc. Autant d'actions passionnantes et difficiles pour travailler la dextérité et la musculature de leurs petites mains !

De surcroît, l'autocorrection si chère à Maria Montessori est un principe de base en cuisine : « Je ramasse les petits morceaux de coquilles qui sont tombés quand j'ai cassé mon œuf. Zut, je n'ai pas encore assez pétri pour façonner la pâte ! Oh, je dois encore mélanger pour que le chocolat fondu soit bien intégré à ma préparation… » L'adulte n'a pas besoin d'intervenir, l'enfant sait très vite quand il doit encore persister dans son geste ou comment réparer une erreur avant de passer à l'étape suivante.

Pour faire grandir confiance en soi et capacité de concentration

Écosser des petits pois ou détailler des carottes en tranches sont des tâches difficiles, importantes et parfois dangereuses (notamment quand on utilise un couteau). Les confier à un enfant – en lui ayant, bien sûr, expliqué au préalable comment s'y prendre –, c'est lui montrer de façon concrète que vous avez confiance dans ses capacités et lui permettre de développer ainsi sa confiance en lui. Nul doute que ces nouvelles responsabilités vont le passionner et que vous prendrez plaisir à le voir aussi absorbé !

Pour les faire participer à la vie de la famille

Ne croyez pas que vos enfants soient des êtres oisifs dont la seule envie soit de jouer toute la journée : ils prendront grand plaisir à participer activement à la vie familiale. Ce partage des tâches (toujours dans la bonne humeur il va sans dire) renforcera vos liens et créera un véritable sentiment d'appartenance entre les membres de votre famille.

UNE JOURNÉE EN FAMILLE

EN APARTÉ

COMMENT ILS PEUVENT VOUS AIDER

Tous les jours, il y a de multiples occasions où les enfants peuvent vous prêter main-forte.

— Pendant que vous faites les courses, laissez-les choisir, mettre en sachet, peser et donner à la caissière un ou deux fruits ou légumes qu'ils ont envie de goûter !

— Pour la préparation du repas, faites appel à vos commis préférés pour laver les légumes (tomates, pommes de terre...), couper des dés d'avocats dans sa peau, des tranches à partir d'une demi-courgette ou carotte, ajouter des liquides préparés (tasse de crème fraîche ou de bouillon) et touiller...

— Pour le goûter ou le dessert, faites-leur préparer des billes de melon ou de pastèque à l'aide d'une cuillère à pomme parisienne ou couper une banane en tranches, puis enlever la peau morceau par morceau.

Pour partager des moments de complicité

Ne présentez pas ces tâches quotidiennes comme un « travail » (vos enfants ne sont pas Cendrillon !), mais comme des opportunités d'être ensemble, d'échanger, de se faire du bien mutuellement. Dès dix-huit mois, un enfant sera heureux de récupérer les morceaux de légumes fraîchement coupés pour les mettre dans la casserole ; à quatre ans, il prendra plaisir à préparer les biscuits du petit déjeuner pour ses frères et sœurs ; à six ans, il sera fier de réaliser tout seul la quiche du dimanche soir.

Pour transmettre de l'amour

La cuisine n'est pas qu'une affaire de tour de main ou de recettes, elle est aussi une histoire de liens, d'affection, de partage. Ainsi, en France, une personne sur deux apprend à cuisiner avec une mère, un père, une grand-mère. La cuisine, c'est aussi s'imprégner d'odeurs, de saveurs, de produits, de rituels familiaux. C'est se soucier du prochain repas à préparer, du prochain menu à concevoir. Loin du faste et de la sophistication des plats proposés par les cuisiniers « de la télé », l'exercice quotidien de la cuisine familiale relève du souci constant de faire du bien aux autres, sur le plan nutritionnel comme sur le plan du plaisir !

Pour acquérir les bons réflexes qui leur serviront… à vie !

Car préparer à manger, c'est se donner le temps de ressentir la faim au lieu de se précipiter sur un aliment réchauffé en deux minutes au micro-ondes. C'est découvrir que la qualité des aliments bruts fait la qualité du plat. C'est encore préférer l'équilibre des saveurs aux slogans creux du type « Ne mange pas trop salé, trop sucré » et expérimenter concrètement le juste dosage des ingrédients. C'est aussi développer le respect des aliments et des repas qu'on nous propose chaque jour ou que nous offrons à nos convives. C'est enfin manger en conscience, connaître la satiété et savoir ce qui est bon pour soi, tant au niveau du goût que de la santé.

Pourquoi cela va vous faciliter la vie

Peut-être pensez-vous qu'impliquer vos enfants en cuisine mettra en péril votre organisation du quotidien. Soyez rassuré. Avec un minimum d'organisation, c'est le contraire qui pourrait bien se produire. Soyons clair : je ne parle pas de l'état de la cuisine après le passage de vos marmitons ni de la patience en béton armé que vous devrez peut-être déployer pendant qu'ils se livrent à leurs expériences. Je parle simplement de la planification des courses, des repas et des différentes tâches.

Vos menus seront planifiés

Certes, vous allez devoir réfléchir aux menus pour sept jours consécutifs ! Cela peut paraître long. Mais s'y astreindre une fois par semaine, c'est autant de temps que vous ne passerez pas tous les jours à chercher une idée, ouvrir vingt-sept fois de suite le frigo pour essayer de construire un menu digne de ce nom, courir cinq fois par semaine à la supérette du coin pour acheter le truc qui manque…

Vous dépenserez moins en mangeant mieux

Fini le gâchis, les aliments qui périment sans qu'on s'en rende compte, les achats inutiles et compulsifs… Avec une vision d'ensemble de la semaine, on a tendance à composer naturellement des menus de saison équilibrés. Et à s'y tenir !

Vos enfants s'impliqueront davantage

Préparez la liste des repas avec vos enfants est le meilleur moyen de limiter les refus ! Sans compter que, en affichant les menus de la semaine, vous allez aussi pouvoir demander aux uns de laver les pommes de terre, aux autres de peler les carottes, et proposer petit à petit des tâches de plus en plus complexes.

Le contenu des assiettes est un autre enjeu important de l'éducation bienveillante. Voir p. 229 pour en savoir plus sur cette question.

À condition de lui montrer ce que vous attendez de lui, sans parler et en décomposant lentement vos gestes, il apprendra rapidement à maîtriser les activités si elles sont adaptées à son âge. Et dès quatre ans, vous pourrez lui confier, s'il le souhaite, de nombreuses tâches et prendrez plaisir à cuisiner côte à côte.

Amener les enfants en cuisine apporte tellement de bénéfices que cela ne saura se limiter à une activité exceptionnelle. Avec un minimum de préparation, cela peut devenir une activité sinon quotidienne, du moins régulière, intégrée à vos rituels familiaux et à laquelle vous prendrez tous beaucoup de plaisir. Alors, on passe à l'action ?

Ci-contre :
participer aux tâches quotidiennes et partager des
moments de complicité en cuisine.

Un environnement préparé et des ustensiles à leur taille

Plan de travail à 90 cm de hauteur, tiroirs à hauteur d'homme, placards hauts, ustensiles lourds ou dangereux pour de petites mains inexpérimentées, la cuisine est un monde de géants. Pour inviter votre enfant à vous aider dans la préparation quotidienne des repas, il va vous falloir un soupçon d'organisation et une bonne dose d'empathie.

Hissez votre enfant au niveau du plan de travail

Souvent les enfants aiment travailler à nos côtés. Cette proximité répond à leur besoin de curiosité (ce que fait l'adulte ou ce qui se trouve sur le plan de travail est tellement intéressant!) mais aussi à une certaine idée d'égalité (« Je ne fais pas de sous-tâches, ma place est bien en cuisine, pas sur une petite table ! »). Malheureusement, pour travailler à 90 cm de hauteur, le marchepied ne suffit généralement pas.

Aux États-Unis, on peut très facilement se procurer des *learning towers* (« tours d'apprentissage »). Imaginez une construction en bois de 1,20 m de hauteur reprenant la forme d'une tour et comprenant trois côtés fermés (pour la sécurité), un passage pensé pour que l'enfant y grimpe tout seul et, surtout, une plate-forme en bois lui permettant d'être surélevé pour accéder, dès seize mois et jusqu'à cinq ou six ans, aux plans de travail en hauteur, aux éviers, etc.

Cet équipement n'est pas donné et certains parents à l'esprit pratique et au budget serré pourront penser qu'une simple chaise suffit, mais je dois souligner que la tour d'apprentissage est loin d'être un équipement superflu.

✱ Elle encourage vraiment l'enfant à prendre place en cuisine à nos côtés pour travailler ou observer.

✱ Tandis qu'il est concentré sur une activité (cuisine, lavage des mains, etc.), elle offre des conditions de sécurité optimales. Un avantage non négligeable.

✱ Très bien pensée, elle offre un formidable support de psychomotricité et permet ainsi à l'enfant d'acquérir un maximum d'autonomie.

Quelques recherches sur Internet vous permettront d'en commander une ou de vous fournir les plans pour la réaliser vous-même, sans trop de difficultés et à moindres frais.

Procurez-lui des ustensiles pensés pour ses petites mains

Avez-vous déjà vu les fouets géants des cantines scolaires ? Ou les cuillères XXL utilisées dans les cuisines des établissements de restauration collective ? Imaginez la force qu'il faut pour s'en servir correctement. Eh bien, c'est exactement ce que votre enfant doit ressentir quand vous lui prêtez vos ustensiles de cuisine !

Il est indispensable de mettre à la disposition de votre enfant un couteau de découpe, un fouet, un épluche-légumes, une cuillère en bois et un rouleau à pâtisserie à sa taille ! Je ne parle pas de jouets, imitations de piètre qualité de nos ustensiles de cuisine, mais de véritables accessoires de taille réduite et/ou comprenant des options de sécurité pour les objets tranchants.

Cette quête n'est pas facile, je préfère vous prévenir tout de suite ! Mais testez, farfouillez, essayez, ayez en tête le gabarit des mains de votre enfant, faites preuve d'imagination pour quelques fois détourner un accessoire de son utilisation première… Nul doute que vous trouverez de quoi satisfaire l'envie qu'a votre enfant de travailler à vos côtés !

N'hésitez pas à lui fournir systématiquement des bols ou saladiers de petite taille pour qu'il puisse réserver ses préparations ou recueillir les épluchures avant de les mettre à la poubelle. Avec une mini-éponge et un mini-torchon à disposition, il pourra réparer tout seul ses bévues ou s'essuyer régulièrement les mains.

Enfin, enfiler puis retirer un tablier à sa taille pourra marquer le début et la fin d'une activité en cuisine tout en protégeant ses vêtements.

Réservez-lui un placard ou un tiroir

À deux, quatre ou six ans, impossible de voir ce que contiennent les tiroirs. Ne parlons pas d'ouvrir un placard en hauteur. Quant au frigo, il est hors d'atteinte. La cuisine serait-elle donc réservée aux géants ?

Remédiez à cette situation en allouant à votre enfant un placard ou un tiroir bas pour son seul usage.

✔ Ce que contient le placard/tiroir

✱ l'ensemble de ses ustensiles dédiés à la cuisine. Il est important qu'il soit toujours très ordonné (avec de l'espace entre les objets ou des boîtes de séparation pour les ranger) ;

✱ sa vaisselle (assiettes et couverts) et des serviettes de table afin qu'il dresse le couvert en autonomie ;

✱ plusieurs verres et une petite carafe avec de l'eau pour qu'il puisse se servir seul quand il a soif ;

✱ éventuellement, une collation saine (quelques noisettes ou amandes, quelques crackers ou tartines de Pain des fleurs, par exemple) ;

✱ une éponge, un torchon, une pelle et une balayette pour qu'il nettoie la table ou puisse réparer au besoin quelques maladresses.

✔ Et pourquoi pas un plateau Montessori ?

Pourquoi ne pas compléter ce dispositif par un plateau d'inspiration Montessori contenant tous les éléments nécessaires à la réalisation d'une activité en lien avec la cuisine ? Par exemple :

EN APARTÉ

UNE PETITE COLLATION À DISPOSITION

Il existe de multiples collations saines à proposer aux enfants : les fruits secs, noix, graines, crackers ou tartines de Pain des fleurs, carotte, banane, mandarine, pomme, raisin, etc. N'ayez crainte de les laisser à disposition. Étrangement, les enfants sont d'autant moins demandeurs que le libre-service est permis et ce dernier vous évitera des demandes en bonbons et autres gâteaux. En revanche, veillez à ce que vos propositions soient présentées en quantité limitée et indiquez qu'elles ne sont renouvelées qu'une fois par jour. Enfin, préférez une conservation dans un placard plutôt que sur une étagère. Les enfants sont comme nous : il est trop tentant de piocher dans un bocal constamment en vue !

✴ une petite assiette, une banane, un couteau à bout rond et un petit bol pour recueillir la peau afin de confectionner un en-cas sain ;

✴ un presse-agrumes, un verre et une mandarine pour se presser un jus frais et muscler son poignet ;

✴ quelques cerises, un dénoyauteur et un bol pour recueillir les queues et les noyaux,

✴ un pichet et deux petits verres pour s'entraîner à verser des liquides (avec, pourquoi pas, des marques au feutre sur les verres pour indiquer précisément où s'arrêter).

Variez ces propositions en fonction des saisons et à mesure que votre enfant maîtrise de nouvelles compétences.

> **EN APARTÉ**

METTRE OU DÉBARRASSER LA TABLE

Dès dix-huit mois, un enfant est capable de comprendre des demandes comme : « Peux-tu jeter les épluchures de mandarine dans la poubelle ? » Il sera fier de montrer qu'il comprend votre demande et qu'il est en mesure d'y répondre favorablement. Dès deux ans, n'hésitez pas à lui demander de débarrasser son assiette, ses couverts ou certains ustensiles sur la table qui sont à sa portée. Ces actions quotidiennes deviendront une habitude qui ne rencontrera que peu de réticence au fil des années, ce qui ne sera pas le cas si vous attendez que votre enfant ait huit-dix ans pour lui demander de vous aider.

Enfin, pour motiver un enfant à mettre la table, dressez le couvert pour une personne et demandez-lui de reproduire cette installation pour chaque convive. Vous pouvez aussi confectionner un set de table où vous aurez dessiné le contour des différents éléments (fourchette, assiette, etc.) à leur place exacte !

À *table!*

À table, les bonnes manières – sur lesquelles nous sommes tellement à cheval – consistent à la fois à manger avec élégance et à utiliser à bon escient les formules de politesse. Cela demande beaucoup d'observation, de mémorisation et d'entraînement pour en maîtriser tous les aspects. Mais nous pouvons aider nos enfants à les acquérir plus facilement grâce à quelques aménagements et astuces.

Quelques facilitateurs indispensables

Pour que votre enfant puisse se tenir correctement à table et apprendre à manger proprement, il vous faudra être particulièrement attentif à la qualité des accessoires que vous lui fournissez !

✓ **Commençons par la chaise sur laquelle il s'assoit**

Celle-ci doit être confortable (dossier et assise) et bien stable. Les pieds de l'enfant doivent pouvoir reposer au sol (s'il s'agit d'une petite chaise) ou sur une tablette (s'il est à table avec vous) réglable à mesure qu'il grandit. Si ces trois conditions ne sont pas réunies, la posture de l'enfant ne pourra pas être correcte à table. Elle sera au contraire inadéquate et insécurisante, et provoquera des fourmis dans les jambes, autant de contraintes qui l'empêcheront de se concentrer sur ses découvertes sensorielles ou sur le maniement des couverts !

✔ Les couverts, justement !

De grâce, faites confiance à vos enfants et fournissez-leur des accessoires de qualité, à savoir une vraie fourchette qui pique (il y a peu de risques qu'il se la plante délibérément dans les yeux !) et un couteau à bout rond qui coupe. Sans négliger les manches, de la forme la plus ergonomique possible. Sans doute devrez-vous, pour cela, les priver de leurs héros de télévision dessinés sur leurs ustensiles et vous tourner vers les collections « couverts à dessert » des marques d'arts de la table. Si cet investissement vous paraît trop onéreux, optez pour un couteau à beurre et des fourchettes à escargot (celles à trois dents) : ça fonctionne très bien pour les premières années !

À table, les enfants observent très attentivement les adultes pour essayer de reproduire leurs gestes, notamment la manière dont ils se servent de leurs couverts. Cependant, même si vous êtes attentif à la grâce de vos mouvements à table, il est très délicat d'apprendre à un enfant à placer correctement ses doigts, notamment pour la découpe. Nous vous suggérons d'appliquer deux touches de vernis aux endroits appropriés (sur l'arête du couteau et au pied du manche de la fourchette) : la première couche sera de couleur, pour que l'enfant repère où il doit placer ses doigts ; la seconde incolore pour l'aider à trouver une surface légèrement « anti-dérapante » sous les doigts.

✔ Et aussi…

La table est à la fois le lieu où l'on se sert et celui où l'on propose aux autres convives de les servir. Dès deux ans, l'enfant pourra participer à ce rituel convivial. Pour cela, nous vous suggérons de trouver une carafe munie d'une poignée large et d'une contenance d'environ 500 ml (donc suffisamment grande pour servir plusieurs personnes et pas trop lourde pour que l'enfant puisse la soulever).

Lors des repas pris en famille, proposez à votre enfant de se servir lui-même dans le plat à l'aide d'une cuillère à soupe. Il pourra ainsi apprendre à jauger son appétit et à garnir son assiette en conséquence. S'il a tendance à avoir les yeux plus gros que le ventre, avertissez-le à l'avance qu'il pourra toujours se resservir au besoin mais qu'il serait dommage de gâcher de la nourriture.

Les conflits de table revisités

C'est un fait reconnu : les parents français sont particulièrement exigeants à l'heure des repas. Ce qui n'a rien d'un défaut : car connaître ses besoins physiologiques, développer son palais, respecter ce qui se trouve dans notre assiette, partager avec d'autres un bon moment à table, entre autres parce qu'on maîtrise les règles de la politesse, constituent un bon bagage. Mais c'est précisément pour cette raison que nous ne devons pas mettre d'enjeu affectif dans les repas ni les transformer en lutte de pouvoir ou en une longue litanie de reproches !

Donc, choisissez les règles qui comptent vraiment pour vous et efforcez-vous de les enseigner avec patience à vos enfants (attendez qu'une règle soit maîtrisée avant d'en présenter une nouvelle !). Pour vous aider, voici un guide des alternatives positives, à tester avec vos mini-gourmets.

Les phrases des parents

✔ Arrête de manger avec tes doigts !

N'oubliez jamais que manger avec une cuillère ou une fourchette n'est pas simple pour un petit enfant : coordination œil-main, stabilité du corps, perception visuelle, persévérance… Cela nécessite un apprentissage long et patient, en lien avec le développement du cerveau de votre enfant. Alors, quand votre enfant a trop faim, laissez-le faire et munissez-vous d'une seconde fourchette pour l'aider à se concentrer sur sa tâche pendant que vous le nourrissez de quelques cuillères.

✔ Il faut manger pour être grand et en bonne santé !

Sauf pathologie grave, les enfants ne se laissent pas dépérir de faim. Si le vôtre n'a pas d'appétit aujourd'hui, ne le forcez pas : il est peut-être en train de couver quelque chose et son corps lui demande de faire un break pour se concentrer à contrer les microbes au lieu d'utiliser son énergie à digérer !

Identifiez simplement s'il s'agit d'un vrai manque d'appétit, d'un refus de manger tel ou tel aliment ou de l'envie de garder de la place pour le dessert (voir ci-dessous).

Si ce refus est exceptionnel, écoutez la répulsion ou l'envie qu'il sous-entend et n'hésitez pas à proposer autre chose à votre enfant (cela vous arrive à vous aussi, n'est-ce pas!). En revanche, si cela devient une stratégie régulière pour se nourrir de biscuits ou de desserts chocolatés, mettez-y rapidement un terme!

✔ Si tu ne finis pas ton assiette, tu n'auras pas de dessert!
Quelle drôle de réplique! Croyez-vous vraiment que les desserts aient besoin d'être autant valorisés? Et même qu'on ait systématiquement besoin d'un dessert? Nous ferons le point sur l'assiette des enfants dans un autre chapitre (voir p. 229) mais, en attendant, essayez plutôt de valoriser les légumes: «Tu as essayé de les tremper dans la sauce? Et celui-ci, tu as vu sa drôle de tête? Crois-tu que son goût soit différent?»

✔ Que tu es maladroit!
Aïe, le verre vient de se renverser? Le contenu de la fourchette a atterri sur ses genoux? Les maladresses sont inévitables quand on apprend à manger. Inutile de les souligner! En revanche, ayez une éponge à proximité pour que l'enfant puisse lui-même «réparer»: «Oh, des pâtes sont tombées de ta fourchette!… Sais-tu où est rangée l'éponge?»

✔ Tu as bien/mal mangé!
Encore une phrase à éradiquer! Manger n'est pas une question de bien ou de mal, mais un besoin physiologique que l'on comble lorsqu'il survient. De la même manière, les injonctions du type «Une cuillère pour tatie» ou «Encore trois morceaux et on arrête» empêchent l'enfant de se relier à son ressenti et fait le terreau de mauvais comportements alimentaires comme manger pour faire plaisir aux autres ou «trop manger» pour finir son assiette… Il est déjà si difficile d'appréhender son appétit, n'allons pas brouiller les pistes!

Les phrases des enfants

✔ J'aime pas…
Un enfant dispose de dix mille papilles hyperactives là où les adultes n'en ont que cinq mille, anesthésiées parfois par le café, la cigarette,

les chewing-gums… Ce qui explique que les enfants puissent avoir des répulsions très fortes. Et certains goûts mettent du temps à s'apprécier. Il y a tant de choses que l'on déteste enfant et que l'on adore par la suite ! Vous souvenez-vous de la première fois où vous avez mangé une huître ? Quelle était votre impression quand votre mère cuisinait un pot-au-feu ? Ne forcez jamais un enfant. L'important, c'est de goûter. Il aura ensuite le temps de changer d'avis.

✔ Pas la viande !

Il arrive fréquemment qu'un enfant oppose un refus régulier pour la viande (ou les œufs). Écoutez-le, c'est probablement son corps qui parle. Nous mangeons globalement trop de protéines animales.

Vous pouvez alors tester les protéines végétales. Et s'il n'en veut pas non plus ? Eh bien ! suivez le guide : l'enfant vous dira ce dont il a envie… et ce sera globalement ce qu'il lui faut ! Si vous campez obstinément sur vos positions (« Il faut qu'il mange ceci ou cela », « Il doit avoir sa dose de… »), vous risquez d'entrer dans un conflit stérile. L'enfant équilibre instinctivement son alimentation si tant est qu'on lui propose des aliments sains.

✔ Pas les légumes !

Faites de chaque légume une histoire à raconter à votre enfant, de la graine jusqu'à son achat. Prenez le temps de le découvrir cru, de le toucher, de le sentir, de l'observer – pourquoi pas à la loupe ? Puis expliquez comment on le cuisine et, enfin, goûtez-le. Contextualiser le contenu de son assiette et retarder le moment où l'on goûte (par l'utilisation des autres sens) permettent souvent de faire sauter les blocages, voire de susciter l'envie !

Encouragez la politesse

« Mets ta main sur la table », « Merci qui ? », « Ferme la bouche quand tu manges », « Tu n'aurais pas oublié le mot magique ? » Vous trouvez que vos enfants ne sont jamais assez polis à table ? Et si ce syndrome était typiquement français ? Dans un pays où la gastronomie est érigée en religion, nous aurions aimé que la bonne fée Nadine de Rothschild se

UNE JOURNÉE EN FAMILLE

penche plus souvent sur le berceau de nos enfants pour leur inculquer, d'un coup de baguette magique, toutes ces règles de bienséance qu'on répète à longueur de repas !

Mais figurez-vous que les parents du monde entier sont béats d'admiration devant les manières de nos chérubins et nos talents éducatifs ! Pamela Druckerman, ça ne vous rappelle rien ? Son livre *French Children Don't Throw Food* (« Les enfants français ne jettent pas leur nourriture ») a rencontré un tel succès outre-Atlantique qu'il est resté longtemps dans le Top 10 du *New York Times* et a été traduit en dix-huit langues, entre autres en français sous le titre *Bébé made in France* !

L'auteure y affirme que le repas est sacro-saint en France et que les règles sont donc très strictes : « Toute main non utilisée doit être posée à plat sur la table. On ne crie PAS. On ne sort PAS de table sans demander. On ne balance absolument PAS de nourriture, spécialement de pain, qui a une importance quasi religieuse. » Pas faux. D'autant que Pamela Druckerman compare ces principes à l'éducation américaine où les parents se plieraient aux diktats des enfants, renonçant à leur faire goûter du poisson ou des légumes, acceptant d'horribles manières pourvu qu'ils mangent un peu, où le repas se déroule avec la télé en fond sonore, etc. Le trait est probablement grossi, mais Pamela semble nous regarder manger en famille comme si nous étions des extra-terrestres. Avec stupeur et, surtout, avec beaucoup d'envie !

Cela nous met un peu de baume au cœur, non ? Certes, mais si cela nous faisait aussi réfléchir ? Ne croyez-vous pas que, pour gagner les derniers galons de politesse, nous devrions tous lâcher du lest ? Mettre nos pratiques en perspective ? Et réinjecter une bonne dose de joie dans nos repas, de l'entrée au dessert, pour susciter de bons comportements à table ? Les bonnes manières, vous savez les inculquer. Peut-être pourriez-vous vous en amuser !

Par exemple, vous connaissez la Brigade du savoir-vivre ? Si vous êtes lassé de rappeler deux cent quarante-sept fois par repas : « Mets tes mains sur la table, dis s'il te plaît, dis merci, essuie ta bouche… », testez ce jeu très rigolo à table. Expliquez à TOUS les convives quelles sont pour vous les règles fondamentales à respecter à table (deux, trois, quatre, cinq ou plus, selon le nombre de convives !) et confiez à chacun la responsabilité d'une bonne manière. On aura donc le Super-Héros du s'il te plaît, le Brigadier-Chef du merci, le Gendarme des deux mains sur la table, etc. Celui qui repère chez un autre convive un manquement à l'étiquette lui donne un gage, à exécuter à la fin du repas ! À coup sûr, vos petits feront du zèle… et vous profiterez d'un repas super-zen !

Vous pouvez aussi proposer de jouer à dîner chez la Reine ou au restaurant. Les enfants connaissent les codes et, si l'on en joue exagérément, ils y prendront beaucoup de plaisir ! Pour qu'ils se prennent au jeu, n'hésitez pas à en rajouter sur le décor (bouquet de fleurs, nappe, couronne…) comme dans votre attitude !

Enfin, invitez-les parfois à faire le tour du monde des règles de savoir-vivre. Parler des coutumes des autres pays, les adopter le temps d'un repas, s'en étonner ou même en rire, pourquoi pas, voilà une excellente manière de faire comprendre à vos enfants que ces règles font partie de notre culture collective ! Et cela pourrait aussi leur faire apprécier certaines de nos pratiques !

« À table ! » : ce n'est pas un ordre, c'est une invitation !

Pris dans notre drôle de course contre la montre ou par crainte de ne pas nourrir suffisamment notre enfant, n'aurions-nous pas tendance à réduire l'acte de manger à une nécessité ? Cessons de faire du repas la énième obligation de la journée d'un enfant et concentrons-nous sur ce qui est réellement important à table : l'éducation au goût !

Comme le dit très justement le journaliste Olivier Bénazet, « l'éducation des enfants au goût vaut bien celle des mathématiques. Elle aussi demande du temps, de la patience ; patience d'apprendre à cuisiner, temps de réfléchir avec ses sens, avec son palais, sa langue, temps de laisser les papilles s'exciter, transmettre leurs informations vers les aires gustatives d'un cerveau expérimenté qui fait le tri. Et, contrairement aux mathématiques, le goût ne s'oublie pas. Combien de bacheliers scientifiques peuvent encore expliquer la suite de Fibonacci ? Qui confondrait le goût d'une fraise avec un autre fruit ? »

Sucré, salé, amer, acide, moelleux, croustillant, piquant, craquant, fondant: prenons le temps d'échanger avec les enfants sur leurs sensations (toucher, odeur, goût, vue), enrichissons leur vocabulaire, assouvissons leur curiosité, ralentissons le rythme pour nous concentrer sur le plaisir. C'est probablement la clé qui facilite tous les autres apprentissages !

Nous savons tous à quel point l'évocation de moments de notre enfance liés à la cuisine fait remonter des souvenirs précis, drôles et baignés d'amour ! C'est maintenant que nos enfants forgent leurs propres madeleines de Proust ! Faisons en sorte qu'ils fassent le plein de jolis souvenirs, faisons-leur aimer la cuisine, laissons-les expérimenter, derrière les fourneaux ou en faisant des puits dans la purée ! Il n'y a pas de meilleur chemin pour faire d'eux des convives gourmets et gracieux !

CE DONT VOUS AUREZ BESOIN POUR DES REPAS ZEN

DANS LA CUISINE
Dédiez un placard à votre enfant au sein duquel vous regrouperez :
- des ustensiles de cuisine à sa taille (couteau de découpe, fouet, cuillère en bois, rouleau à pâtisserie, presse-agrumes, brosse à légumes, etc.),
- les éléments nécessaires pour qu'il puisse dresser son couvert,
- plusieurs petits verres,
- des serviettes de table ou une serviette avec un col élastique (pour qu'il puisse l'enfiler et l'enlever seul),
- une éponge, un ensemble pelle-balayette, un torchon,
- un ou plusieurs plateaux (pour aider à dresser le couvert ou apporter les éléments permettant de préparer une collation),
- plusieurs petits bols et saladiers,
- quelques pots transparents fermés contenant des snacks sains (noisettes, amandes, crackers, etc.) ou une corbeille avec des agrumes, une banane, du raisin…
- un tablier.

Prévoir aussi une tour d'apprentissage ou un marchepied.

À TABLE
- un set de table où les éléments à disposer sont prédessinés,
- une petite carafe,
- des couverts ergonomiques,
- une chaise confortable et ajustable (assise et repose-pieds).

QUELLES TÂCHES À QUEL ÂGE ?

DÈS 2 ANS

- Manger seul, avec une cuillère ou une fourchette.
- Boire au verre.
- Utiliser quelques formules de politesse.
- Aider à mettre la table.
- Transporter un plateau à anses avec des éléments dessus.
- Éponger de l'eau sur la table.
- Débarrasser la table.
- Reconnaître et nommer des aliments.
- Apporter un fruit ou un légume.
- Transférer des morceaux de fruits ou de légumes. dans une casserole ou un saladier.
- Déchiqueter la salade.
- Mettre à la poubelle.
- Peler certains fruits prédécoupés (mandarine, banane).
- Répondre correctement à ses sensations de faim et de soif.

DÈS 3 ANS

- Dresser correctement le couvert.
- Utiliser le couteau pour pousser des aliments dans la fourchette puis couper.
- Se verser à boire.
- Sélectionner les ingrédients d'une recette.
- Nettoyer des fruits et des légumes.
- Découper en morceaux des aliments mous à moyennement durs.
- Écaler un œuf, presser un agrume, écraser une banane avec une fourchette, écosser des petits pois, confectionner des billes de melon ou de pastèque, façonner des boulettes (de viande ou de légumes)...
- Mélanger des ingrédients ou des préparations liquides ou solides.
- Pétrir à la main une boule de pâte.
- Reconnaître ses sensations de faim et de soif.
- Se servir un petit en-cas seul.
- Participer au nettoyage de la cuisine ou de la vaisselle.
- Graisser les plats de cuisson.
- Trier et ranger les couverts dans le tiroir.

DÈS 4 ANS
- Casser un œuf frais seul, fouetter, étaler la pâte au rouleau, transvaser des préparations liquides, écraser avec un pilon, cuire (avec un adulte).
- Reconnaître les aliments, épices, herbes aromatiques, pour certains à l'odeur ou à l'aveugle.
- Connaître les règles alimentaires.
- Se servir seul dans le plat de service, en fonction de sa faim.
- Mettre ses couverts dans le lave-vaisselle.
- Faire la vaisselle à la main et essuyer.
- Demander poliment et payer le pain à la boulangerie pendant qu'on l'attend à quelques mètres.
- Mettre des fruits en sachet lors des courses ou repérer et mettre dans le caddie des produits demandés.
- Aider à ranger les courses.

DÈS 5 ANS
- Réaliser seul une recette simple avec des images.
- Mesurer des ingrédients liquides et solides.
- Vider le lave-vaisselle et ranger les éléments à leur place.

POUR DES ACTIVITÉS ÉPANOUISSANTES

Jeux de construction, puzzles, poupées, voitures, trains, peluches, sport, activités artistiques, sorties culturelles, ateliers cuisine… Dès la naissance, nous nous demandons comment occuper nos enfants de la façon la plus amusante et la plus intéressante possible. Arpentant les allées du magasin de jouets, feuilletant catalogues ou magazines en quête de nouveautés, nous plaçons parfois le curseur du côté du plaisir, d'autres fois du côté de l'éveil ou du développement de telle ou telle compétence… quand nous ne succombons pas à notre propre plaisir (ah, les jouets vintage !). Comment occuper ses petites mains afin d'accompagner son besoin de comprendre le monde ? Comment s'organiser à la maison pour qu'il s'active de manière autonome ? Voici quelques éléments de réponse…

À quoi on joue ?

Dès son plus jeune âge, le petit enfant cherche à comprendre le monde qui l'entoure. Ses mains partent instinctivement à la découverte des objets usuels, les préférant souvent à ses jouets. Vous l'avez probablement remarqué : le papier cadeau est plus intéressant que ce qu'il enveloppait et le carton d'emballage est une source infinie d'expérimentation. Plus globalement, les pinces à linge, la jolie boîte qu'on cherche à ouvrir, les récipients à remplir et à vider, les petits cailloux qu'on ramasse pour les glisser dans une bouteille, les écouter s'entrechoquer, les trier, les classer par couleur ou par taille, sont autant d'objets qui passionnent les enfants. Pourtant, à chaque fois que cela se produit, les adultes s'en amusent (« Dire qu'on leur achète de si beaux jouets ! ») et retirent aussitôt des mains de l'enfant ces objets jugés inintéressants/sans valeur/pas pour eux, pour y replacer ces fameux jouets.

Quelle obscure raison nous pousse à nier l'évidence ? Les enfants sont mus par une irrépressible envie d'apprendre, de mieux comprendre leur environnement, de travailler à des activités réelles et concrètes. À vrai dire, cette question « À quoi on joue ? », c'est à nous que nous devrions la poser ! Car à quoi joue-t-on quand on enlève prestement des mains des enfants ce qui semble tellement les passionner pour le remplacer par un jouet ? Ne sommes-nous pas en train d'entraver le développement de leur intelligence ? En quoi des jouets – même dits « éducatifs » – sauraient-ils mieux que des objets usuels aider nos enfants à appréhender le monde dans lequel ils évoluent ? Sites et catalogues regorgent de « jouets d'imitation » : dînette, établi, coiffeuse, faux grille-pain, mini-tondeuse… On prétend que, à deux ans, les enfants adorent ! Pas du tout ! Ils s'inspirent simplement de nos activités quotidiennes pour essayer de reproduire précisément nos gestes. Et nous, au lieu de les aider, nous leur fournissons de pâles copies de nos ustensiles, avec lesquelles ils ne pourront pas exécuter la tâche qu'ils rêvent d'accomplir parce que ce ne sont que des jouets…

Dans son livre *Le Quotidien avec mon enfant*[1], Jeannette Toulemonde rapporte une anecdote très parlante. Alors qu'elle était en train de transformer sa maison pour mettre en œuvre la pensée Montessori au quotidien avec sa benjamine de deux ans et demi, cette dernière a rangé ses peluches en déclarant : « Z'a plus besoin. » Comme le constate Jeannette Toulemonde, « les jouets l'avaient aidée à supporter la vie étroite qu'avec la meilleure volonté du monde nous lui faisions mener. »

Maria Montessori avait elle-même constaté que les enfants sont plus gais, sereins, épanouis lorsqu'ils sont « au travail ». Une remarque fondée sur l'observation de ses élèves, issus de milieux défavorisés, mais qu'elle a

---

1. Éditions L'Instant présent, 2013.

EN APARTÉ

LES APPRENTISSAGES AUTONOMES D'ANDRÉ STERN

Fils du chercheur et grand pédagogue Arno Stern, André n'a jamais été scolarisé et n'a jamais non plus suivi l'école à la maison. Convaincus que « les enfants viennent au monde avec le meilleur, le plus adapté et le plus incroyable des appareillages d'apprentissage jamais inventés », ses parents lui ont offert, ainsi qu'à sa sœur, une enfance sans apprentissage formel. Le jeu, libre, spontané, ininterrompu, a ainsi permis à André d'apprendre seul, à son rythme, à lire, compter, jouer de la guitare, maîtriser cinq langues, s'intéresser à l'égyptologie... Quelle confiance il faut avoir en l'enfant et en ses capacités ! Mais ces expériences de vie où sont permis ces « apprentissages autonomes » forgent des adultes particulièrement épanouis (à ce sujet, je vous conseille le film époustouflant *Être et Devenir*.

Aujourd'hui, André se définit lui-même comme un enfant qui n'aurait jamais cessé de jouer. À chaque fois qu'on lui demande ce qu'il « fait dans la vie », il rit ! Ce qu'il fait ? Tant de choses : il est luthier, conférencier, compositeur, journaliste, musicien, il s'occupe de ses enfants, est un mari aimant, écrit des livres, dirige le collectif « Des hommes pour demain »... Peu importe que l'on soit dimanche ou lundi, en août ou en novembre, qu'il soit 10 heures ou 19 heures ! Cette structuration de l'esprit en mode on/off (travail/repos, labeur/loisirs) lui est totalement inconnue ! Il sait qu'il se tournera vers l'une ou l'autre de ses activités, l'un ou l'autre de ses rôles, lorsqu'il en ressentira le besoin ou quand ses proches lui en feront la demande. Et qu'il sera prêt à ne donner que le meilleur de lui-même.

pu renouveler lors de ses voyages dans certains pays où l'on ne proposait pas de jouets aux enfants.

Une dernière réflexion : en remplaçant systématiquement les objets usuels par des jouets, ne risquons-nous pas de survaloriser le jeu au détriment du travail ? D'insinuer que seul le jeu peut se faire dans la joie et nous épanouir ? Que la vie ne cesse d'opposer le travail « contraint » et les plaisirs « oisifs » ? Est-ce que ce sont ces valeurs que nous souhaitons inculquer à nos enfants ?

Mon propos n'est pas de dire qu'on ne doit pas donner de jouets aux enfants, mais plutôt d'attirer votre attention sur le fait qu'ils en possèdent souvent trop, dont la plupart sont inadaptés : leur indifférence (immédiate, sinon très rapide) à l'égard de ces objets ludiques le prouve. Réfléchissons davantage avant de leur faire des cadeaux : demandons-nous si ce n'est pas à nous-mêmes que nous voulons faire plaisir avec cet achat ? Observons nos enfants : vers quoi leur intérêt se porte-il en ce moment ? Comment nourrir leur désir d'apprendre, leur enthousiasme à découvrir ? Préférons les jouets simples à ces objets tout-en-un qui parlent, clignotent, félicitent, permettent de raisonner et de travailler l'équilibre en même temps ! Enfin, changeons de paradigme : il n'y a pas que les jouets ! Pourquoi ne pas acheter d'occasion de beaux instruments : un vrai chevalet de peinture, un établi pour bricoler, un appareil photo très simple, des outils de jardinage et un presse-fleurs ou un nécessaire de couture ? Pourquoi ne pas offrir à nos enfants des expériences enrichissantes, des moments de qualité à partager ?

Comme dans bien d'autres domaines de la vie moderne, comprenons qu'en matière de jouets, pour nos enfants, *« Less is more »* !

L'intelligence de la main et les défis du quotidien

La main est ce qui distingue l'Homme de toutes les autres espèces sur Terre. La main pour caresser, porter le petit enfant, seul mammifère à ne pas savoir marcher à sa naissance, lui donner – avant tout autre chose – un message d'amour, lui apprendre – avant tout autre chose – l'affection. La main pour saluer les autres, aller à leur rencontre, faire

Un vrai travail plutôt que des jouets…

connaissance. La main pour créer des outils qui la prolonge et lui donnent encore plus de force, de précision, de rapidité, de créativité.

Tous les grands penseurs ont pressenti l'importance de la main dans la construction de notre intelligence, d'Aristote (« C'est parce qu'il est le plus intelligent des êtres que l'Homme a des mains ») à Kant (« La main est la partie visible du cerveau »). Maria Montessori lui a consacré un chapitre entier dans *L'Enfant* (1936), insistant sur la nécessité de manipuler pour comprendre même les concepts les plus abstraits !

Jetez aussi un œil à l'Homonculus moteur du neurochirurgien Wilder Peinfield. Obtenue à l'aide des premières machines dédiées à l'imagerie cérébrale, cette représentation est une projection proportionnelle de la surface de chaque partie du corps dans la partie du cerveau dédiée au contrôle des mouvements. Elle figure un personnage étrange pourvu d'un petit corps, d'une grande tête à la bouche imposante mais doté surtout de mains de géant ! Car c'est le mouvement des mains qui occupe le plus notre cerveau, comme l'a prouvé Peinfield dans les années 1930-1950.

Voyez-vous où je veux en venir ? Alors que nous trépignons de plaisir quand notre bébé commence à marcher et piaffons de joie à l'idée à chaque nouveau mot prononcé, nous devrions surtout nous émerveiller de ces petites mains qui cherchent inlassablement à travailler !

Oui, nos petits « touche-à-tout », si souvent empêchés dans leurs expériences par nos réflexions d'adultes, construisent là leur intelligence. Comment pouvons-nous soutenir cet élan vital dès leur plus jeune âge ?

Laissez-le toucher

Les enfants vont instinctivement vers ce qui attise leur curiosité, vers ce qui les nourrit. Maria Montessori parle de « mouvements constructeurs » dictés par la vie cérébrale en plein développement de l'enfant. Ainsi, lorsque l'enfant se met en mouvement, il le fait toujours dans un but précis : exploration sensorielle, travail musculaire, perfectionnement d'un geste, capacité de déduction, découverte d'une nouvelle habileté – même si lui-même ignore ce but et que vous ne le comprenez pas forcément.

Son cadre de vie regorge d'éléments passionnants et d'endroits à explorer. Alors laissez-le faire. Mettez simplement en hauteur les objets fragiles qui peuvent être dangereux pour lui, cela vous évitera bien des conflits inutiles et votre enfant ne sera ainsi jamais stoppé en plein élan. N'hésitez pas à laisser des éléments fragiles à sa portée, en lui montrant comment les toucher délicatement.

Privilégiez les matières nobles, tellement agréables à toucher. Proposez qu'il touche (sous votre surveillance) de toutes petites pièces telles que perles, vis ou boutons : à deux ans, l'enfant est passionné par les petits objets, et les manipuler requiert de ses doigts un travail incroyable de précision ! Laissez-le porter cette chaise bien lourde : deux ans, c'est aussi l'âge où il a besoin, pour son développement musculaire et moteur, de porter des choses encombrantes.

Laissez-le expérimenter

Écoutez-le quand il vous dit « MOI TOUT SEUL ». Il ne s'agit pas d'un « caprice », mais d'un besoin neurologique ! Vous aurez bien dix ou quinze minutes à lui consacrer quand il voudra, tout seul, monter les escaliers ou essayer de boutonner sa veste, non ? Puisque c'est son cerveau qui l'exige…

Sans en avoir conscience, par tendresse ou pour aller plus vite, nous ne cessons de « faire » à la place de l'enfant. C'est une routine qui s'est mise en place depuis qu'il est bébé et qui nous conforte dans notre rôle de parent actif et protecteur. Quelle erreur ! Nous prenons là un risque inutile et perdons des opportunités formidables.

Le risque est que l'enfant finisse par croire que l'adulte sait mieux que lui ce dont il a besoin et qu'il est le seul « capable ». En creux, nous le confortons dans son impuissance et son incapacité, nous sabotons son libre arbitre, sa confiance en lui, son désir d'apprendre, son enthousiasme à participer à la vie collective…

Quant aux opportunités, elles sont très nombreuses. Chaque tâche du quotidien est une occasion de travail pour ses petites mains, et pour nous une occasion de « présenter » le monde à l'enfant sur la base d'expériences sensorielles et motrices.

Valorisez les défis du quotidien

Arroser les plantes, nettoyer la table, classer les livres par couleurs ou par taille, laver les vitres avec une raclette, écosser les petits pois, toutes ces actions passionnent les enfants. Pourquoi ? Parce qu'elles présentent une finalité inscrite dans « la vie réelle » ! Lorsque les enfants accomplissent une action pour la communauté, ils prennent cela très au sérieux – et, à juste titre, nous leur donnons enfin une véritable responsabilité, nous leur faisons confiance ! Avides de nouvelles expériences, les enfants sautent d'ailleurs sur toutes les occasions que nous leur offrons pour développer leur indépendance.

Les activités du quotidien présentent clairement un début et une fin, elles lui offrent donc un contrôle immédiat de ses erreurs (sans attendre le jugement de l'adulte). De surcroît, différents marqueurs vont lui permettre de jauger comment progresse l'activité (« Le sol est désormais mouillé jusqu'à la moitié de la pièce, il me reste à nettoyer l'autre moitié »). Réaliser le processus de bout en bout – jusqu'à atteindre le but fixé – permet à l'enfant de ressentir un fort sentiment de satisfaction.

L'activité proposée – quelle qu'elle soit – va également lui permettre de contrôler ses mouvements, de les organiser logiquement et de rester concentré pendant de longues minutes. Avez-vous remarqué combien les enfants aiment faire et refaire les mêmes gestes jusqu'à ce qu'ils les maîtrisent parfaitement ? Des mécanismes puissants se rôdent et se structurent alors dans leur cerveau. Et quel plaisir de les voir si absorbés !

Ralentissez vos gestes

Tous ces gestes que l'enfant découvre, l'adulte les fait machinalement, à toute vitesse. Quand l'enfant demande à en faire l'apprentissage, ralentissez le rythme et mettez-vous à sa hauteur. Exagérez un peu vos mouvements, mais exécutez-les avec précision. Retenez-vous de parler (l'enfant ne peut à la fois enregistrer vos gestes et suivre le flot de vos paroles). Enfin, soyez patients.

Un petit enfant va adorer faire des gestes précis, en respectant toujours le même ordre. S'il les répète si souvent, c'est parce qu'il en ressent le besoin. Il va ainsi progressivement se perfectionner. Et si le geste de l'adulte ne l'intéresse pas, c'est simplement qu'il n'est pas encore prêt et que cette tâche ne présente pas encore d'intérêt pour lui.

Quand l'enfant s'énerve, surtout ne faites pas les choses à sa place ! Laissez-lui se donner du mal, c'est important. Ne vous lassez pas d'expliquer et d'encourager : « C'est très difficile. Avant de réussir à faire cela, j'ai dû moi-même beaucoup m'entraîner. Je sais que tu y arriveras. »

Enfin, ne repassez pas derrière lui, même si ce qu'il a fait n'est pas exactement comme vous en avez l'habitude. La confiance fait grandir. Et l'erreur est constructive. Lorsqu'on montre un nouveau geste à un enfant, il s'exerce, rate peut-être quelquefois mais chaque erreur lui permet de se perfectionner. À condition de le laisser persévérer.

Tous unis pour une maison agréable !

Les tâches du quotidien – notamment les tâches ménagères – comptent parmi les activités les plus intéressantes à proposer à un enfant ! Pourtant, nous trouvons généralement incongru de demander à nos chères têtes blondes de balayer ou de passer l'éponge, parce que nous considérons l'enfance comme une période privilégiée de la vie, mais aussi parce que nous avons tendance à trouver ces tâches rébarbatives !

C'est là un des paradoxes de la parentalité moderne. Nombre de parents rêvent que leurs enfants sachent très tôt lire ou écrire, parler anglais ou afficher une confiance en soi à toute épreuve pour mieux affronter les difficultés de la vie. Mais il ne leur viendrait pas à l'idée de demander à leur progéniture d'aider à trier le linge ou de débarrasser la table, alors que ces gestes participent véritablement à leur développement !

Des expériences importantes…

Nombre de travaux scientifiques attestent d'ailleurs les bienfaits en cascade d'une telle implication ! Dans une étude conduite pendant plus de dix ans auprès de quatre-vingt-quatre enfants entre trois et quinze ans, Marty Rossman a montré que la participation des enfants à des tâches domestiques dès l'âge de trois ou quatre ans s'avère le critère le plus pertinent pour déterminer leur réussite plus tard ! Plus encore que leur mode d'éducation ou leur QI. Et les résultats portent aussi bien sur la réussite scolaire ou économique que sur la vie amoureuse !

L'anthropologue Carolina Izquierdo ajoute un autre élément d'analyse : les tâches ménagères permettraient aux enfants de développer concentration, confiance en soi mais aussi empathie et sens du collectif. Prendre soin de la maison, vivre ensemble dans une ambiance agréable, dans un cadre propre et rangé, respecter les espaces de chacun et l'espace commun, s'aider mutuellement, développer un véritable sentiment d'appartenance sont autant de valeurs capitales que l'on peut inculquer en accomplissant ensemble des tâches ménagères.

... et enthousiasmantes pour les enfants

Si autrefois les enfants participaient tout naturellement à la vie domestique – et le font encore dans les sociétés traditionnelles –, désormais les parents se chargent de tout, même de prendre soin de l'espace de l'enfant et de ce qu'il possède. Et cette tendance va en s'accentuant : plus de 80 % des parents américains se souviennent avoir aidé à la maison quand ils étaient petits, mais aujourd'hui ils sont seulement 28 % à demander la même chose à leurs propres enfants. À Los Angeles, où Carolina Izquierdo a poursuivi son enquête au sein de trente familles, aucun enfant ne se charge naturellement des tâches domestiques, qu'il s'agisse de mettre la table ou même de s'habiller ! Pire, ils sont récompensés ou félicités lorsqu'ils ont accepté de réaliser une tâche que le parent a maintes et maintes fois demandée.

Cette situation vous rappelle-t-elle quelque chose ? Je m'en doute ! Par ignorance de tels bienfaits mais aussi parce que cela vous semble plus pratique, vous préférez, comme la plupart d'entre nous, coller le petit dernier devant son dessin animé préféré, histoire d'avoir le champ libre. Et si vous résistiez ? Faire participer l'enfant au ménage, à la cuisine, au jardin, à la lessive prend du temps, c'est vrai… Mais ces quelques minutes de plus, indispensables pour qu'il découvre, se trompe, apprenne, se souvienne et maîtrise ses gestes, sont un véritable gain de temps pour l'avenir !

POUR DES ACTIVITÉS ÉPANOUISSANTES

Il n'est pas question de transformer en Cendrillon des temps modernes nos chers petits, mais de retrouver une attitude plus juste et plus sensée. Cessons de voir des corvées là où nos enfants vivent des expériences enthousiasmantes ! Pour notre bien-être comme pour le leur, laissons-les laver, briquer, ranger. Avec tendresse et bienveillance, bien sûr !

Quelles tâches lui proposer ?

Avant trois ans

C'est lui qui va vous montrer lesquels de vos gestes il souhaite reproduire. Éponge, balai, chiffon, etc., il peut manier déjà beaucoup d'objets. Il suffit de l'observer, de l'écouter et de lui proposer !

À partir de trois ans

Présentez une liste de tâches précises lors d'un conseil de famille : laver la table, arroser les plantes, balayer, mettre la table, nettoyer et ranger ses étagères, assembler les chaussettes qui sortent du lave-linge, tailler les crayons, vider le contenu des assiettes dans la poubelle avant de les mettre dans le lave-vaisselle, etc. Chacun (adultes compris, bien sûr !) sera amené à choisir une ou plusieurs tâches dont il aura la responsabilité pendant une semaine. Lors de ce tour de table, si les volontaires ne se désignent pas spontanément, valorisez les compétences et la personnalité de chacun. Votre fille est minutieuse ? Elle sera parfaite pour nettoyer les vitres. Votre fils a besoin d'exercice physique ? Laver la table après le dîner lui permettra de se dégourdir les jambes. Lorsque vous réalisez vos propres tâches, veillez à remplir le tableau devant vos enfants pour susciter leur curiosité… et leur envie de s'y coller !

Allez-y progressivement

Pour commencer, proposez en priorité à votre enfant des responsabilités en lien avec ce qui le concerne directement : débarrasser son assiette, plier son linge, balayer sa chambre, faire son lit, cirer ses chaussures (à l'aide d'une brosse et d'un mini-tube de cirage). Puis faites-le participer petit à petit aux tâches collectives, par exemple arroser les plantes, nettoyer un miroir avec du blanc de Meudon ou dépoussiérer.

Ne perdez pas de vue que le succès de ces apprentissages repose sur une collaboration progressive. Au début l'enfant prend en charge, aux côtés de l'adulte, une partie de la tâche à réaliser. À mesure que ses compétences se développent, il étendra son champ d'action jusqu'à réaliser toute la tâche tout seul, sans aucune supervision.

Veillez également à valoriser le travail accompli, celui effectué en commun comme son aide particulière. C'est aussi à cela que l'on reconnaît les bons partenaires !

De vrais ustensiles

Encore une fois, partez en quête de vrais objets usuels, mais à la taille de l'enfant : un balai en bois de 80 cm de hauteur, un ensemble mini-pelle et balayette, un seau et une éponge (format mini ou bien un modèle cintré permettant à l'enfant une meilleure préhension), une petite bassine pour l'eau, une mini-raclette pour les vitres, des lavettes et une serpillière en microfibres, des petits chiffons (des carrés de 25 cm sont largement suffisant), etc.

Pour laisser votre enfant réaliser ses tâches domestiques en toute autonomie, vous devrez éviter de lui proposer des nettoyants nocifs et dangereux. Passez en revue ceux dont vous disposez à la maison : pas besoin d'être un grand chimiste pour savoir que ceux arborant un petit logo avec une tête de mort ne sont bons ni pour l'environnement ni pour la santé de votre famille ! Tout aussi efficaces (et nettement plus sympas pour votre porte-monnaie), les produits de « grand-mère » font leur grand retour : savon noir, savon de Marseille, bicarbonate de soude, vinaigre blanc. Testez, vous serez bluffé ! Vous pourrez même préparer des produits maison en ajoutant à ces bases classiques quelques gouttes d'huiles essentielles pour profiter de leurs vertus désodorisantes, antiseptiques, antifongiques, bactéricides, dégraissantes, etc.

Quelques petites bouteilles et autres pulvérisateurs faciles à manipuler viendront compléter la panoplie ! Commencez par les remplir d'eau et expliquez à l'enfant comment s'en servir, puis garnissez-les de produit ménager maison pour qu'il se lance vraiment.

Frotter, ramasser, trier, nettoyer… sont des tâches passionnantes et constructives pour les enfants !

Stockez l'ensemble dans un endroit dédié (là où se trouvent vos propres accessoires de ménage) et expliquez à l'enfant qu'il pourra venir y chercher à tout moment ce dont il a besoin. Il devra simplement veiller à remettre à leur place les accessoires quand il aura fini.

Je range, tu ranges, il range

Le rangement semble être un grand sujet de discorde dans bien des familles. Mais les enfants ont-ils vraiment les moyens de ranger leurs affaires? Aides visuelles, systèmes de rangement, instructions claires, voici une check-list pour rendre les choses plus fluides.

✱ Avons-nous clairement défini ce que nous entendons par ranger? S'agit-il de remettre les objets utilisés sur les étagères, de les regrouper tous au sol, de les mettre dans les bacs correspondants?

✱ Avons-nous pris soin d'éviter que la situation dégénère en les faisant ranger régulièrement? «Avant de prendre un autre jeu, on range celui-ci», «Avant de passer à table, on prend cinq minutes pour ranger», «Avant d'aller au lit, la chambre doit être rangée».

✱ Avons-nous mis à leur disposition des systèmes simples, adaptés à leur taille, à leurs forces et à leurs compétences? Grands cabas accrochés sur des patères à la porte de la chambre, bacs illustrés de vignettes indiquant le matériel qu'ils sont censés contenir, emballages recyclés en verre ou en plastique pour stocker feutres, ciseaux, pinceaux et toutes les petites fournitures pour dessiner, découper, créer, etc. sont autant d'aides efficaces pour les inciter à ranger.

✱ L'accumulation est le premier ennemi d'une chambre ordonnée. Donc, donnez! Amis, famille, association, hôpitaux, cabinets de pédiatre, tant d'endroits et d'enfants seraient heureux de récupérer vos jeux! Avant chaque grand événement (Noël ou anniversaire), cela pourrait même devenir un rituel faisant appel à leur générosité tout en valorisant les nouveautés à venir!

Toutes ces précautions devraient réduire drastiquement le nombre de fois où vous vous retenez (ou pas) de houspiller les enfants au milieu d'un salon ou d'une chambre dévastée!

Les plateaux d'activités pour la dextérité et la concentration

Les «plateaux d'activités» sont une des caractéristiques de la pédagogie Montessori les plus connues du grand public. Il faut dire que leur intérêt est de taille : manipulation encouragée, développement de la concentration, délimitation de la surface de travail… et un maximum d'autonomie pour l'enfant ! Encore faut-il, pour proposer des plateaux, comprendre comment fonctionne ce dispositif pédagogique !

Comment composer les plateaux d'activités ?

D'abord, il est essentiel de savoir que Maria Montessori les a conçus de manière à isoler chaque geste à acquérir par l'enfant. Avec deux avantages à la clé :

✱ Si dans la vie quotidienne, nous enchaînons une longue suite d'actions plus ou moins complexes, l'exercice proposé sur plateau va se concentrer sur LE geste à pratiquer. Par exemple, sur un cadre d'habillage, l'enfant s'exercera dans de bonnes conditions à manipuler une fermeture Éclair, dans le calme et en recommençant autant de fois qu'il le veut, au lieu de s'essayer sur un vêtement dont l'enfilage lui a demandé déjà pas mal d'énergie et avec la nécessité d'en finir rapidement, sans la possibilité de faire et refaire, parce qu'il est sur le point de sortir. Sans compter qu'il est plus difficile d'être précis lorsque l'on s'exerce sur son corps.

✱ Le fait de décomposer les actions en autant de « petits » mouvements permet d'augmenter progressivement le niveau de complexité. L'enfant progresse mieux et en confiance quand il avance à petits pas ! Lorsque vous composez un plateau pour votre enfant, il vous faut donc veiller donc à respecter cet esprit !

D'autres caractéristiques sont également à prendre en compte

✱ Votre proposition a-t-elle une finalité inscrite dans la vie réelle ? Boutonner, trier des noix et des noisettes, verser de l'eau ou coudre sont de vraies tâches à accomplir et l'enfant comprend l'intérêt de s'y entraîner. Son autonomie en dépend ! En revanche, transvaser à la pince des pompons dans un bac à glaçons ou s'entraîner à poser des billes sur les ventouses d'un porte-savon n'ont aucune finalité usuelle. Les enfants ne s'y trompent pas et se désintéressent rapidement de telles propositions.

✱ Pour ordonner l'activité et favoriser les manipulations délicates, utilisez paniers, corbeilles et boîtes pour disposer les différents éléments sur le plateau. N'hésitez pas non plus à laisser l'enfant manipuler des objets fragiles, cassables. Faites attention à la taille des objets proposés, ses mains sont encore petites ! Préparés avec soin, les plateaux offrent enfin un tableau esthétique qui éduque l'œil de l'enfant à l'ordre et à l'harmonie.

✱ Testez vous-même l'activité, c'est essentiel avant de la proposer à l'enfant. Vous allez pouvoir ainsi vérifier que votre proposition fonctionne, qu'elle permet le contrôle de l'erreur (favorisant ainsi la confiance en soi et l'estime de soi), et vous préparer à une présentation gracieuse et efficace.

✱ Un dernier conseil avant de vous lancer : choisissez avec soin le matériel. Par exemple, chaque plateau délimite le cadre de travail pour les enfants, l'endroit où ils vont pouvoir s'exercer en toute autonomie : donc, choisissez des plateaux suffisamment grands et comportant des poignées ou des rebords larges pour être facilement transportables par les enfants. Pour favoriser la manipulation, les qualités sensorielles des objets sont primordiales : un poids suffisamment lourd, des matières de belle qualité (bois, coton doux, laine, etc.), des couleurs franches ou naturelles. Touchez et vous saurez si votre enfant aimera travailler avec ses éléments.

✔ Bon à savoir !

Vous trouverez plateaux, paniers, corbeilles et boîtes dans les boutiques dédiées à la cuisine ou à la maison, dans les magasins de loisirs créatifs, sur les sites Internet spécialisés dans le rangement, chez Emmaüs, dans les vide-greniers, etc. Et la plupart des accessoires, probablement dans vos tiroirs et placards !

Quelles activités proposer ?

Encore une fois, rien de tel que l'observation. Les enfants se passionnent pour une activité puis une autre au gré de leurs apprentissages. Voici quelques grands classiques montessoriens.

Les exercices de « verser »

Ils passionnent les enfants et offrent de multiples déclinaisons. On s'entraîne au préalable à verser des graines (d'abord des grosses, comme les pois chiches, puis des graines de plus en plus petites, comme les grains de riz) d'un pichet dans un bol, c'est plus simple que l'eau.

Une fois que le geste de verser est maîtrisé, on pourra préparer des plateaux avec de l'eau (et la petite éponge à portée de main pour « réparer » au besoin), toujours en variant les propositions et en allant crescendo dans les niveaux de difficulté.

✱ L'enfant utilise des bouteilles de différentes formes et tailles, avec ou sans anse.

✱ L'enfant verse l'eau d'abord dans des bols, puis dans des verres de plus en plus petits (ou dans des récipients sur lesquels vous aurez fait des marques de niveau) pour travailler la précision de l'action.

✱ On pourra teinter l'eau avec des colorants pour faire découvrir à l'enfant les couleurs primaires et secondaires (en versant dans de nouveaux récipients deux couleurs primaires, de nouvelles couleurs apparaissent).

✱ Pourquoi ne pas ajouter sur le plateau des entonnoirs, une pipette, une seringue ?

Les exercices de transfert

Là aussi, succès assuré auprès des enfants. Commencez par les transferts à la main, puis proposez rapidement des cuillères plus ou moins grandes, une louche, une passoire, des cuillères chinoises (à fond plat), des pinces de tailles et formes différentes

Ces exercices de transfert permettent de travailler la motricité fine et la dextérité. Indirectement, ils préparent à l'écriture : regardez vos doigts lorsque vous utilisez une pince et vous verrez qu'ils prennent immédia-

POUR DES ACTIVITÉS ÉPANOUISSANTES

131

tement une posture qui rappelle la préhension du crayon, si difficile à enseigner !

Les exercices de tri et classement

Ils plongent les enfants dans des abîmes de concentration. Trier des fruits d'automne collectés dehors, puis deux types de graines différentes (haricots blancs et haricots rouges, par exemple), classer du plus clair au plus foncé des étiquettes de couleurs prélevées sur un nuancier, ranger les boutons par couleur ou par taille dans une boîte, poursuivre un raisonnement tout en faisant des expériences sur ce qui flotte ou coule, mobiliser les sens pour classer ce qui pique et ce qui est doux : les variantes sont infinies.

Chez vous ou à l'extérieur, en suivant le rythme des saisons ou les intérêts passagers de vos enfants, vous pourrez trouver de multiples sources d'inspiration pour faire évoluer vos propositions et/ou augmenter sensiblement la difficulté (après quelques jours d'entraînement !). Ce renouvellement est d'ailleurs capital pour susciter chez les enfants curiosité et envie de travailler.

De plus en plus complexe

Le trio verser/transfert/tri sera complété par diverses propositions permettant de découvrir le fonctionnement d'un nouvel ustensile, d'exercer ses sens, d'observer des phénomènes scientifiques, de travailler son raisonnement logique. Voici quelques propositions pour vous inspirer.

✳ Tailler minutieusement des crayons disposés dans un petit panier (et recueillir les rognures dans un bol avant de les mettre à la poubelle).

✳ Visser et dévisser trois boulons de tailles différentes dans les écrous correspondants.

✳ Visser les couvercles de plusieurs bocaux de tailles différentes, en trouvant quel couvercle va avec quel bocal.

POUR DES ACTIVITÉS ÉPANOUISSANTES

✱ Ouvrir et fermer des boîtes et contenants présentant des systèmes de fermeture différents : clapet, clips, zip, bouchon à poser, à enfoncer, à visser, etc.

✱ Couper précisément des bandelettes de papier sur lesquelles vous aurez préalablement tracé des lignes, puis des formes géométriques de plus en plus complexes (diagonales, chevrons, etc.).

✱ Déposer minutieusement des gouttes sur les ventouses d'un porte-savon pour découvrir l'usage de la pipette (la ventouse permet ici de vérifier qu'on dépose bien le liquide goutte par goutte).

✱ Observer à la loupe différents objets ou des feuilles d'arbre.

Les seules limites à ces activités sont celles de votre imagination. Et vous prendrez bientôt presque autant de plaisir à imaginer ces plateaux que votre enfant en aura à s'y exercer.

Adaptez les espaces communs pour les activités

Les jeunes enfants ont un besoin de protection instinctif qui les pousse à rechercher la proximité des adultes. Avant l'âge de six ou sept ans, ils passent ainsi plus de temps dans nos espaces communs que dans leur chambre. Mais c'est aussi la source de nombreux conflits entre parents et enfants, les plus grands n'aimant pas voir leurs affaires déranger par les plus petits. Un peu d'organisation et quelques aménagements simples peuvent y remédier.

En préambule, il nous faut comprendre que les enfants évoluent dans un monde de géants. Rien n'étant à leur taille dans le monde des adultes, ils ont tendance à combler leur besoin de découverte et d'exploration en ouvrant tous les placards et tiroirs à leur portée et en posant au sol les éléments ainsi découverts, ce qui donne vite une impression de grand bazar !

Pourtant, jusqu'à six ans (avec un pic entre deux et quatre ans), les enfants traversent la « période sensible de l'ordre » observée par Maria Montessori, durant laquelle ils aiment que chaque chose soit à sa place. C'est une occasion à saisir pour leur inculquer les notions d'ordre et de rangement nécessaires à sa construction, comme nous l'explique Jeannette Toulemonde dans *Le Quotidien avec mon enfant* : « Grâce à l'ordre qu'il trouve autour de lui et dans sa vie, le petit enfant construit l'ordre dans son intelligence pour toute sa vie. Non seulement il range les objets, ce que nous, parents, nous apprécions tant, mais pour toute sa vie il organise ses idées, sa pensée, sa possibilité de s'orienter, de choisir, de savoir ce qui a de la valeur pour lui, ce qui est pour lui plus important et moins important. »

La première mesure consiste donc à proposer un environnement minimaliste, simple et harmonieux. Allégeons-nous : nous avons souvent « trop » de meubles et de bibelots dans nos maisons. Et montrons l'exemple en rangeant notre chambre, la salle de bains ou la cuisine. Sans tomber dans la maniaquerie ni oublier que les enfants sont des enfants ! Entre leur désir d'exploration et leur manque de repères spatiaux, il est normal que quelques débordements surviennent. Soyons indulgents !

Ensuite, il nous faut « penser à hauteur d'enfant » et organiser l'espace de telle sorte que leur désir d'exploration soit comblé tout en facilitant le rangement. Leur coopération (et notre bonne humeur !) en dépend. Pour cela, nous vous préconisons de délimiter plusieurs espaces spécifiquement pensés pour lui et que nous détaillons dans les pages qui suivent.

Le coin « travail »/Montessori

Assis, debout ou allongés au sol, les enfants aiment travailler dans diverses positions. Un cadre clair et structuré va leur permettre de délimiter leur espace de « travail » tandis qu'un aménagement confortable va favoriser leur concentration.

Pour le travail assis, une table basse et une ou plusieurs chaises sont nécessaires. Les pieds de l'enfant doivent impérativement toucher le sol.

Prévoyez également un tapis qu'il pourra dérouler s'il préfère s'installer par terre pour certaines activités. Tout en améliorant son confort, celui-ci lui permettra de ne pas dépasser la surface du tapis (une taille de

60 x 120 cm est idéale). N'oubliez pas de montrer à l'enfant comment dérouler son tapis au sol, puis comment l'enrouler et le ranger à la verticale quand il a fini son activité.

Les enfants aiment aussi beaucoup travailler debout. À 70 cm de hauteur, le dessus d'une commode, le haut d'un meuble de rangement ou une étagère dédiée feront office de plateau de travail.

Un aménagement qui favorise l'autonomie

Pour Maria Montessori, «seul l'enfant qui connaît ce dont il a besoin peut en vérité choisir librement». Au départ, l'enfant choisit une activité par curiosité, mais en grandissant, il va sélectionner celle qui lui convient le mieux à tel moment de son développement, celle qui répond à un besoin de construction intérieure et va le mener progressivement à la concentration.

L'organisation Montessori classique favorise donc l'autonomie grâce à des étagères à hauteur d'enfant et un nombre limité de propositions, clairement délimitées par des plateaux, corbeilles, paniers et autres contenants. Un meuble sans porte avec des étagères larges permet à l'enfant de voir l'ensemble des propositions qui s'offrent à lui, donc de s'en saisir facilement.

En présentant cet environnement à l'enfant, il est important de lui expliquer qu'il peut se servir des plateaux autant de fois qu'il le souhaite, aussi longtemps qu'il en ressent l'envie ou le besoin. Une seule règle à respecter: il doit ranger quand il a fini l'activité. Chaque plateau doit être remis dans sa configuration initiale et rangé à l'endroit exact où l'enfant l'a pris. Cette règle qui conjugue ordre, clarté et de lisibilité est capitale pour que l'enfant fasse des choix éclairés et ordonne également son esprit.

La présentation des activités

Avant d'être laissé à disposition de l'enfant, chaque plateau aura fait l'objet d'une présentation lors d'un temps calme où l'on bénéficie de toute son attention, pour qu'il comprenne l'utilisation des éléments et le but de l'activité.

Une organisation typiquement « montessorienne », facilitant le libre choix et le rangement.

POUR DES ACTIVITÉS ÉPANOUISSANTES

La présentation d'une activité selon la méthode Montessori se déroule toujours de la même manière : l'adulte s'installe à droite de l'enfant si celui-ci est droitier (et à gauche s'il est gaucher), réalise intégralement l'activité avec des gestes lents et précis, en silence. Il peut éventuellement préciser quelques mots de vocabulaire, marquer une hésitation comme s'il réfléchissait, réaliser des tentatives infructueuses pour montrer comment contrôler automatiquement l'erreur. Lorsque l'activité est terminée, il remet le plateau dans sa configuration initiale et propose à l'enfant de s'y exercer à son tour, seul.

En fonction de l'âge de l'enfant, on pourra augmenter le nombre d'activités proposées sur l'étagère : trois à quatre propositions sont suffisantes pour un enfant de six à douze mois, environ six propositions pour un enfant de trois ans, et jusqu'à douze pour un enfant de six ans. N'oubliez pas que votre enfant s'exerce aussi ailleurs dans la maison : salle de bains, cuisine et chambre sont le lieu d'efforts importants pour lui. Ne surchargez ni les étagères ni sa capacité d'absorption : vous risqueriez de le faire fuir !

Dès que l'enfant ne va plus spontanément vers les activités qui lui sont proposées, c'est qu'il est temps d'en changer. La rotation des jeux ou matériels d'apprentissage (donc leur placement dans une armoire fermée, hors de la vue de l'enfant) a de nombreux mérites : elle facilite le rangement, participe au besoin d'ordre de l'enfant en lui offrant un environnement « simplifié » et renouvelle régulièrement son intérêt pour les objets à sa disposition.

Dans un quotidien chargé, nous vous conseillons d'inscrire dans votre planning une alarme mensuelle qui vous incite à vous demander si les plateaux proposés respectent les besoins de votre enfant et s'il ne conviendrait pas de les changer.

Le coin calme/lecture

Il peut être très intéressant de proposer aux enfants de dédier un endroit aux activités calmes comme la lecture, l'écoute de musique douce ou de contes audio, la pratique de la méditation ou du yoga, la rêverie ou tout simplement le repos. En cas de nervosité, d'hyperexcitation ou d'émotions fortes, ils pourront facilement y trouver refuge et s'entourer d'éléments apaisants.

Il convient de faire de cet espace un vrai cocon à l'aide de matières douces et moelleuses, de tons clairs, de tapis douillets, de nombreux coussins, de matelas d'appoint et même, pourquoi pas, un pouf ou une nacelle pour se balancer. Pour créer encore plus d'intimité, vous pouvez suspendre au plafond un ciel de lit ou installer un paravent ajouré ou un rideau transparent qui laisse passer la lumière. Quelques posters ou tableaux au mur pour représenter les membres de la famille, des paysages naturels, des citations inspirantes ou des symboles pourront compléter la décoration.

Moment privilégié entre parents et enfant, découverte de l'écrit, ouverture vers l'imaginaire, la lecture sera particulièrement agréable dans ce nid douillet.

Les enfants aimant souvent varier les histoires, prendre un abonnement à la bibliothèque de votre quartier ou de votre ville est une bonne option. Vous pourrez ainsi renouveler tous les mois les ouvrages à disposition et emmener votre enfant choisir lui-même ceux qu'il souhaite découvrir.

Certaines de vos lectures, vous vous en rendez bien compte, emportent immédiatement son adhésion. Il veut sans cesse les lire et les relire. Dans ce cas, n'hésitez pas à acheter ces livres. Ils lui procurent une sensation de calme et de bien-être, ils le rassurent. Et il prend plaisir à y revenir même lorsqu'ils ne sont « plus de son âge » – ils lui rappellent aussi ces doux moments passés avec vous. L'enfant pourra également prendre plaisir à les faire découvrir à ses jeunes frères et sœurs ou apprendre à les déchiffrer seul.

Une petite bibliothèque renouvelée régulièrement

Afin de faciliter son choix et son envie de prendre un livre, nous vous conseillons – comme pour les plateaux d'activités – de procéder à un roulement et d'installer à hauteur d'enfant une ou deux petites étagères de type étagères à épices : des petits bacs en bois de 40 cm de largeur et 8 cm de profondeur, avec une barrière à mi-hauteur prévue pour retenir les pots d'épices. La plupart des livres iront rejoindre votre bibliothèque tandis qu'une petite minorité, soigneusement sélectionnés, seront présentés sur l'étagère à épices, de face et non sur la tranche. Pour l'enfant, voir la couverture déclenche son envie d'une histoire et lui permet aussi de choisir plus rapidement. C'est également un système de rangement simple et immédiat : vous ne retrouverez plus tous les livres étalés au sol (inévitable quand ils sont rangés sur la tranche) puisqu'il suffit de pousser/décaler un livre pour découvrir celui qui se cache derrière ou pour ranger celui qu'on vient de prendre.

Le coin nature

À l'heure où la moitié de la population mondiale vit dans des villes, beaucoup d'entre nous élèvent des « enfants d'intérieur » ou, tout du moins, des enfants pour qui évoluer en pleine nature relève d'une sortie plus ou moins exceptionnelle. Or, la nature les fascine tout autant qu'elle les apaise. Pour le biologiste et paléontologue américain Scott D. Sampson, auteur de *Comment élever un enfant sauvage en ville*, elle favoriserait même leur développement intellectuel et émotionnel, leur créativité et leur estime de soi.

Que l'on dispose ou non d'un jardin ou d'un balcon, il est important d'installer un véritable coin nature chez soi. Pour ce faire, n'hésitez pas à créer un endroit spécifiquement dédié accueillant plusieurs pots et contenants : plantes vertes ou plantes grasses, fleurs ou cactus, aromates, bulbes, etc. Et pourquoi pas un mini-potager ? Il suffit d'un pot de terre et d'un peu de soleil pour que poussent carottes, radis, fraises ou tomates cerises ! Tout est envisageable pour que, à chaque saison, l'enfant découvre et profite d'un petit coin de nature à la maison et s'exerce à prendre soin de cet espace.

POUR DES ACTIVITÉS ÉPANOUISSANTES

Régulièrement, vous proposerez ainsi à votre enfant de faire le tour des plantes et des fleurs dont il a la charge, avec un plateau (ou une corbeille) dont le contenu dépendra des compétences qu'il maîtrise et que vous pensez pouvoir lui confier.

Il pourra ainsi :

✳ nettoyer les feuilles avec une éponge, un chiffon et un vaporisateur, au besoin des cotons-tiges ;

✳ arroser (avec un arrosoir… et une petite éponge pour les débordements !), après avoir pris soin de vérifier les besoins de la plante en touchant la terre avec ses doigts ;

✳ embellir en coupant les feuilles et fleurs fanées à l'aide de ciseaux (prévoir aussi une petite coupelle pour transporter plus facilement jusqu'à la poubelle les éléments coupés) ;

✳ réaliser des bouquets en prélevant quelques belles fleurs et en les disposant joliment dans de petits vases.

EN APARTÉ

OBSERVER LES VÉGÉTAUX

Vous pouvez proposer à votre enfant de tenir un journal de son coin de jardin. À chaque événement important (arrivée d'une nouvelle plante, floraison, ramassage des graines sur les fleurs fanées, etc.), suggérez à votre enfant de prélever un élément (couper une fleur, ramasser une feuille), inscrivez la date sur une page de cahier et laissez votre enfant coller l'élément, dessiner ou vous demander d'écrire quelques mots («Les fleurs ont éclos», «Huit mini-fraises vertes ont remplacé les fleurs du fraisier !», «De nouvelles pousses d'aloe vera sont apparues», etc.).

Bien sûr les jeux d'imagination, les figurines, les petites voitures, les déguisements sont un plaisir, mais n'oublions pas qu'entre les petits défis du quotidien, les grandes expérimentations et les exercices sur plateau, l'enfant aime être « au travail ». Prenons donc soin d'organiser un environnement adapté, au sein duquel il puisse être acteur de son développement et qui proposera des activités respectant le principe d'une « éducation comme une aide à la vie ».

CE DONT VOUS AUREZ BESOIN POUR DES ACTIVITÉS ÉPANOUISSANTES

LE NÉCESSAIRE POUR PARTICIPER AUX TÂCHES MÉNAGÈRES

Éponge, balai, ensemble pelle-balayette, mini-vaporisateur, seau, de petits chiffons, un cube de savon de Marseille, une raclette pour les vitres, des lavettes, etc.

UN COIN TRAVAIL

- un bureau et une chaise à hauteur d'enfant,
- un tapis (pour travailler au sol),
- le haut d'une commode ou une étagère (pour travailler debout),
- un meuble sans porte, à étagères ou à casiers,
- des plateaux, corbeilles, paniers.

UN COIN REPOS

- une étagère à épices pour constituer la bibliothèque,
- un matelas ou un fauteuil confortable, des coussins,
- des photos de famille, des posters aux images douces,
- des livres, des histoires audio, des CD de musique douce.

UN COIN NATURE

- un arrosoir, des ciseaux à bouts ronds,
- un vaporisateur d'eau,
- un chiffon et des cotons-tiges, une éponge,
- quelques vases ou assimilés, un presse-fleurs,
- des gants de jardin au besoin,
- une coupelle (pour ramasser les fleurs et feuilles séchées),
- un journal de jardin,
- des végétaux en pot ou en pleine terre.

DE VRAIS OBJETS DU QUOTIDIEN OU ACHETÉS D'OCCASION

- des paniers de « vie pratique » regroupant plusieurs objets autour d'une thématique précise (par exemple, des boîtes aux fermetures différentes, des brosses, des objets de la même couleur, des morceaux d'étoffes de différentes textures, des coquillages, des vis et des boulons, etc.),
- des paniers « de saison », regroupant ce que la nature offre à un moment donné (des feuilles de couleur, des cailloux, des marrons, des noix, etc.),
- des objets d'occasion, par exemple un appareil photo tout simple, un chevalet de peinture, un nécessaire de couture, une loupe, etc.

DES PLATEAUX MONTESSORI

- pour verser : des graines (haricots secs, lentilles, riz, semoule) ou de l'eau, depuis un pichet, une carafe ou des bouteilles aux diverses formes dans un bol ou dans un verre, ou à l'aide d'accessoires (pipette, cuillère, entonnoir, seringue, etc.),
- pour transférer : des noix ou des graines, à l'aide de pinces diverses ou de cuillères,
- pour trier et classer : des fruits, des légumes, des plaquettes de couleur découpées dans un nuancier, des boutons ou tout autre objet pouvant être classé dans des catégories distinctes ou dans un ordre logique (du plus petit au plus grand, du plus mou au plus dur, qui coule ou qui flotte, qui pique ou qui est doux, etc.).

QUELLES TÂCHES À QUEL ÂGE ?

AVANT 2 ANS	• Apporter un objet demandé. • Jeter à la poubelle. • Regrouper des objets par catégorie et les ramasser (pour ranger les jeux, mettre du linge au sale ou dans la machine, trier des noix et des châtaignes ou des citrons et des mandarines par exemple). • Transférer des noix ou de grosses graines à la main, puis dans une louche, d'un saladier à un autre. • S'exercer à passer le balai et la balayette.
DÈS 2 ANS	• Déplacer des gros objets (une chaise pour s'asseoir, le panier à linge, un tapis pour s'installer au sol, mettre/vider le linge de la machine à laver...). • Transférer de l'eau avec une (grosse) pipette ou des graines avec une cuillère ou une pince. • Verser de grosses graines d'un pichet à un bol puis des graines de plus en plus petites (haricots secs, pois chiches, lentilles, riz, semoule). • Pêcher des objets avec une épuisette. • Ouvrir et fermer des contenants aux systèmes divers. • Laver entièrement la table. • Effectuer des tris (couleur, taille, nature). • Visser et dévisser des boulons.
DÈS 3 ANS	• Ouvrir et fermer des cadenas, serrures, loquets. • Faire la poussière correctement. • Verser de l'eau d'une carafe dans un bol, puis un verre. • Laver et étendre du linge, trie le blanc et les couleurs, regrouper les paires de chaussettes. • Transférer des éléments de plus en plus petits avec des pinces de plus en plus petites aussi (trier des lentilles corail et des lentilles vertes avec une pince fine). • S'occuper des plantes, du jardin, d'un animal de compagnie, balayer des feuilles mortes. • Aider à faire les courses (repérer les produits, les mettre et les sortir du caddie, pousser le caddie, ranger les courses à la maison). • S'occuper de sa chambre (ranger, faire son lit).

DÈS 4 ANS	• Faire et essuyer la vaisselle ou laver du linge. • Nettoyer (la table, le sol, les vitres, un miroir…). • Composer un bouquet de fleurs. • Verser de l'eau d'une théière dans une tasse avec une soucoupe. • Verser très précisément (à l'aide d'entonnoir, ou dans de tout petits verres ou dans de petits contenants ou jusqu'à une limite très précise). • Passer l'aspirateur. • Plier toutes sortes de linge. • Cirer des chaussures, un objet en bois ou polir un objet en cuivre.
À 5 ANS	• S'exercer à la couture. • Vider le lave-vaisselle. • Passer la serpillière.

POUR DES SOIRÉES APAISÉES

Le sommeil des enfants est capital pour leur santé tant physique que psychologique… et pour la vôtre ! On estime qu'une mère perd environ six cents heures de sommeil à l'arrivée d'un nouveau-né (mais cela concerne sans doute aussi quelques pères !). Voilà qui réduirait donc ses nuits à cinq petites heures. Oubliant au passage que ces cinq heures sont souvent morcelées, accentuant encore sa fatigue. Et ce sommeil court et haché va s'étendre, pour certains parents, bien au-delà des premiers mois. L'addition est donc lourde : le manque de sommeil génère de la fatigue, qui elle-même fait chuter nos facultés de patience, de compréhension et d'adaptabilité pour les remplacer par une irritabilité extrême… À la moindre contrariété, nous nous transformons en clone de l'incroyable Hulk, vociférant dans toute la maison ! C'est une évidence : le manque de sommeil est souvent le facteur qui nous empêche d'être le parent bienveillant que nous aimerions être.

Du côté des enfants, c'est encore pire : alors que vous rêvez d'aller vous coucher, c'est le moment qu'ils redoutent le plus dans leur journée. Quand ils arrivent enfin à tomber dans les bras de Morphée, cauchemars et autres terreurs nocturnes peuvent les en extirper de la plus terrible des façons (et vous aussi, par la même occasion). Pourtant, une belle qualité de sommeil est capitale pour apprendre, mémoriser, se concentrer, être ouvert aux autres, joyeux, créatif. Et c'est dès la sortie de la crèche ou de l'école qu'elle se prépare.

Se reconnecter quand on se retrouve

En semaine, généralement, votre enfant passe la journée loin de vous, chez une «nounou», à la crèche ou à l'école. Loin de ses parents, il vit toutes sortes d'expériences, découvre, progresse, apprend, se réjouit, reçoit de l'affection, joue, échange, noue des amitiés, etc. Il a sans doute accumulé aussi, tout au long de la journée, quelques frustrations, une colère, subit l'humiliation d'une remarque désobligeante ou d'une mise au coin, un peu de stress. A-t-il ressenti péniblement le manque de votre présence? Peut-être s'est-il ennuyé ou n'a-t-il pas pu avoir son quota de sommeil réparateur au moment de la sieste? Lui a-t-on proposé des aliments qu'il supporte mal? À moins qu'il ne soit en pleine crise d'hypoglycémie vers 18 h 30? Même si vous avez choisi pour lui le lieu et les personnes le plus bienveillantes qui soient, ces difficultés sont inhérentes à la vie de tous, y compris à celle de votre enfant.

En revanche, ce petit être en cours de construction n'a pas encore les clés pour gérer ses émotions ni identifier ses besoins. C'est pourquoi, bien souvent, le simple fait de vous voir ouvre chez lui les vannes qui permettent de le décharger de toutes ces choses accumulées loin de vous. Ses cris, ses pleurs, son refus de vous saluer ou d'obtempérer sont le signe de l'attachement profond et de la confiance totale qu'il vous porte. Pour vous qui vous faisiez une joie de le retrouver, cette douche froide n'est pas facile à gérer (surtout quand elle se produit au milieu d'autres parents ou dans la rue), mais l'envisager comme un signe d'attachement vous aidera probablement à mieux vivre ces retrouvailles parfois bien mouvementées.

Vous êtes le seul à pouvoir recevoir cette décharge! Aussi, soyez à la hauteur de votre rôle : accueillez véritablement les sentiments de votre enfant, posez pour lui des mots sur ce qu'il ressent s'il n'est pas en mesure de parler, ralentissez immédiatement le rythme pour vous caler sur le sien, cajolez-le s'il l'accepte. C'est la meilleure manière pour que s'arrête d'elle-même et rapidement cette tempête émotionnelle!

À un moment plus calme, reparlez-en avec lui. Posez-lui des questions sur sa journée, essayez d'identifier ce qui s'est passé, vérifiez qu'il n'y a pas un problème récurrent. Même s'il n'est pas en mesure de répondre, expliquez-lui avec des mots simples la situation : « La journée, je travaille, c'est important (et j'aime ça). Mais je pense souvent à toi et je t'aime tout le temps, même quand nous ne sommes pas ensemble. D'ailleurs, toi aussi tu réalises plein de choses à la crèche : tu joues, tu apprends... C'est tout aussi important. Mais le soir venu, je viendrais toujours te chercher pour qu'on rentre ensemble à la maison. »

Un geste pour se reconnecter

Inventez-vous un code de « reconnexion » que vous utiliserez désormais chaque soir, que vos retrouvailles soient chaleureuses ou plutôt mouvementées.

✻ S'il est encore bébé, portez-le collé contre vous au lieu de l'attacher dans sa poussette : il a besoin de votre contact.

✻ Donnez-lui son doudou ou sa sucette pour que, d'autant plus rapidement en votre présence, il sécrète de l'ocytocine, cette hormone de l'amour qui va le rassurer et le calmer.

✻ S'il est plus grand, apportez un caillou (présenté comme un trésor) sur lequel vous aurez versé quelques gouttes d'huiles essentielles de lavande vraie ou de camomille romaine. Le respirer calmement l'aidera à s'apaiser (ça marche aussi avec un foulard doux ou une écharpe).

✻ S'il meurt de faim quand vous aller le chercher, apportez-lui un petit en-cas sain à grignoter (un cracker, un gressin, une prune, voire une gourde de compote).

✻ Les endroits où l'on garde les enfants sont souvent très chauds, donc apportez-lui une petite bouteille d'eau ou un biberon. Boire est un remède très puissant contre les crises de larmes ou de colère, surtout quand on boit la bouche serrée (à la bouteille, à la paille ou au biberon).

✻ Vous pouvez aussi coller votre front contre le sien, le faire sauter en l'air ou favoriser n'importe quel contact physique, doux ou turbulent,

✻ Autre action symbolique, qui fonctionne bien, notamment lors du passage à l'école : le matin, au moment de le quitter, vous pouvez dessiner un cœur sur son poignet et un sur le vôtre en lui expliquant : « Toute la journée, quand j'aurais une contrariété, une joie ou que je me sentirais un petit peu triste ou rêveur, je regarderai mon poignet, ça me fera du bien de penser à toi et je sais que toi aussi, tu m'enverras de belles pensées dans la journée. »

« Tu me racontes ta journée ? »

Quand l'enfant va à l'école et commence à mieux maîtriser ses émotions, une question nous brûle systématiquement les lèvres : « Qu'as-tu fait aujourd'hui ? » Pourtant, vous vous retrouvez souvent confronté à un enfant mutique : « Je ne sais pas… », « Je me souviens plus » ou, pire encore : « Rien ! »

Ne vous en offusquez pas. Certains jours les enfants racontent, d'autres non. Mais si vous sentez que l'humeur n'est pas au beau fixe, il est important de « remettre les compteurs à zéro », sinon la soirée risque d'être vraiment chaotique !

Au moment où vous vous retrouvez, à la sortie de l'école ou le soir, au lieu de jeter sur lui des yeux inquisiteurs en posant cette sempiternelle question, commencez donc par lui demander : « Tu sais ce que j'ai fait aujourd'hui ? » À coup sûr, votre enfant va marquer un temps d'arrêt, surpris. N'hésitez pas à reformuler votre proposition : « Tu veux que je te raconte ma journée ? »

Ouiiii ! Vos enfants brûlent d'envie de savoir ce que vous faites toute la journée, quelles sont vos activités, qui sont les gens que vous croisez, si vous les appréciez. C'est donc un excellent moyen de leur montrer que vous n'êtes pas seulement un parent, mais un homme ou une femme avec des humeurs, des envies, des contraintes, des joies, des chagrins, des colères. Évidemment, faites un résumé compréhensible par un enfant, pourquoi pas avec une pointe d'humour, mais surtout en restant franc et sincère dans votre démarche (il s'agit de donner des détails véridiques, pas de s'inventer une journée aseptisée, dans laquelle on ne traverse pas d'humeurs agréables ou non).

« Et toi, tu veux me raconter ta journée ? » Les premières fois, votre enfant peut refuser que vous lui retourniez la question. Mais parions qu'après quelques essais, il prendra goût à cet échange, ce doux moment de confidences, d'égal à égal.

Vous entendre ainsi raconter brièvement votre journée va non seulement lui apprendre à verbaliser ses ressentis, mais aussi – et surtout – lui donner envie de le faire ! Ne serait-ce que pour combler sa curiosité sur ce que vous avez fait toute la journée !

EN APARTÉ

UN RITUEL POUR LE SOIR

Aussi basique que cela puisse paraître, le rituel du soir est la pierre angulaire sur laquelle repose une soirée apaisante et un sommeil de qualité pour vos enfants. Car pour avancer tranquillement vers l'heure du coucher et céder en douceur à l'appel du marchand de sable, rien de tel qu'un enchaînement maîtrisé de petites actions qui crée une atmosphère de calme, de tendresse et de sérénité.

Comme pour le matin (voir p. 49), mettez au point un rituel du soir pensé spécifiquement pour vos enfants et votre famille. Attention, il ne s'agit pas là de simples besoins à combler ni d'étapes à valider (jeux, bain, dîner, etc.). Les actions qui ponctuent vos soirées doivent être teintées de douceur.

Vous pourrez ainsi vous inspirer des conseils donnés dans les pages qui suivent pour que chaque action de la soirée apporte à vos enfants un état de sérénité propice au sommeil.

Prenez encore une fois le temps de faire le point entre adultes sur les besoins de chacun et la manière précise dont vous envisagez les choses. Puis présentez solennellement à votre tribu (et, au besoin, à la nounou, à la baby-sitter ou aux grands-parents, si une tierce personne s'occupe des enfants jusqu'à votre retour) le nouveau mode de fonctionnement que vous souhaitez mettre en place. Et tenez-vous-y. Avec enthousiasme et en valorisant régulièrement les bienfaits du rituel adopté, ces derniers ne tarderont pas à se manifester !

Une ambiance zen et des activités calmes

Pour amener en douceur votre enfant vers le moment du coucher, il est important d'organiser des activités de plus en plus calmes, de la sortie de l'école ou de la crèche jusqu'à l'heure « fatidique » ! Mais il existe une condition préalable : vérifier que l'enfant ait pu passer suffisamment de temps dehors, se dépenser, bouger, chahuter ! Vous pouvez lui poser des questions sur sa journée ou simplement observer son attitude, souvent très parlante. Si vous sentez qu'il n'a pas eu son content de mouvement, commencez la soirée par une course de vitesse, un tour de vélo, une bagarre pour rire sur le lit, un tour au parc, une séance de pirouettes, une bataille de polochon : il est indispensable qu'il ait pu dépenser suffisamment d'énergie avant de lui demander de rester calme jusqu'au soir.

Douceur et bienveillance

C'est d'abord votre attitude qui va donner la « couleur » de la soirée. Une voix calme et détendue, des échanges chaleureux, des sourires bienveillants, des gestes tendres et affectueux vont provoquer chez l'enfant la sécrétion d'ocytocine, cette hormone de l'amour qui déstresse et sécurise.

Après une journée où l'enfant est soumis à beaucoup de stimulations, notamment auditives, laissez-le profiter du silence ou diffusez une musique douce (classique, reggae, jazz).

Pensez à adoucir la lumière en allumant de préférence plusieurs petites lampes disposées ici ou là dans la pièce plutôt qu'un plafonnier qui éclaire vivement tout l'espace.

Enfin, privilégiez les activités calmes : colorier des mandalas passionnent les enfants, manipuler de la pâte à modeler les déstresse, prendre un bon bain les relaxe, écouter une histoire sur un support audio va les subjuguer (c'est préférable à la télévision ou aux jeux sur écrans, qui vont les exciter et envoyer au cerveau des messages retardant la venue du sommeil). La fin de la journée est aussi le bon moment pour que l'enfant investisse son coin calme (voir p. 140).

Yoga, méditation, relaxation : des aides précieuses

Avez-vous déjà pratiqué le yoga ou la méditation avec vos enfants ? C'est beaucoup plus simple qu'il n'y paraît et c'est un vrai cadeau que vous leur faites, qui leur sera utile toute leur vie pour mieux gérer leurs émotions, développer leurs capacités de concentration, évacuer les tensions, cultiver leur bienveillance envers eux-mêmes comme envers les autres. Ces pratiques font d'ailleurs leur entrée à l'école pour combattre les effets du stress et l'hyperactivité, réduire la violence et développer le respect de soi et des autres.

Grâce à des images très parlantes (la posture du chat, le serpent qui se cambre, le flamant rose, etc.) ou à des séances de relaxation guidée, les exercices de respiration ou de méditation deviennent de véritables séances de jeu dont les enfants sortent apaisés, confiants et recentrés.

Pour les tout-petits : la respiration

Entre deux et trois ans, on privilégiera des exercices de respiration, la maîtrise du corps n'étant pas encore optimale à cet âge. Vous pouvez tout simplement poser une peluche sur le ventre de l'enfant allongé : sous l'effet de profondes respirations, la peluche monte et descend dans un mouvement apaisant.

Autre technique qui fonctionne également très bien chez les tout-petits : l'enfant est allongé les yeux fermés pendant qu'on lui raconte une histoire à laquelle on lui demande régulièrement de participer par des inspirations/expirations ou des souffles libérateurs. Parlez d'une voix calme et posée, donnez des détails de couleurs, de sensations, d'odeurs : cela aidera votre enfant à « faire un petit voyage » dans son imagination.

→ *On va partir faire une balade sur un sentier de montagne. On a de la chance, il fait très beau. Tu sens les rayons du soleil qui chauffent doucement ta peau ? On marche pieds nus dans l'herbe, c'est une vraie caresse pour les pieds. Oh ! j'aperçois une petite clairière. Et si on s'approchait ? On dirait qu'il y a mille fleurs de toutes les couleurs, c'est un spectacle magnifique. Approche-toi d'une de ces fleurs et respire doucement son parfum. Ahhhhh (expiration), quel délice ! Re-*

UNE JOURNÉE EN FAMILLE

Le yoga et la méditation, pour évacuer les tensions physiques et psychologiques.

commençons. Regarde celle-ci, avec ses jolis pétales jaunes ! Respire profondément son parfum, sens combien il est doux, etc.

Si vous manquez d'imagination, vous pouvez vous inspirer d'un conte que vous adaptez : par exemple, reprenez la trame de *Boucle d'or*. Bien sûr, vous allez changer l'aventure angoissante qui consiste à se perdre seul en forêt par une promenade agréable à l'orée du bois ! Puis l'enfant entre dans la maison des ours et découvre les bols de soupe : l'un d'entre eux sent tellement bon qu'il décide de le goûter. Mais il est trop chaud !

→ *Tu sais comment faire pour le refroidir : prends une grande inspiration, en levant les épaules et en gonflant ton ventre, puis souffle... tout doucement pour refroidir le liquide brûlant ! Recommençons plusieurs fois... Ça y est, la soupe est juste chaude, tu peux la boire maintenant. Prends une grande inspiration en mettant ta bouche en rond : quel délice ! Recommençons...*

Respirer vous semble banal mais les bienfaits d'une respiration consciente ne sont pas à sous-estimer : en apprenant à se détendre profondément et à se recentrer, vous pourrez utiliser ces techniques pour ramener au calme un enfant en pleine crise ou mieux encore, faire dégonfler sa bulle d'émotions avant qu'elle n'explose.

À partir de trois ans : yoga ou méditation

Dès trois ans, le yoga est idéal pour relaxer le corps et l'esprit. De nombreux ouvrages sur le sujet existent et vous trouverez aussi des ressources riches sur Internet. Il vous suffit d'organiser au préalable la séance avec l'enchaînement des postures que vous proposerez, sachant que les enfants sont particulièrement friands de celles où l'on imite les animaux, la montagne, etc.

Maintenant que le schéma physique de votre enfant est bien en place, vous pouvez aussi lui proposer des exercices de méditation axés sur

Le Rituel du Soir, pour profiter de soirées apaisantes et glisser doucement vers le sommeil

la visualisation corporelle. Parmi les plus relaxants figurent les « scanners corporels », par exemple avec une visualisation du corps réchauffé progressivement par le soleil ou peint en bleu (« D'abord les orteils, un à un, puis tes chevilles… »).

Les séances de méditation guidées sont une autre option intéressante. Il s'agit histoires courtes (5 à 10 minutes), imagées (découverte d'un paysage, imitation d'un comportement animal, images mentales, etc.), et contées d'une voix douce, accompagnées éventuellement de musique. La star en la matière est Eline Snel, auteur du best-seller *Calme et attentif comme une grenouille*[1]. Aux Pays-Bas, dont l'auteur est originaire, les enseignants sont même formés gratuitement par l'État ! « C'est un moyen d'apprendre à maîtriser la petite voix que les enfants ont dans leur tête, celle de leurs pensées, explique Eline Snel. Ils apprennent à écouter… et à ne pas forcément réagir, ce qui est une formidable école de gestion des impulsions. »

1. Les arènes, 2012.

Les premières fois, il est probable que votre enfant ne sera pas très réceptif. Ne prenez pas cela trop au sérieux, vous risqueriez de le braquer, mais retentez régulièrement l'expérience, le déclic aura probablement lieu. Pour l'encourager, n'hésitez pas à vous allonger à ses côtés et à l'accompagner dans cette quête de détente. Après tout, cela ne peut pas vous faire de mal !

L'heure des soins apaisants

Prendre un bain ou se débarbouiller est une nécessité quotidienne, une fois le soir venu. Cependant, nous pouvons en faire un moment de douceur et d'apaisement, une transition entre l'activité intense de la journée et la mise en veille progressive qui précède le coucher.

Apprenez-lui à prendre soin de son corps

Pour que l'enfant apprenne à maîtriser les soins d'hygiène, il faut lui montrer précisément comment les réaliser et le soutenir pendant quelque temps en adoptant la posture du guide («Je te montre, puis tu fais tout seul mais je reste à côté de toi»). Après quelques semaines, il sera fier de réaliser des tâches de plus en plus complexes en toute autonomie. Passons en revue tous ces soins indispensables et la façon dont vous pouvez les présenter à vos enfants.

Les mains

Dans les écoles Montessori, le lavage des mains fait l'objet d'un atelier à part entière. L'enfant dispose d'une bassine, d'un broc d'eau, d'un savon, d'une brosse à ongles et d'une petite serviette, le tout posé sur une table à sa taille. L'adulte lui aura montré étape par étape comment verser de l'eau dans la bassine, se mouiller les mains, les frotter avec le savon, utiliser la mousse pour nettoyer l'un après l'autre ses doigts, puis les paumes et le dessus des mains, frotter les ongles avec la brosse, rincer la brosse et, enfin, plonger ses mains dans l'eau pour retirer toute trace de savon, avant de les sécher consciencieusement avec la serviette. Il ne reste plus qu'à jeter l'eau et à remettre les éléments à leur place initiale.

> **EN APARTÉ**
>
> ## L'ENVIRONNEMENT PRÉPARÉ
> ## POUR UNE SOIRÉE CALME
>
> Grâce au rituel du matin (p. 49), nous avons déjà mentionné bon nombre des aménagements nécessaires pour favoriser l'autonomie de l'enfant. Les actions du soir faites en autonomie consisteront principalement à prendre son bain ou se débarbouiller, enlever ses vêtements et les plier ou les mettre dans le panier de linge sale, enfiler son pyjama. Salle de bains et chambre sont donc prêtes pour que votre enfant puisse y réaliser seul ces actions – en fonction de son âge et de ses compétences. L'espace commun possède aussi son coin calme (voir p. 140). Il ne reste plus qu'à aborder dans ce chapitre la question du coucher (voir p. 174).

Cela vous semble fastidieux ? Pourtant les enfants ont besoin de ces démonstrations détaillées pour apprendre ces actions que nous, adultes, accomplissons mécaniquement. Des gestes minutieux, présentés dans leur enchaînement logique, et la qualité des accessoires valorisent le processus. L'enfant ne tardera pas à s'appliquer à reproduire ces gestes, surtout si cette opportunité lui est présentée dès ses plus jeunes années.

Le corps

Vous pourrez vous inspirer du lavage des mains pour expliquer celui du corps : de haut en bas, de droite à gauche pour n'oublier aucun recoin ! Faites de même pour le shampoing : d'abord le haut de la tête, descendre jusqu'à la nuque, basculer sur les tempes, etc.

N'hésitez pas à expliquer, avec des mots précis, comment laver les parties intimes (voire comment les essuyer consciencieusement lors de chaque passage aux toilettes). Pour que l'enfant intègre ses organes génitaux dans son schéma corporel et comprenne la différence entre le sexe des filles et celui des garçons, osez employer des mots simples, des mots « de grands » (sexe, pubis, vulve, pénis, anus…). Ne serait-ce pas la meilleure manière d'aider les enfants à intégrer naturellement, sans confusion, ni gêne ou dégoût, leur dimension sexuelle et génitale ? Et cela pourrait peut-être faire cesser les ricanements que provoquent des mots comme « pipi », « caca », « zizi », « zézette ». Avouons qu'il ne nous viendrait pas à l'esprit de renommer le lobe de l'oreille, les narines ou les orteils !

Le nez

Il est primordial de montrer à l'enfant comment se moucher correctement pour bien évacuer les fosses nasales, une narine après l'autre : « Ouvre grand le mouchoir et place-le sur tes narines, bouche l'une d'entre elles puis souffle fort, bouche la seconde et souffle à nouveau, replie le mouchoir et essuie les fosses nasales. »

S'il a tendance à mettre ses doigts dans le nez, prenez le temps de lui expliquer que les parois nasales sont très fragiles : l'intrusion de ses doigts, notamment de ses ongles, pourrait les faire saigner. De surcroît, ce qu'il tente d'y attraper ne sont que des impuretés (bactéries, microbes, poussières, pollens, etc.) que ses poils de nez ont arrêté pour qu'elles n'entrent pas dans son corps. Il faut donc éviter de toucher avec ses mains ces éléments pas très propres : un mouchoir est de loin préférable. Sinon, se laver les mains systématiquement est indispensable !

Trop souvent négligé, le lavement des fosses nasales permet pourtant de limiter les infections hivernales ! C'est d'ailleurs une pratique courante dans certaines cultures. Après tout, ces deux petits orifices sont extrêmement importants, car ils nous permettent de respirer ! Les bébés et les enfants détestent généralement ces soins spécifiques. Pourtant, il ne faudrait jamais cesser de leur répéter doucement à quel point ils sont nécessaires, les encourager à les recevoir – ou se les prodiguer dès qu'ils sont en mesure de le faire. Certains produits prêts à l'emploi, comme les sprays d'eau de mer, peuvent en faire un geste courant et naturel (« Introduis doucement le spray dans ta narine, appuie une fois sur le pulvérisateur. Tu sens que le produit a été vaporisé ? Inspire doucement et essuie ton nez avec un mouchoir si tu en as besoin. Tu peux passer à l'autre narine. »)

> **EN APARTÉ**

UN POINT SUR L'HYGIÈNE

Se moucher, se couper les ongles, se laver les mains quand on arrive de l'extérieur, ces activités soulèvent rarement l'enthousiasme chez les moins de six ans! Pour arrêter de batailler et de les rappeler plusieurs fois afin qu'ils acceptent de passer à l'action, pourquoi ne pas leur expliquer pourquoi ces gestes sont aussi importants?

— Vous pouvez, par exemple, leur parler des microbes. Insistez sur le fait qu'ils sont tellement petits qu'on ne peut pas les voir, mais qu'ils sont partout dans notre quotidien et que leurs effets sont, eux, bien visibles! Certains sont très utiles pour l'homme, pour combattre maladies ou allergies, transformer le lait en yaourt ou faire gonfler la pâte à pizza! D'autres sont nocifs, voire dangereux : ils provoquent fièvre et/ou infections comme la grippe, le rhume, la gastro. Heureusement, quand on se lave régulièrement les mains et que l'on coupe ses ongles bien courts, on les chasse sans problème!

— Notre corps est très important! Pour courir, jouer, sauter, nous devons le ménager, en prendre soin. Pratiquer des soins d'hygiène, régulièrement et consciencieusement, c'est le respecter et se respecter! Même chose pour les dents : comment rire, manger, parler si l'on a des caries qui font mal? C'est si bon de croquer dans une pomme ou dans un beignet tout chaud que ça vaut bien le coup de se frotter ses dents trois minutes!

— Faites-leur quelques compliments : «Mmmm, tu sens bon!», «Comme tu es très bien coiffé!», «Tu es beau maintenant que tu es tout propre», etc. Socialement, il est important de présenter aux autres une belle image de soi. De nombreux livres pour enfants abordent ce sujet, n'hésitez pas à en parcourir un ensemble.

Faites du bain un moment de bien-être

Est-ce parce que les bébés se développent plusieurs mois durant dans un milieu liquide que l'eau reste un élément capital dans leurs premières années de vie? Sur le plan moteur, elle est source d'expériences réalisées avec bonheur grâce à l'apesanteur, permettant des mouvements à la fois doux et harmonieux, plus faciles à réaliser. Sur le plan psychologique, elle peut apaiser, euphoriser, aider à prendre confiance en soi, à prendre conscience de son corps. Et quel plaisir au niveau sensoriel! Le bruit de l'eau qui goutte, qui «splashe» ou qui met en sourdine tous les autres sons quand on a les oreilles immergées, la vue des gerbes, des reflets, des ondes, la sensation tactile des éclaboussures que l'on fait en tapotant la surface, la caresse de l'eau que l'on recueille dans ses mains avant de la laisser doucement couler…

Mais ce n'est pas toujours aussi simple au quotidien! Certains jours, les enfants adorent l'eau et foncent dans la baignoire en piaffant de joie, quitte à transformer la salle de bains en sous-marin! Le lendemain, l'idée de mouiller un seul de leurs doigts de pied les fait hurler de peur ou de rage. Quant à se laver les cheveux, je ne vous en parle même pas!

Avec les enfants, nous commettons trop souvent l'erreur de présenter le bain comme une obligation, la énième contrainte d'un quotidien mené tambour battant, au lieu d'en faire un rituel où l'on prend véritablement soin de soi, de son corps et de son esprit.

Pour changer de paradigme, voici quelques conseils simples à mettre en œuvre.

Un bain, ça se prend quand on a le temps!

Le temps de jouer, de se détendre, de recevoir un massage. Pour ralentir le rythme, un bain un jour sur deux peut donc être suffisant, si on complète, le jour «sans», par une «toilette de chat» au gant. Cela peut vous permettre de passer un moment plus riche avec votre enfant et vous laisse le temps, par exemple, de pratiquer un peu de yoga.

Une douche, c'est sympa aussi: les sensations, l'appréhension de l'espace et les jeux y sont différents. Et c'est beaucoup plus rapide!

Associez votre enfant au choix des soins

Faites-lui choisir les produits avec lesquels il pourra personnaliser son bain. Par exemple, une huile relaxante ou un produit moussant odorant.

Confectionnez une jarre de sels de bains maison et proposez-lui d'en agrémenter son bain avec deux cuillerées à soupe, puis laissez-le profiter de ce moment.

Vous pouvez aussi lui suggérer de verser deux cuillerées à soupe d'amidon de blé ou d'avoine (vendu en pharmacie ou en magasin bio) dans la baignoire : elles vont transformer l'eau du bain en « lait » et lui feront la peau toute douce (elles apaiseront même, au besoin, eczéma et irritations).

EN APARTÉ

DES SELS PARFUMÉS FAITS MAISON

Certaines recettes sont très simples à réaliser avec les enfants (seul l'ajout des huiles essentielles doit être impérativement réalisé par les parents) et vous feront profiter des vertus de produits naturels. Comme base, choisissez du gros sel de Guérande ou du sel d'Epsom : tous deux ont la particularité d'absorber les toxines, les minéraux qu'ils contiennent soulagent la fatigue, notamment musculaire, et leur teneur en magnésium a un impact bénéfique sur le moral mais aussi sur les peaux irritées.

Mélangez 500 g de sel, 150 g de bicarbonate de soude (pour ses vertus relaxantes et parce qu'il adoucit la peau) et 20 gouttes d'huile essentielle (par exemple, petit grain bigaradier pour détendre, eucalyptus radié pour les maladies hivernales, orange douce pour favoriser le sommeil, etc.). Mélangez bien, mettez le tout dans un pot en verre fermé et versez deux grosses cuillerées à soupe au moment de plonger dans le bain.

Donnez l'exemple

Les enfants agissent par mimétisme, donc valorisez les moments où vous prenez soin de vous : « Cette douche m'a vraiment fait du bien », « Je vais me détendre dans un bon bain chaud », « J'adore sentir ma peau toute douce quand je mets de la crème », etc.

Ne vous arrive-t-il pas de prendre un bain avec une musique douce ou une émission de radio que vous appréciez et une lumière tamisée ? Proposez à vos enfants d'en faire autant. Apportez un éclairage plus réduit et passez-leur une histoire ou de la musique : l'ambiance du bain sera probablement très différente.

Ajoutez-y un massage

Chutes, bleus, efforts musculaires ou croissance, nos enfants ne ménagent pas leur corps ! Alors, pourquoi ne pas associer au moment du bain le pouvoir relaxant du massage ? Avec un peu d'huile végétale (*Calendula*, noisette ou même arnica), massez les membres de votre enfant et laissez-le vous guider : « Voudrais-tu que je te masse les jambes ? Cela te ferait-il du bien que je masse tes bras ? ton dos ? » Vous pouvez même ajouter une goutte ou deux d'huile essentielle à votre huile de massage pour en décupler le pouvoir décontractant et apaisant.

> Pour en savoir plus sur les huiles essentielles, voir p. 258.

Le bain du dimanche soir

Dans une semaine intense où le timing des soirées est souvent serré, il peut être pratique de mettre en place une routine spécifique : faites en sorte qu'à la fin du week-end, dès 17 h 30, vos enfants sautent dans le Grand Bain du Dimanche soir ! Après un week-end tumultueux, ce moment de bascule est idéal pour prendre un bon bain relaxant et se faire le plus beau possible pour la semaine qui arrive. Lavage des cheveux, passage en revue des ongles, des oreilles, nettoyage minutieux du cou, de l'arrière des oreilles, du nombril, de chaque orteil, des parties intimes, l'heure du grand nettoyage a sonné ! De surcroît, vos enfants s'endormiront sereinement, dans une bonne odeur de propre !

Le grand bain du dimanche soir!

Quand la peur s'invite au moment du bain

La peur empêche certains enfants de profiter du moment du bain. Si c'est le cas pour le vôtre, voici trois astuces qui peuvent vous aider.

✳ Chez les tout-petits, c'est quelques fois la baignoire elle-même qui impressionne avec ses parois hautes et glissantes, sa taille, etc. Pour le rassurer, installez-le dans l'eau dans un panier à linge ! L'espace lui paraîtra ainsi plus petit et ses jouets resteront à portée de main.

✳ Pour les plus grands, dégainez des lunettes de piscine ! C'est l'antidote idéal à la peur la plus communément répandue : celle de l'eau dans les yeux ! Vous pouvez également sortir le tuba et même le maillot de bain. Quelques accessoires suffisent à dédramatiser le quotidien et permettent de rappeler que l'eau est (souvent) un chouette souvenir de vacances.

✳ « Et si je venais avec toi ? Et si on jouait au coiffeur ? » Chiche ? Étonnante, amusante, extravagante, cette proposition ravira probablement votre enfant. Une fois dans l'eau, profitez-en pour le laisser faire sur vous ce qui l'impressionne le plus : laver les cheveux, rincer avec le jet, mettre de l'eau dans les yeux. Puis expérimentez sur lui. Tendre moment de complicité en perspective,

Si le refus est net et puissant, soyez patient. Cette peur, qui peut sembler exagérée, sans fondement, n'en est pas moins réelle. Plus vous serez encourageant et compréhensif, plus elle se dissoudra rapidement.

EN APARTÉ

L'ACQUISITION DE LA PROPRETÉ

« Mon enfant doit être propre pour aller à l'école, on m'a conseillé de l'entraîner à aller sur le pot cet été pour qu'il soit prêt à la rentrée. » Encore une drôle d'expression, doublée d'une idée particulièrement

.../...

.../...

saugrenue! Doit-on en déduire qu'avant d'aller aux toilettes ou sur le pot, un enfant en couche est un enfant «sale»? Certainement pas! Non seulement vous le nettoyez probablement très correctement mais, de surcroît, son cerveau ne lui permet pas encore de contrôler ses sphincters. Alors pourquoi utiliser cette expression humiliante et inadéquate! D'autre part, peut-on réellement s'entraîner à lâcher une selle au moment où on nous le conseille sous prétexte qu'il faudra aller à l'école sans couche dans trois mois? Voilà bien le plus idiot des dressages, qui établit de surcroît un lien étrange entre la fréquentation des toilettes et la très importante entrée à l'école!

Il n'y a pas d'âge pour la propreté. Comme pour l'ensemble des besoins naturels, c'est l'enfant qui décide. Encore faut-il créer chez lui le désir de cet apprentissage! Or, nous avons plus souvent tendance à valoriser l'apprentissage de la lecture ou de la cuisine que celui de la propreté.

Tout comme l'enfant peut participer très tôt (dès six ou huit mois) à son habillage («Pousse ton bras dans la manche»), expliquez-lui ce que vous faites lorsque vous changez sa couche.

Dès que sa physiologie le permet, utilisez des couches-culottes que vous pourrez lui enfiler debout («Lève une jambe, vise le trou, maintenant lève l'autre jambe, etc.») et continuez à verbaliser vos gestes. Dès que l'enfant le demande, laissez-le essayer, au sol, d'enfiler seul ou d'enlever seul sa couche-culotte, puis de la mettre à la poubelle! Tout ce qu'il pourra faire pour participer à cette tâche (aller chercher une couche ou des lingettes, mouiller un petit gant de toilettes) l'encourage à prendre en main cette étape.

Enfin, n'oubliez pas que les enfants agissent par mimétisme. S'il voit ses frères et sœurs utiliser les toilettes ou le pot, nul doute qu'il voudra bientôt essayer.

Cet apprentissage est extrêmement personnel. Il peut prendre quelques jours ou plusieurs mois. Mais ne vous découragez pas, cela finira forcément par arriver – heureusement!

L'heure du dîner

Nous faisons souvent du dîner le point d'orgue de la soirée. Il faut dire que c'est souvent le moment où l'on se retrouve en famille pour échanger sur la journée. Grâce à votre nouvelle organisation, il est probable que votre enfant court à table, l'appétit aiguisé de vous avoir aidé en cuisine, ou qu'il s'y installe totalement détendu après ses soins. L'atmosphère est donc propice à un repas agréable. Comment pérenniser cette ambiance?

Un moment de calme

Que vous mangiez tous ensemble ou non, faites en sorte que le dîner soit un moment privilégié de calme et de détente et que vos enfants dînent 1 h 30 avant leur coucher! Lorsque le corps digère, il produit de l'énergie, ce qui augmente sa température et ne peut donc enclencher la fonction «sommeil». Calculez l'heure du dîner en fonction de l'heure à laquelle vous pensez raisonnable que vos petits lutins soient au lit: pour un coucher à 20 h 30, on dîne à 19 heures!

Faut-il manger avec ses enfants?

Ça dépend! Même si c'est une recommandation fréquente, le seul critère de choix doit être le plaisir: celui que vous – parents – prenez ou non à manger en même temps que vos enfants! Dîner avec vos enfants peut vous engager dans une vraie course contre la montre en sortant du travail pour que tout soit prêt à temps. Une fois à table, vous devez vous relever douze fois, sans compter que vous n'avez pas du tout faim à 19 heures (du coup, à 21 heures, vous engloutissez en quatre minutes toute une tablette de chocolat!) ou que vous n'arrivez pas à apprécier le contenu de votre assiette parce que vous êtes focalisé sur la manière dont vos enfants mangent. Dans ce cas, dîner avec eux est tout sauf une bonne idée!

Je connais aussi des familles dont l'organisation quotidienne permet d'avoir un repas prêt à l'heure sans stress et où les parents ont pris l'habitude de dîner avec leurs enfants à 18 h 30, trouvant très agréable d'avoir ensuite une soirée en amoureux, pour lire ou regarder un film.

En fait, la seule chose qui compte vraiment, c'est d'être à table avec eux. Si vous ne dînez pas en même temps qu'eux, installez-vous à leurs côtés et réalisez des tâches qui ne vous demandent pas trop de concentration : vous pouvez par exemple détailler des légumes en morceaux pour votre propre dîner ou pour le lendemain ou alors échanger sur la liste des menus de la prochaine semaine… Sans pour autant suivre à la loupe leurs faits et gestes ni procéder à un interrogatoire en règles sur leur journée !

Vous pourrez alors faire des repas pris en commun – en vacances ou le week-end – des moments privilégiés. Ou instaurer des rituels propres à votre famille (par exemple, un repas du dimanche soir spécial pour clore le week-end en beauté et commencer la semaine regonflé à bloc).

Les vertus d'une tisane apaisante

Si votre enfant éprouve régulièrement des difficultés à s'endormir, pourquoi ne pas recourir à des remèdes naturels à base de plantes ? Vous pouvez ainsi instaurer une nouvelle étape dans votre rituel du soir : proposez une tisane à base de tilleul, verveine, passiflore ou mélisse en hiver, ou ajoutez une cuillerée à soupe d'eau de fleur d'oranger ou de camomille dans un verre d'eau en été ! Leurs vertus relaxantes sont connues depuis l'Antiquité, sur de courtes périodes cela permettra de rétablir en douceur de saines habitudes.

Pour en savoir plus sur les remèdes naturels et leur emploi, voir p. 255.

Un dîner qui favorise le sommeil

Peut-être l'ignorez-vous mais certaines habitudes alimentaires peuvent être responsables d'insomnies et de réveils nocturnes. D'autres vont au contraire favoriser l'endormissement et contribuer à la qualité du sommeil. Ce que vous inscrivez au menu du dîner de vos enfants est donc de la plus haute importance pour qu'ils profitent au mieux d'une belle nuit de repos.

Tout au long de la journée, le cerveau libère des substances chimiques appelées « neurotransmetteurs », qui agissent sur notre organisme et sur notre humeur. Or, la production de ces neurotransmetteurs est influencée par les nutriments contenus dans les aliments que nous consommons. Le matin, par exemple, la caféine absorbée au petit déjeuner fait grimper notre taux de cortisol (l'hormone du stress), mais elle accélère aussi la production de dopamine (l'hormone du bonheur), qui nous rend plus dynamique au réveil et dont la sécrétion est également stimulée par la lumière du jour.

Quant à la mélatonine, la fameuse hormone du sommeil, elle est sécrétée naturellement par l'organisme en l'absence de lumière, mais elle est aussi synthétisée à partir de la sérotonine, une autre hormone dont la production est stimulée par le tryptophane, un acide aminé essentiel qui se trouve en quantité importante dans les viandes et les poissons, mais aussi dans les protéines végétales, comme les légumineuses (lentilles, pois chiches, etc.), les graines (tournesol, courge, chia, etc.) ou les fruits oléagineux (amandes, noisettes, noix).

Pour accompagner la production de ces hormones – et favoriser ainsi le processus d'endormissement et un sommeil qui dure toute la nuit –, il faudra donc privilégier certains aliments.

✻ Misez sur les aliments naturellement riches en tryptophane, en évitant cependant les protéines animales (voir ci-dessous). Lentilles ou pois chiches pourront être accommodés chauds ou en salade, avec des légumes coupés en petits dés et parsemés de graines (sésame ou courge). Terminez le repas par une banane, une mangue, quelques morceaux d'ananas ou des dattes, également bien pourvus en tryptophane.

✻ Exceptionnellement, on peut proposer des protéines animales sous la forme de poissons gras (maquereau, sardine, saumon, flétan), parce qu'ils sont riches en oméga 3, qui favorise la production de sérotonine et limite le taux de cortisol.

✻ Les glucides à indice glycémique bas, autrement dit les « bons » sucres lents, participent eux aussi à la sécrétion de la sérotonine. Vous pouvez occasionnellement proposer des pommes de terre, mais préférez les céréales complètes: pâtes, riz ou pain, mais aussi, en petites portions, quinoa, boulgour, épeautre, millet, sarrasin ou semoule.

UNE JOURNÉE EN FAMILLE

✱ Veillez à ce que la portion des fruits et de légumes soit importante (au moins 50 % de l'assiette). Qu'ils soient crus ou cuits (soupe, gratin, poêlée), ils présentent également l'avantage de rassasier durablement grâce aux volumes de fibres qu'ils apportent. Une bonne option pour le soir.

Les aliments à éviter

✱ La viande, car les enfants en ont sans doute déjà mangé au déjeuner.

✱ Certains fruits et légumes comme le melon ou le chou, qui provoquent des ballonnements, mais aussi les graisses cuites (fritures, panures, sauces), très lourdes à digérer,

Pour en savoir plus sur les aliments qui veulent du bien à vos enfants, voir p. 229.

✱ Les aliments à indice glycémique élevé comme le riz ou le pain blanc, les desserts sucrés, les jus de fruits ou les fruits en conserves, les bonbons, etc. Ce sont des excitants et ils sont aussi probablement responsables de réveils nocturnes liés à des pics de glycémie difficiles à réguler.

L'heure du coucher

« Au lit ! » Pour que cette phrase ne sonne définitivement plus comme une sentence, voici deux dernières recommandations afin que les enfants aillent paisiblement s'endormir dans un nid douillet.

Un lit adapté pour respecter son autonomie

Il est communément admis que l'enfant doit dormir, jusqu'à trois ans, dans un lit à barreaux. Puis l'entrée à l'école marque le passage à un lit de grand à une place.

Deux questions s'imposent immédiatement. Comment voulez-vous qu'un tout-petit apprécie d'aller se coucher si son lit ressemble à une prison ? Avec de tels barreaux et pareille hauteur, on semble dire à l'enfant : « Je te place ici et tu n'en sortiras pas avant que je l'aie décidé ! » D'autre part, n'est-il pas étrange que, dans nos esprits d'adultes, tous les enfants franchissent un cap symbolique à trois ans précisément ? Du jour au lendemain, nous ne les traitons plus que comme des « grands » (?) en supprimant brutalement ce qui faisait d'eux jusqu'alors des « bébés ».

Opter pour un lit posé à même le sol vous évitera bien des tracas et des dépenses inutiles. L'image du matelas ou du sommier par terre vous choque peut-être, mais c'est un dispositif qui participe à la quête d'autonomie du jeune enfant et respecte son besoin fondamental de repos et de sommeil.

« Écoute-toi, écoute ton corps et ses besoins » : un lit au sol permet à l'enfant d'aller se reposer quand il le souhaite, quand il en ressent le besoin. « Lève-toi quand tu es reposé » : il participe aussi pleinement à son autonomie.

Vous craignez que votre enfant abuse d'une telle indépendance ? Si cette disposition est proposée à l'enfant dès ses premiers mois, l'idée ne lui viendra même pas de quitter son lit. Si elle est faite plus tard, après l'usage du lit à barreaux, parlez avec lui pour lui rappeler que le sommeil est un besoin fondamental et présentez ce changement comme un véritable plus dans la relation de confiance que vous construisez avec lui. Après quelques essais, non seulement les couchers seront sans doute plus apaisés, mais les réveils deviendront aussi plus joyeux : les enfants peuvent très tôt vaquer à leurs occupations ou venir vous dire bonjour, sans vous réclamer en criant ni pleurer jusqu'à votre arrivée !

D'un point de vue pratique, faites en sorte que le lit soit assez large (90 cm). Si vous avez déjà fait l'expérience du co-dodo, vous savez qu'un enfant dort les bras écartés. En revanche, ne lui proposez pas un lit trop long par rapport à sa taille. Il vaut mieux changer tous les deux ans de matelas.

Réalisez un lit en cuvette, avec un dosseret et des bords surélevés : les enfants se sentent ainsi en sécurité. Si vous les avez regardés dormir, vous avez forcément remarqué leur besoin de se coller la tête et le dos contre les parois du lit. Pour ce faire, vous pouvez utiliser plusieurs carrés de mousse dense découpés en biseau, disposés autour du matelas et recouverts d'un tissu doux, ou bien coudre, à l'aide de quelques points, de petits boudins ou traversins à chaque bord du matelas. Le drap-housse viendra naturellement recouvrir l'ensemble,

N'oubliez pas de disposer à proximité du lit une lampe de chevet que l'enfant peut allumer facilement, avec une ampoule de faible intensité pour ne pas l'éblouir. L'enfant doit pouvoir faire cesser l'obscurité quand il le souhaite. C'est une manière d'en avoir moins peur.

L'histoire du soir

Certains parents y prennent un réel plaisir quand d'autres rechignent à l'exercice, mais je ne connais pas d'enfants qui ne la réclament régulièrement ! Si l'on peut accéder à cette demande avec plaisir, les bénéfices à en tirer sont nombreux. Des études ont prouvé que l'histoire du soir favorisait (assez logiquement) l'amour des livres, donc, potentiellement, l'apprentissage de la lecture chez les enfants.

Mais les bienfaits de cette pratique séculaire vont bien au-delà. De tout temps, les hommes se sont réunis à la nuit tombée pour se partager des croyances, se raconter des légendes ou des contes terrifiants, faire revivre leurs exploits.

Tout comme pour nos ancêtres, le rituel de l'histoire du soir va d'abord renforcer le lien d'appartenance et le lien d'attachement (comme toutes les activités et habitudes pratiquées ensemble). Il va aussi sécuriser les enfants à cette heure si particulière qu'est la tombée de la nuit, souvent vécue avec un peu d'angoisse.

Il s'agit d'ailleurs de considérer cette pratique comme une transition permettant de clore la journée et ses activités très concrètes, pour laisser la place à l'imaginaire et aux rêves.

Écouter une histoire (plutôt que de la suivre, déjà animée) favorise l'imagination et la création d'images mentales, nécessaires au bon fonctionnement de la pensée. Elles permettent aussi à l'enfant de se confronter à des situations angoissantes ou douloureuses (la jalousie, la douleur, la tristesse, la peur, la colère, la méchanceté, la mort, etc.), dans un contexte où il se sent en sécurité. Toutes proportions gardées, le plaisir ressenti à ce moment-là peut s'assimiler à celui que nous prenons en lisant un bon polar ou en regardant un film à suspense dans le confort douillet de notre canapé !

Parce qu'il va s'identifier aux personnages et reconnaître certaines des émotions qu'ils manifestent, ces lectures peuvent lui permettre de dépasser ses propres difficultés et l'aider à grandir.

Profitez de ce rituel pour lui proposer, de temps en temps, des livres dont les thématiques « collent » à ses préoccupations quotidiennes, comme la peur du chien de la voisine, les disputes en frères et sœurs ou les colères qui le submergent. On dit que la nuit porte conseil. Le sommeil qui suit l'histoire du soir – et l'échange qu'elle provoque – saura sans doute aider l'enfant à mieux comprendre le monde dans lequel il évolue ou ses propres réactions.

Notre tour du cadran est ici presque achevé. Après une journée riche en découvertes, l'enfant aura pu retrouver le cocon familial, intégré les expériences vécues dans la journée, partagé quelques moments de complicité en famille… Étape par étape, il va glisser vers un état de détente propice à un sommeil réparateur. Histoire de recommencer une nouvelle journée, plein d'énergie !

CE DONT VOUS AUREZ BESOIN POUR DES SOIRÉES APAISÉES

DANS LA CHAMBRE

En plus de l'aménagement préconisé pour des matins qui chantent :
• des cartes rituels détaillant chaque étape de préparation,
• un pyjama facilement accessible,
• des couches ou des sous-vêtements,
• un lit au sol, une lampe de chevet à faible intensité lumineuse.

DANS LA SALLE DE BAIN

En plus de l'aménagement préconisé pour des matins qui chantent :
• des produits lavants décontractants, relaxants, doux,
• des huiles de massage et des huiles essentielles,
• un panier de linge sale clairement identifié, avec au besoin une distinction précise des bacs blanc et couleur.

DANS L'ENTRÉE

Voir l'aménagement préconisé pour des matins qui chantent.

AILLEURS

• de la lumière tamisée,
• une bonne tisane ou une boisson calmante,
• de la pâte à modeler, du coloriage, des jeux calmes,
• une séance de yoga, de méditation ou de respiration consciente,
• du silence, de la musique douce, des histoires audio, des livres.

QUELLES TÂCHES À QUEL ÂGE ?

DÈS 2 ANS
- Enlever et ranger ses chaussures.
- Accrocher son manteau et ranger ses accessoires.
- Se laver le corps.
- Mettre ses vêtements dans le panier de linge sale.
- Aller chercher son pyjama ou sa tenue d'intérieur.
- Se débarbouiller avec une lingette.
- Se laver les mains consciencieusement.
- Commencer à utiliser la brosse à dents.

DÈS 3 ANS
- Enlever la totalité de ses vêtements.
- Enfiler seul son pyjama ou sa tenue d'intérieur.
- S'essorer les cheveux et se peigner après le bain.
- Se laver les dents efficacement.
- Participer à la fabrication des produits de bain maison.
- Sortir les jouets du bain et les ranger à leur place.

DÈS 4 ANS
- Plier et ranger ses vêtements.
- Plier les serviettes de bain.
- Se laver les cheveux.
- Préparer le bain (produit + température de l'eau).

À 5 ANS
- Se sécher les cheveux.

POUR MIEUX VIVRE TOUS ENSEMBLE

Vivre avec ceux que l'on aime le plus au monde, c'est formidable… et parfois aussi terriblement agaçant ! Dans un quotidien mené à cent à l'heure, où les personnalités et les envies diffèrent, nous avons pas mal de raisons de râler, grogner, crier, bouder, nous disputer. Mais nous en avons tout autant de sourire, aimer, rire, discuter, blaguer. Il faut juste pouvoir faire pencher la balance du bon côté *le plus souvent possible* !

Des règles plutôt que des interdits

Quand les enfants sont petits, nous passons beaucoup de temps à leur répéter inlassablement les mêmes phrases : « Range ce dont tu t'es servi », « Prête tes jouets », « Ne crie pas », « Tu m'écoutes ? » « Ne sois pas si impatient »… Vous avez très probablement en tête la liste des choses interdites ou « obligatoires » dans votre foyer, héritée de votre éducation et forgée sur la base de vos convictions. Mais est-ce le cas de votre enfant ? Probablement pas !

Pourquoi ne pas établir solennellement et en commun les règles de vie de votre tribu ? Ces règles pourraient reprendre les « grands interdits qu'on prononce trop vite » traduits avec des termes positifs (c'est-à-dire sans « ne… pas ») et promouvoir également les valeurs qui vous sont chères !

Ce dispositif aura d'autant plus de poids, d'écoute et de respect qu'il aura été construit avec tous les membres de la tribu. Car impliquer les enfants, leur demander : « Et toi, quelles règles voudrais-tu inscrire dans cette liste ? », c'est leur accorder une place à part entière dans la famille (ne vous inquiétez pas, ils ont souvent un sens moral très aigu) et leur montrer que les règles qui régissent la vie des plus petits n'émanent pas TOUJOURS des adultes. C'est aussi leur faire comprendre indirectement en quoi le respect des règles communes est important pour le bien-être de chacun.

Enfin, recourir aux règles de la tribu lors des conflits ou des petits agacements du quotidien vous évitera d'entrer dans de longues discussions gourmandes en temps et en énergie : « On ne fait pas ça, tu te souviens, c'est la règle ! »

Pour obtenir l'effet escompté, il vaut mieux choisir un moment de vie commune plutôt agréable et sans conflit pour établir ces règles.

Avant de passer à l'acte

Lorsque vous convoquerez votre tribu, vous serez étonné de voir comme les enfants vont être force de proposition : ils connaissent très bien ce que l'on peut/doit faire et ce qui n'est pas correct. Néanmoins, pour être sûr de ne pas oublier des « commandements » essentiels ou pour trouver les formulations les plus justes (et sortir des sempiternels « interdits de… »), nous vous conseillons d'établir d'abord, vous les parents, votre liste « idéale ». Réfléchissez également aux valeurs que vous souhaitez promouvoir : il faut certes des interdits, mais aussi des valeurs positives pour que tout le monde adhère !

Au travail !

Vous êtes prêts ? Invitez votre tribu à s'asseoir autour de la table ! Expliquez à tous qu'établir des règles de vie commune doit permettre de mieux vivre ensemble. C'est une démarche positive, pas une annonce préalable de sanctions possibles ! À tour de rôle, demandez à chacun quelle règle il aimerait inscrire – commencez par en citer une vous-même ou mettez les enfants sur la piste des règles que vous souhaitez inscrire, sans dépasser une demi-douzaine de grands principes. Voici quelques propositions pour vous inspirer.

Quelques règles/valeurs à aborder avec les plus grands

✳ La tolérance. → *C'est important pour avoir des relations enrichissantes avec les autres.*

✳ La propreté. → *C'est me respecter moi-même, respecter les autres et respecter l'endroit où nous vivons.*

✳ L'honnêteté. → *C'est capital pour qu'on puisse tous se faire confiance.*

✳ La politesse. → *C'est super pour être écouté et avoir de bonnes relations avec les autres (bonjour, s'il te plaît, merci, au revoir, ne pas couper la parole).*

✳ L'écoute. → *C'est regarder dans les yeux quand on me parle et répondre brièvement pour dire que j'ai entendu.*

✳ La générosité. → *C'est partager avec les autres pour passer de meilleurs moments encore.*

Quelques règles/valeurs à aborder avec les plus petits

Avec eux, utilisez la première personne du singulier pour qu'ils s'incluent dans la règle et faites preuve d'humour !

✳ « Je ne demande pas où c'est, si je n'ai pas cherché ! »

✳ « Je ne dis pas "J'ai soif" mais "Ma petite mamounette chérie d'amour, je peux avoir un verre d'eau s'il te plaît" ? »

✳ « Je ne mange pas avec mes doigts. Ou alors uniquement mes frites. Et pas celles de mon frère ! »

✳ « Je ne coupe pas la parole, sauf si on est attaqué par un dragon ! »

Faites ensemble une relecture des règles choisies en famille pour vous assurer qu'elles sont bien comprises et pour vérifier qu'elles conviennent à tout le monde, puis recopiez-les au calme, d'une jolie écriture et à l'aide de pictogrammes pour réaliser une belle affiche. Idéalement, les enfants peuvent participer activement à cette étape.

Pour finir, rassemblez une nouvelle fois votre tribu pour lui présenter et relire l'affiche des règles de la maison. Solennellement, faites signer chaque membre (avec un stylo pour ceux qui savent écrire ou en apposant l'empreinte d'un doigt pour les plus jeunes, ce sera plus drôle).

Puis affichez-la dans un endroit bien en vue (sur le réfrigérateur, dans l'entrée, etc.). Au besoin, faites-en plusieurs photocopies. Et revenez-y régulièrement pour chaque action, bonne ou mauvaise, au quotidien !

Et si on faisait un peu plus attention à ce que l'on dit ?

Tentez l'expérience suivante. À un moment où vous êtes très décontracté, allez dans un parc ou dans un magasin de vêtements pour enfants et écoutez attentivement. Que de consignes, directives, injonctions, sommations, interdictions, ultimatums et autres phrases négatives (avec «ne pas») ou formulées à l'impératif ! En tant qu'adulte, nous n'en supporterions pas le quart… et n'oserions d'ailleurs pas non plus le faire vivre à quiconque d'autres que des enfants (si vous tentiez le coup avec votre collègue si énervant, il vous demanderait de vous calmer au bout de quelques minutes, non ? !)

Pour que la journée des enfants ne soit plus une litanie de phrases désagréables, il est urgent de revoir nos automatismes de langage. C'est assez simple et bien souvent plus proche de ce que nous souhaitons réellement leur dire. Alors pourquoi s'en priver ? Et vous verrez que c'est beaucoup plus efficace.

Ne va pas sur la route, c'est dangereux !

Attention, les enfants comprennent mal la négation. C'est ainsi que nos interdictions produisent généralement l'action inverse de celle que nous visions. Proposez des alternatives positives pour que l'enfant intègre véritablement la consigne : «Sur le trottoir, tu es en sécurité.» Sur le même modèle, apprenons à reformuler de manière positive nos phrases commençant par «Arrête !» (au lieu de : «Arrête de taper», dites plutôt : «Les petites mains sont faites pour travailler ou caresser»)

Moins de bruit !

Exprimez vos besoins de façon sincère et ferme, et vos enfants développeront de l'empathie : «J'ai eu une journée très fatigante», «J'ai mal à la tête », «J'ai besoin de me concentrer (pour lire…) », «J'ai envie d'un moment de repos», «Je souhaite que vous jouiez calmement. »

Attention, tu vas tomber !

Avouez que, neuf fois sur dix, il ne se passe rien. Si ce n'est qu'une consigne négative entraîne une image négative dans la tête de l'enfant et le conduit souvent droit vers l'échec (ça marche aussi avec «Attention, ça va casser !»). Si la situation présente un risque ou que votre crainte est trop grande, approchez-vous pour l'exprimer et demandez à l'enfant s'il a une solution pour sécuriser son action. Accompagner sans assister permet à l'enfant de prendre confiance en ses capacités.

Dépêche-toi !

Les enfants n'ont pas la notion du temps. Donnez des directives simples (un mot suffit), une perspective, et continuez à vous préparer. C'est le meilleur moyen pour qu'il passe à l'action : «Chaussures, manteaux ! Nous partons dans cinq minutes pour l'école ! »

C'est rien, ça va…

Lorsqu'un enfant tombe ou se cogne, un drôle de réflexe nous conduit souvent à minimiser sa douleur ou sa peur pour faire taire notre inquiétude de parent. Aidons-le plutôt à exprimer de manière juste son ressenti physique et psychologique : «Tu as eu peur ? Tu as mal ? Tu veux me montrer ta blessure pour qu'on la soigne ? »

N'aie pas peur !

La peur est irrationnelle. Inutile de la nier ! Il s'agit à la fois de sécuriser immédiatement l'enfant («Mets-toi à côté de moi, je te protège »), puis de lui faire raconter en détail la scène telle qu'il la vit pour la dédramatiser.

Que tu es maladroit !

Croyez bien que votre enfant s'est immédiatement aperçu que son geste n'était pas bien exécuté et il en est d'autant plus embêté que ce sont ses compétences qui sont mises à mal. Au lieu d'insister de manière néga-tive, constatez simplement les faits et incitez l'enfant à réparer ses mala-dresses en le lançant dans l'action par une question ouverte : « Je vois de l'eau sur la table ! De quoi as-tu besoin pour nettoyer ? » Et rappelez-vous que plus il essaiera, plus vite il réussira à verser de l'eau dans un verre sans faire tomber une seule goutte à côté !

Arrête ce caprice immédiatement !

Désolée, mais personne ne vous entend ! Votre enfant n'en est plus capable, car il est visiblement en pleine tempête émotionnelle. Laissez l'émotion sortir, c'est sain. Assurez-le simplement de votre présence, montrez-vous empathique (une main sur l'épaule ou un regard peuvent suffire) et petit à petit posez des mots pour exprimer ce que l'enfant ressent.

On va dans le bain ?

Réfléchissez à cette formulation. Est-ce vraiment une question que vous posez à votre enfant ? Avez-vous *réellement* l'intention de l'accompagner dans l'eau ? Non ? Alors exprimez clairement votre demande : « Tu as besoin d'un bain ce soir ! Je fais couler l'eau pendant que tu te désha-billes tout seul. »

Si tu ranges ta chambre, on ira au parc !

À remplacer systématiquement par une formulation comme : « Dès que… *(tu auras rangé ta chambre, lavé tes dents, etc.)*, nous… *(irons au parc, lirons une histoire)*». Vous éliminez ainsi la notion de chantage et vous invitez l'enfant à se responsabiliser.

Ne touche pas ça, c'est fragile !

Les petites mains sont faites pour explorer, c'est ainsi que l'intelligence de votre enfant se construit. Alors, n'entravez pas son développement ! Montrez-lui comment manipuler délicatement un objet fragile et placez hors de sa portée les bibelots auxquels vous tenez particulièrement !

Ce n'est pas beau de rapporter !

Quand un enfant vous raconte ce qu'un autre enfant a fait, il cherche peut-être à connaître votre avis mais surtout à se forger ses propres convictions. Laissez-le faire, car il construit son sens moral ! « C'est une drôle d'histoire que tu me racontes là. Et toi, qu'en penses-tu ? »

Cette liste n'est pas exhaustive, bien sûr, mais vous donne l'état d'esprit… et quelques pistes que vous pourrez adapter en toutes circonstances. Et en cas de doute ou de manque d'inspiration, imaginez que vous ne parlez pas à votre enfant mais à un invité dans votre maison… Lui parleriez-vous comme cela ? Comment reformuleriez-vous ? Des mots respectueux et justes ne produisent souvent pas moins d'effet, loin de là…

Frictions du quotidien ou grosses crises émotionnelles

D'où naissent les frictions du quotidien ? D'une opposition entre des besoins / envies différents : votre enfant veut rester au parc et vous avez mille choses à faire à la maison, vous aimeriez pouvoir lire tranquillement et il veut jouer avec vous, c'est le soir du bain et il a envie de se reposer, etc. S'il est nécessaire de sortir du rapport dominant-dominé, où seul les besoins et envies de l'adulte comptent, il n'est pas question de laisser l'enfant décider de tout ! Il incombe donc au parent de reconnaître les moments où les envies divergent et d'exprimer avec authenticité et respect les décisions prises, qu'elles soient en faveur de l'un ou de l'autre. Voyons à travers des exemples concrets les différentes manières de vivre ces moments, de la petite friction à la grosse crise.

Niveau 1 : la petite friction du quotidien

Lundi matin, 8 h 07. La préparation de la famille a été laborieuse et ponctuée de quelques accros. Vous êtes déjà en retard pour vous rendre au travail et passablement irrité. Heureusement, il ne reste plus qu'à enfiler vestes et manteaux pour sortir. Vous jetez un œil dehors. Ce mois de novembre est très froid, la gelée recouvre la pelouse, vous demandez à votre enfant de mettre son manteau. Il continue de faire des roulades sur le tapis de sa chambre. Vous répétez la consigne en préparant votre sac pour sortir. Il ne répond pas et continue sa gym matinale. Parentalité bienveillante ou pas, il est sérieusement urgent de trouver un terrain d'entente et de sortir de la maison ! Il y a généralement deux réactions (totalement opposées) à cette situation, toutes deux assez peu efficaces au demeurant…

✷ Répéter, répéter, répéter encore, argumenter, crier, menacer, puis attraper *manu militari* l'enfant et essayer de lui enfiler de force son manteau en l'accablant de reproches qui le dévalorisent ou expriment votre déception. Résultat : vous êtes tous les deux en situation d'échec… et vous venez sans doute de majorer votre retard d'une bonne vingtaine de minutes !

✷ Constater simplement que cette colère qui monte doucement en vous est le signe que quelque chose ne fonctionne pas dans ce que vous faites. Alors que vous êtes en retard, vous êtes en train de perdre votre temps et de gaspiller votre énergie.

Il est temps de changer de stratégie. Accordez-vous trente secondes pour vous poser quelques questions.

Avez-vous posé clairement votre question et êtes-vous certain d'avoir été entendu ?

On communique trop souvent dans le vide ! Les fins de phrases montantes (laissant supposer qu'on pose une question), l'utilisation intempestive du « on » (« ON va mettre ton manteau ? »), les multiples répétitions (qui finissent par ne plus être entendues), les ordres directifs (auxquels on n'a pas envie de se soumettre) sont autant de propos courants… et contre-productifs !

Pour communiquer, on se met au niveau de l'enfant, on le regarde dans les yeux, on attend d'avoir son attention et on fait une demande brève, ferme, amicale – comme on le fera avec un autre adulte qu'on connaît bien.

POUR MIEUX VIVRE TOUS ENSEMBLE

L'enfant ne vous entend pas car ses besoins fondamentaux ne sont pas comblés

Faim, soif, sommeil : votre enfant a-t-il assez dormi et mangé ? Si non, il est probablement temps de revoir votre rituel du matin.

Si oui, reste le besoin d'affection. En y repensant, peut-être constaterez-vous que, ce matin, votre enfant a râlé sur tout et n'a pas du tout coopéré. Il est grand temps de se reconnecter ! Faites quelques roulades avec lui, une petite bataille au sol ou un câlin pour remplir son réservoir émotionnel et combler son besoin d'attention et d'affection.

EN APARTÉ

QUID DU DÉCOMPTE, DE LA MENACE ET DE LA PUNITION ?

J'aime beaucoup ce qu'en dit Jesper Juul* : «Le problème quand on introduit des conséquences dans les relations avec les enfants, comme si on installait un satellite de communication, cela revient à dire en même temps : "Désormais, j'ai abandonné l'idée de te faire prendre ma personne au sérieux, alors je la remplace par une conséquence que tu prendras, j'espère, plus sérieusement, et envers laquelle tu auras plus de respect que tu n'en as pour moi." Si ce n'est pas une capitulation, c'est en tout cas s'engager sur une pente dangereuse sur laquelle il faudra régulièrement inventer de nouvelles conséquences, de plus en plus radicales, pour être à la hauteur du manque de respect grandissant des enfants.»

Thérapeute familial danois, Jesper Juul est l'auteur d'une vingtaine d'ouvrages sur l'éducation dans lesquels il pose les bases d'une nouvelle relation aux enfants, empreinte de tolérance et de bienveillance.

Utilisez le joker humour !

Voilà une technique magique pour obtenir immédiatement une écoute attentive de la part des enfants. Le rire, libérateur, permet de ramener tout le monde à de meilleures dispositions ! Mais sur le coup, ce n'est pas toujours évident de faire appel à un ressort comique. Gardez donc en tête quelques techniques simples.

✱ Faites entrer en scène un personnage farfelu (Donald, Mme Doubtfire, un présentateur du journal télévisé ou un commentateur sportif) ou prenez une voix rigolote. « Et je vois notre petit Bastien qui réalise une triple pirouette et qui s'élance dans une série de cloche-pied particulièrement périlleuse vers l'entrée. Le parcours est un sans faute, il ne lui reste plus qu'à enfiler son costume. Va-t-il réussir à passer les deux manches en même temps ? »

✱ Vous pouvez aussi inventer des scénarios improbables. Par exemple, endosser le rôle d'un chasseur de microbes les soirs de bain, jouer l'explorateur qui découvre une jungle hostile et dangereuse au moment de ranger la chambre, être le vétérinaire qui brosse les dents d'un crocodile terrifiant ayant déjà croqué un hippopotame et une autruche et dont on découvre les restes entre deux quenottes, etc.

✱ Osez faire le contraire de ce que vous attendez de vos enfants pour créer un décalage ! Il s'apprête à quitter la maison sans son manteau ? Sortez son maillot de bain et demandez-lui : « Tu n'aurais pas oublié quelque chose ce matin ? » Selon les circonstances, enfilez des chaussettes sur ses mains, posez un caleçon sur sa tête, faites semblant de brosser vos cheveux ou vos dessous de bras avec la brosse à dents, interdisez-lui fermement de piquer des haricots verts dans votre assiette.

✱ Utilisez des médiateurs. Par exemple, un sablier, un timer ou une chanson pour vous lancer dans une sorte de course contre la montre : « À la fin de la chanson, tout le monde doit être habillé », « Quand le timer du téléphone bipera, il sera temps de partir », « Attention, soyez prêt avant que le sablier ne soit écoulé ».

✱ Vous pouvez également faire parler des objets : « "Non, non, ne m'oublie pas", disent les chaussures. "Et moi, et moi ? Ne me laissez pas tout seul !" implore le manteau ».

L'enfant persiste dans son refus

Comprenez qu'il ne vous dit pas NON à vous, il écoute simplement ses besoins à l'instant T. Il a fait des roulades dans la maison et il a chaud. Mettre un manteau ? Pour quoi faire ? Il n'a pas non plus la capacité d'un adulte à comprendre les phénomènes météorologiques qui se trament à l'extérieur ! Prenez le manteau sous le bras, il le mettra dès qu'il sera dehors et qu'il ressentira le froid.

Ou alors il exprime là son besoin de mouvements. Proposez-lui alors de faire la course jusqu'à l'école. Cela devrait le motiver.

> **EN APARTÉ**
>
> ### NOMMER SES ÉMOTIONS
> ### POUR MIEUX EXPRIMER SES RESSENTIS
>
> « Quand l'adulte propose des mots et demande [à l'enfant] s'il est d'accord avec ceux-ci, il l'aide à prendre conscience de ce qu'il vit : "As-tu peur ? Te sens-tu en colère ? Est-ce bien cela ?" Et l'enfant confirme ou non son ressenti. Si l'adulte adopte ce langage avec l'enfant, celui-ci fera de même en grandissant et exprimera de mieux en mieux ses ressentis. Il acquerra alors une intelligence émotionnelle indispensable pour réguler ses émotions et créer des relations harmonieuses avec les autres. » (Catherine Gueguen, *Pour une enfance heureuse.*)

Dans tous les cas de figure, n'entendez pas derrière le NON d'un enfant une volonté de vous embêter ou un rejet du pouvoir des adultes. Les crises d'opposition n'existent probablement pas. Il s'agit seulement, pour les enfants, de développer leur intégrité et d'éprouver leurs besoins, leurs envies, leurs émotions. C'est une étape de construction capitale !

Vous avez la capacité d'exprimer clairement et précisément vos besoins et vos limites

Ne vous en privez pas. Un refus ou l'exposé d'une limite ne sont ni humiliants ni dégradants s'ils sont exprimés avec un ressenti personnel et de manière franche.

Nous détestons être en conflit avec nos enfants et nous voudrions les convaincre du bien-fondé de notre position. C'est absurde ! Ce dont l'enfant a le plus besoin, c'est d'un leadership. Avoir envie de quitter la maison à l'heure ou de faire des roulades sont tout aussi légitimes, mais votre avis de parent prévaut. Inutile pour cela d'en débattre longuement avec l'enfant ni de chercher à obtenir son accord (« Je vois que tu t'amuses bien à faire des roulades mais je ne veux pas être en retard pour mon travail. Il est temps que l'on parte »).

Ne perdez jamais de vue que, en tant qu'adulte, vous portez la responsabilité de la décision et de la communication. Et c'est valable pour de nombreuses situations de la vie quotidienne : « J'entends que tu aimerais un biscuit. Mais on mange dans un instant, je ne veux pas que tu en manges un maintenant », « Je n'aime pas que tu quittes le salon en laissant tes jeux éparpillés sur le sol, je veux que tu les remettes à leur place » « Je veux bien te lire une histoire dans dix minutes, quand j'aurais fini ma conversation téléphonique ».

Si vous adoptez avec l'enfant un mode de communication franc, respectueux et personnel (« Je veux », « J'ai besoin », « J'estime », etc.), il obtempérera le plus souvent, avec plaisir de surcroît. Et quelques fois non. Comme tout être humain !

Niveau 2 : lorsque l'enfant est en crise

Quelquefois, vos tentatives ne sauront pas empêcher votre enfant d'entrer dans une véritable tempête émotionnelle, avec cris, pleurs, tentatives de se faire mal, de vous faire mal (par des mots ou par des actes) ou de casser des objets.

Entre deux et cinq ans, ces crises surviennent dans toutes les familles. Et c'est bien normal, car les enfants ne sont pas capables de traiter autrement les émotions fortes. Comme le rappelle la pédiatre Catherine Gueguen : « L'enfant petit n'est pas encore capable de comprendre réellement ce qui se passe en lui, ni de le nommer. Il n'a pas encore les capacités pour réaliser et mettre des mots sur ses émotions et sentiments. Il ne peut calmer son amygdale[1]. »

Ces crises violentes ne sont donc ni un « caprice » ni une « méchante colère », mais une étape normale de son développement. C'est sa manière, ponctuellement, de traiter ce qu'il peut ressentir comme une

---

1. Catherine Gueguen, *Pour une enfance heureuse : repenser l'éducation à la lumière des dernières découvertes sur le cerveau*, Pocket, 2015.

injustice, une impuissance, de la tristesse, de la colère, mais aussi un trop-plein d'excitation, de joie, de sollicitation, etc.

Apprenez-lui à reconnaître les émotions

Si vous souhaitez véritablement endiguer ces crises et aider votre enfant à mieux les gérer, il est très important que vous, parent, l'aidiez à reconnaître précisément les humeurs et émotions qui le traversent, quelles qu'elles soient. Dès son plus jeune âge, apprenez-lui ce que sont la tristesse, la colère, le dégoût, la honte, la peur, le plaisir, l'amour, la surprise, la joie, la gratitude, la culpabilité, l'inquiétude, etc. Efforcez-vous d'être le plus précis possible (situations, ressentis). De nombreux livres pour enfants peuvent vous aider dans cette voie (*Sam & Watson, plus forts que la colère*, de Guislaine Dulier ; *Grosse colère*, de Mireille d'Allancé ; *Le Livre en colère !* de Cédric Ramadier ; *Les Colères*, de Catherine Dolto). Vous pouvez aussi décrire vos propres émotions à haute voix devant votre enfant. Évitez cependant d'en parler en les qualifiant de « positives » ou « négatives », mais plutôt d'agréables ou désagréables : typiquement, la tristesse est une émotion nécessaire, même si elle est désagréable ; la qualifier de « négative » pourrait inciter l'enfant à la nier.

Apprenez-lui également que les émotions sont éphémères (contrairement aux sentiments), qu'elles nous permettent d'identifier nos besoins à un moment donné et de nous pousser à les satisfaire. C'est pourquoi il est très important d'apprendre à les reconnaître, les accueillir et les écouter : ce sont nos meilleures alliées pour agir de la façon la plus appropriée qui soit. Petit à petit, il sera capable à son tour de les identifier, de les appréhender.

Que pouvez-vous faire quand l'enfant est en crise ?

✱ Ne contenez pas la crise (« Arrête de pleurer »), ne la critiquez pas (« C'est ridicule de se mettre dans des états pareils »), ne la punissez pas (« Je t'interdis de faire une colère, file dans ta chambre »). Surtout, ne criez pas pour lui demander de se calmer, vous ne feriez qu'accroître ses pleurs et prolonger la crise. Comme le souligne Isabelle Filliozat : « Outre que le modèle que nous lui offrons n'est pas très inspirant, charger le corps de l'enfant d'adrénaline et de gluco-corticoïdes n'est pas la voie la plus évidente pour l'aider à s'apaiser[1] ! »

✱ Ne cherchez pas non plus à consoler immédiatement l'enfant comme s'il s'agissait d'un feu que l'on voudrait à éteindre. Cela reviendrait à nier ses émotions.

✱ Considérez à l'inverse que c'est sain – même si cela vous est très désagréable. Il décharge son stress auprès de la personne en qui il a le plus confiance, son parent. Vous aurez d'autant plus envie de l'aider à passer ce cap difficile.

✱ Lors d'une tempête émotionnelle, l'enfant nous informe, comme il le peut, que quelque chose ne lui convient pas, qu'il se trouve dans une situation d'inconfort. Ne confondez pas conflit, colère, agressivité et violence. S'il ne porte pas atteinte à votre intégrité, laissez-le s'exprimer. Comme le dit Haïm Ginott : « Toutes les émotions sont légitimes, mais tous les comportements ne sont pas acceptables[2]. »

✱ N'oubliez pas que ce stress peut être une réaction immédiate à un événement, mais peut aussi une explosion liée à plusieurs événements qui se sont déroulés auparavant. Catherine Dumonteil-Kremer l'explique très bien avec le « syndrome du biscuit brisé » qui nous énerve tant ! « Votre bambin a passé une journée exécrable à la crèche, ou bien il a été malmené par un autre enfant au jardin public de votre quartier, il a eu toutes sortes de sensations désagréables, et tout à coup il se rend compte que le biscuit que vous lui tendez est cassé en deux. Il entre en crise de rage. Il évacue tout le paquet de tensions qu'il a accumulé. C'est un travail vraiment important[3]. »

✱ Au moment où la crise éclate, la meilleure façon de l'aider consiste donc à entrer dans une attitude d'empathie totale et sincère et à verbaliser ce qu'il ressent : « Tu sembles en colère/furieux/frustré/vexé... » Contextualisez : « Tu avais très envie d'une glace/de rester au parc/de

---

1. Isabelle Filliozat, *Il me cherche ! Comprendre ce qui se passe dans son cerveau entre 6 et 11 ans*, Marabout Poche, 2016.
2. Haïm Ginott, *Entre parent et enfant*, L'Atelier des parents, 2013.
3. Catherine Dumonteil-Kremer, *Élever son enfant... autrement*, La Plage, 2016.

EN APARTÉ

QUE PENSER DU « TIME-OUT » ?

Si la parentalité positive récuse les coups, cris et punitions, elle promeut la technique du « time-out », c'est-à-dire de la mise à l'écart temporaire (« Va dans ta chambre le temps que tu te calmes »). Super-Nany en a fait une technique à part entière : trois minutes seul dans sa chambre pour un enfant de trois ans, quatre minutes pour une enfant de quatre ans, etc. Pourtant, on oublie deux choses capitales.

D'abord que le « time-out » est un relooking d'une méthode vieille comme le monde qui vise en définitive à exclure un individu de la communauté. Ce qui est humiliant. Et c'est toujours une décision unilatérale, dans laquelle les parents manifestent leur toute-puissance. Elle porte atteinte à l'intégrité de l'enfant.

Ensuite que l'enfant est incapable de comprendre le sens véritable de cette sanction ! Est-ce son action qui est sanctionnée ou lui-même ? Est-il sanctionné pour ce qu'il a fait ou pour ce qu'il est ? Car pour nous aussi, les limites se brouillent parfois. Par exemple quand, sous le coup de la colère, nous disons « Tu es méchant » plutôt que « Il n'est pas acceptable de taper », l'enfant est persuadé que c'est de SA faute si nous en sommes arrivés là. On abîme en lui l'estime de soi.

Et que croyez-vous que l'on apprenne lorsque l'on est au coin si ce n'est l'humiliation publique ? Que croyez-vous qu'un enfant de trois ans retienne quand on l'isole dans sa chambre parce qu'il a encore oublié son blouson au parc ? Rien.

Méditons ces paroles pleines de sagesse de Jeannette Toulemonde : « Soyez certain que la vie a bien plus d'imagination que vous pour faire vivre des épisodes désagréables mais quelques fois nécessaires à notre enfant ! Le but du parent sera alors d'accompagner mais en aucun cas d'interférer. Il faut savoir que lorsqu'un enfant se trouve face à la conséquence de son erreur et qu'il doit la supporter, il aura besoin pour en être capable d'une tendresse et d'un amour qui lui donneront la force de le faire lorsque le poids est lourd. »

cette petite voiture. » Vérifiez toujours vos hypothèses auprès de l'enfant : « C'est bien cela ? » Si vous ne trouvez pas, posez la question : « Je vois bien que tu es en colère. Mais que voulais-tu en fait ? » Car, nous dit encore Haïm Ginott, il a besoin d'être compris : « Quand les enfants se sentent compris, leur solitude et leur souffrance diminuent et leur amour pour leurs parents va en grandissant. La bienveillance d'un parent sert de premier secours émotionnel pour les sentiments douloureux. »

✳ La colère empêche de réfléchir et le simple fait de repenser à l'élément déclencheur l'alimente à nouveau. Aidez votre enfant à sortir de cette réponse instinctive. En lui faisant découvrir les besoins profonds (considération, reconnaissance) ou émotions (tristesse, sentiment d'injustice, déception, sentiment d'impuissance) qui se cachent derrière sa réaction, vous permettez à l'enfant de passer d'un état de colère à un état où il se sent triste, déçu, impuissant, démuni, etc. Aidez-le à accepter son état émotionnel : « Tu as le droit de pleurer, je suis là près de toi et je comprends ta peine. »

✳ Soyez en paix avec votre conscience de parent, c'est la seule manière de parler d'une voix douce, ferme, assurée, et d'adopter la juste posture face à votre enfant. Rappelez-vous qu'il est du devoir des parents de répondre aux besoins de leur enfant (sommeil, faim, soif, affection), mais que les désirs ne peuvent/doivent pas toujours être satisfaits. Ils participent au plaisir de la vie, en ce sens ils sont tout à fait entendables ! D'ailleurs, demandez à votre enfant pourquoi il a tellement envie de cet objet, ce qu'il en aurait fait, etc. Lui permettre d'en parler et l'écouter en silence permet de donner un peu vie à ces envies… donc de les calmer !

Niveau 3 : la claque, les mots qui font mal, les cris sont partis tout seuls !

Qu'importe l'enchaînement de circonstances ou l'état émotionnel qui nous a poussé à agir de la sorte, il est capital de comprendre ce qui se passe dans notre tête à ce moment-là pour nous prémunir de reproduire de tels gestes ou paroles.

EN APARTÉ

UN CHANGEMENT DE PARADIGME QUI FAIT RÉFLÉCHIR

Loin d'être un acte éducatif, tout coup porté aux fesses (par la main, le pied, un accessoire) doit être considéré comme un acte sexuel. Olivier Maurel, l'auteur de *La Fessée: questions sur la violence éducative*, explique que «la proximité des terminaisons nerveuses des organes sexuels et des fesses fait que les coups peuvent provoquer une excitation sexuelle suivie d'une fixation à vie entre les coups et l'orgasme: sans coups, plus d'orgasme». Envisagé sous cet angle, cela semble une évidence. Et notre geste d'autant plus repoussant vis-à-vis de nos enfants.

Lorsqu'un enfant est violenté ou humilié, son cerveau est chimiquement sidéré. Le parent étant la figure d'attachement, lorsque sa main – censée lui apporter affection et sécurité – se retourne contre l'enfant, ce dernier ne peut pas comprendre ce qu'il lui arrive. Son système nerveux ne peut pas supporter un tel niveau de stress: il anesthésie littéralement son cerveau à l'aide d'hormones (endorphines) et disjoncte en quelque sorte. La réaction est quelques fois si forte qu'elle peut donner un sentiment d'irréalité, de distance, faire croire qu'on ne ressent rien (physiquement ou psychologiquement). Mais l'émotion reste piégée dans le cerveau, l'expérience n'est pas traitée, purgée. Elle laissera une empreinte indélébile.

Une fois adulte, c'est ce souvenir (conscient ou inconscient) qui remonte à la surface: à la faveur de circonstances particulières, d'états émotionnels difficiles, la reproduction des schémas s'opère comme un automatisme. Voilà pourquoi, après de tels gestes ou de telles paroles, nous restons bien souvent sidérés. Tout comme nous avons pu l'être enfant. Oui, c'est vrai, c'est (presque) parti tout seul.

Comment éviter que ce « black-out » se reproduise ?

Commencez par comprendre les mécanismes qui peuvent s'opérer au niveau de votre cerveau et admettre que « les gifles et autres fessées que nos enfants subissent ont davantage pour origine nos blessures d'enfant qu'une quelconque bêtise commise », comme l'écrit très justement Isabelle Filliozat. C'est là un pas décisif. Revenez sur votre histoire personnelle et osez affronter vos blessures, c'est le seul remède pour vous en délivrer véritablement.

Cela ne vous empêchera pas d'éprouver de la colère dans certaines scènes du quotidien. Lorsque vous sentez que vous pourriez sortir de vos gonds, faites-en part à l'enfant : « Quand cela se passe comme ça entre nous, je ne sais pas quoi faire. Je sens que je deviens très en colère et je préfère qu'on fasse une pause, en silence. » Isolez-vous quelques instants (si cela inquiète l'enfant prétendez que vous allez aux toilettes), recentrez-vous et calmez-vous. Respirer et boire un verre d'eau peuvent aider à ramener le calme intérieur, repenser à son enfant lorsqu'il était bébé peut faire baisser l'animosité, rétablir empathie et attachement. Appelez votre conjoint pour qu'il échange avec vous et prenne au besoin le relais pendant un moment. Ou téléphonez à un ami.

Ce temps de calme vous est nécessaire pour prendre du recul et trouver une solution. Vous pouvez d'ailleurs impliquer l'enfant dans cette quête : « Peut-être as-tu une idée pour qu'on trouve une solution pour résoudre notre conflit ? » Il n'est pas rare que les enfants fassent d'eux-mêmes des propositions ou présentent des excuses si leur comportement était inapproprié.

Ayez enfin le courage d'expliquer posément à l'enfant : « *Quoi que tu fasses, quoi que tu dises*, PERSONNE n'a le droit de te taper, de mal te parler, de te manquer de respect, *pas même ton papa et ta maman.* » Le dire à l'enfant, ce n'est pas décharger sur lui la responsabilité de votre emportement, mais prendre acte vis-à-vis de lui que vous ne pouvez pas commettre de tels agissements. Vous pouvez compléter vos explications, utiliser des exemples, tout simplement exprimer ce que vous souhaitez lui inculquer : « Nous savons très bien, tous les deux, qu'il est interdit de faire du mal aux plus petits que soi. Au contraire on doit prendre soin d'eux, les protéger, les aider. C'est pourquoi la fessée est encore plus humiliante pour celui qui la donne que pour celui qui la reçoit. Il existe toujours un moyen respectueux de résoudre les conflits, il nous suffit de le chercher ensemble. »

Demandez pardon

Michèle Guez, spécialiste de la communication non violente, a une formule formidable : « Chaque fois que je me plante, je pousse ». Si vous avez un geste ou des paroles irrespectueuses, demandez pardon à l'enfant : « Ce geste/ces paroles ne sont pas acceptables. Il arrive que les parents fassent des erreurs, c'en est une très grave et je te demande sincèrement pardon. » Assumez pleinement votre responsabilité, car elle n'incombe qu'à vous seul. Quoi que l'enfant ait pu dire ou faire, vous étiez le seul adulte et vous auriez dû gérer autrement ce conflit.

✱ Reconnaissez sa souffrance physique ou psychologique : « J'ai du te faire peur/mal/te donner l'impression que je ne t'aimais plus… »

✱ Même si votre geste est injustifiable, vous pouvez lui expliquer ce qui a déclenché votre colère. Affirmez que vous avez conscience que ce n'est pas ainsi que l'on résout les conflits et cherchez peut-être ensemble une solution à votre problème initial.

✱ Demandez-lui s'il accepte de vous pardonner et de rétablir un contact physique (un câlin, une main sur l'épaule). Si ce n'est pas le cas, il a peut-être besoin de temps. Laissez-le alors revenir vers vous dès qu'il en sera capable.

✱ Enfin, prenez le temps, seul ou avec votre conjoint, de réfléchir à ce qui s'est passé. Reconstituez le déroulé précis des événements, identifiez les déclencheurs, décidez précisément de ce que vous souhaiteriez faire une autre fois dans une situation similaire. Cette expérience est certes un échec, mais elle constitue clairement une opportunité qu'il nous faut saisir pour devenir un meilleur parent.

Très important : si vous êtes bloqué dans ce processus et que vous répétez des actes de violence, si vous arrivez à les justifier (« Tu l'as pas volé, celle-là ! ») ou si vos gestes sont prémédités (« Tu vas prendre une fessée,

> ### EN APARTÉ
>
> ## LES MOTS, C'EST MOINS GRAVE ? NON !
>
> Toujours d'après les recherches d'Olivier Maurel et les témoignages qu'il a pu recueillir auprès de personnes violentées, «les coups, au bout d'un moment, je ne les sentais plus, mais les insultes de ma mère ou de mon père, elles sont toujours présentes». Certes, ces témoignages émanent de foyers où les actes de violence étaient répétés. Néanmoins on comprend aisément que balancer sous le coup de la colère: «Tu es nul, tu es un imbécile, tu n'arriveras jamais à rien» ou toutes autres paroles désobligeantes porte, tout autant qu'un coup, préjudice à l'intégrité de l'enfant. Ces mots peuvent même hypothéquer son devenir, car ils blessent son estime de soi. Alors, réfléchissons à deux fois avant de nous laisser aller à des paroles blessantes.

tu ne viendras pas dire que je ne t'avais pas prévenu!»), il est urgent et nécessaire de vous faire aider par des professionnels, pour votre enfant comme pour vous-même.

Avec les grands-parents

Ah, la belle pelote de laine que voilà! Les relations grands-parents/parents/enfants forment en effet un lien solide, doux, chaud, qui puise sa source depuis tellement longtemps qu'on n'en voit pas le commencement. Mais ce peut être également un imbroglio, une pelote qui gratte ou qui se met à faire pleins de nœuds!

Mon propos n'est pas d'analyser en détail ces relations mais de voir comment l'enfant, éduqué selon les principes de la parentalité positive, peut évoluer face à d'autres systèmes de valeurs, notamment ceux proposés par leurs grands-parents à une époque où ceux-ci jouent souvent un rôle important et sont très investis.

UNE JOURNÉE EN FAMILLE

Chaque génération vit son lot de moments de transmission formidables et de désaccords plus ou moins profonds, feutrés ou larvés. Le sujet est tout aussi passionnel qu'épineux et les enjeux dépassent souvent le cadre de l'enfant. Mais nous devons également comprendre que notre génération (de grands-parents, de parents et d'enfants) essuie les plâtres de situations inédites, avec lesquelles nous devons inventer une nouvelle manière d'être ensemble.

Aujourd'hui, la plupart des parents (notamment les femmes) travaillent à temps plein. Les structures de garde se sont multipliées et adaptées à ce rythme. Mais pour mener pleinement leurs activités profession-nelles ou simplement faire face aux seize semaines de vacances scolaires par an, les parents mettent souvent les grands-parents à contribution. Cette relation, qu'elle soit quotidienne (7 % en France) ou régulière (60 %), a tendance à tendre les relations. La garde des petits-enfants, autrefois occasionnelle (grandes vacances) ou encadrée par les parents (week-end ou visite) est passée du plaisir au besoin ! Et chacun déborde un peu de son rôle : les grands-parents profitent de cette relation de proximité pour jouer le rôle d'éducateur, au mépris de certaines règles mises en place par les parents, et donner leur avis sur tout. Et les parents leur demandent de respecter un cahier des charges assez strict (dates de garde, alimentation, activité, horaires de coucher, durée des siestes), parfois même très contraignant pour des personnes dont ce n'est pas le rôle, il faut bien avouer.

Par ailleurs, les grands-parents actuels n'ont plus rien de la Mamie Nova attachée à ses fourneaux ! Fringants, lookés, dynamiques, débordés par mille activités, portable ou tablette rivés au bout des doigts, ils préfèrent qu'on les appelle Nanouchka, Papyboom, que sais-je encore. Mais cette vision de pimpants grands-parents n'aurait-elle pas tendance à nous faire oublier qu'ils le sont devenus à un âge plus avancé que la généra-tion précédente ? Voilà bien longtemps qu'ils ne sont plus parents d'en-fants en bas âge. S'occuper des nôtres peut être éreintant pour eux à différents niveaux.

D'ailleurs, les papy-boomers et les mamie-boomers ont eu tôt fait de trouver un surnom à notre progéniture : les Chic-ouf. Comprenez :

«Chic, ils arrivent! Ouf, ils repartent!» Enfants du baby-boom, ils ont souvent croqué la vie à pleines dents. Désormais retraités, ils n'en restent pas moins la génération des jouisseurs! Comme pour beaucoup de choses, avec leurs petits-enfants, ce qu'ils veulent, c'est PRO-FI-TER. Ainsi, ils se réjouissent à l'avance de leur venue, préparant le programme des activités et autres jeux, les menus, etc. Ils peuvent aussi craquer financièrement pour des choses un peu exceptionnelles. En revanche, quand surgissent crises, colères, bouderies, excitations, refus, chamailleries, ce n'est plus leur truc! Et ils peuvent alors se laisser aller à des remarques ou comportements pas toujours en accord avec les principes de la parentalité positive… et avec vos principes de parent tout court!

Enfin, les parents inexpérimentés ont toujours été des proies faciles pour leurs aînés qui veulent «donner des conseils»: «Mais il n'est pas assez couvert, ce petit», «Laisse-le pleurer, il va finir par s'endormir», «Si tu cèdes, il va faire de toi ce qu'il veut!» Et c'est une ruse vieille comme le monde: pour mieux nous convaincre du bien-fondé de leurs conseils, nos parents sont souvent frappés d'amnésie. Il paraît que nous étions des enfants for-mi-dables! Nous avons fait nos nuits très vite, nous avons été propres très tôt, nous ne faisions jamais de caprices (enfin, pas comme ça!), nous faisions moins de manières à table, nous disions toujours bonjour et au revoir sans qu'on nous le rappelle, nous ne donnions pas notre avis sur tout et nous ne gesticulions pas autant. On saisit vite la figure de rhétorique sous-jacente: «Nous étions des parents formidables, tu devrais faire comme nous!» La mauvaise nouvelle, c'est qu'il est bien difficile de faire comprendre que notre époque, nos enfants et donc nos méthodes sont différentes! La bonne nouvelle, c'est que nous serons nous aussi frappés d'amnésie dans quelques années: «Des colères? jamais! Plusieurs réveils par nuit? mais pas du tout!»

Comment gérer cette relation?

Prendre le meilleur

La relation aux grands-parents est extrêmement importante. Si elle apporte de la jeunesse d'esprit, un regain énergie et des tonnes d'affection aux grands-parents, elle donne dans le même temps aux enfants une autre dimension de la famille. Avec ses grands-parents, l'enfant évolue dans une relation où il peut recevoir autant d'amour, de confiance, d'affection, de soutien que dans sa relation à ses propres parents. Et dans ce vaste monde, cette alternative d'amour le sécurise et lui permet d'évoluer avec confiance – notamment lorsque les jeunes parents se séparent.

Les grands-parents sont, bien sûr, les meilleurs relais de l'histoire familiale : entendre des histoires du « temps d'avant » subjuguent les enfants, qui découvrent ainsi leurs racines et comprennent mieux d'où ils viennent.

Chez les grands-parents, par ailleurs, le rythme est souvent moins soutenu qu'avec les parents et leur quotidien est ponctué de nombreux rituels (ou de vieilles habitudes) qui permettent à l'enfant de se poser et se reposer.

Enfin, les grands-parents offrent une formidable fenêtre de liberté aux enfants : la relation est souvent celle du plaisir, de la fantaisie, elle est dénuée du poids de l'éducation. Sur de nombreux sujets, n'ayons crainte de lâcher du lest : télévision, nourriture, cadeau, vêtements, l'exceptionnel ne fait pas le quotidien et l'enfant sait parfaitement faire la différence entre deux systèmes de fonctionnement différents.

Quelques interdits seulement, mais formels

En revanche, certaines règles doivent être scrupuleusement respectées. La fessée (même si « Ça n'a jamais tué personne »), l'humiliation (« Tu manges comme un vrai bébé »), les situations de peur (« Tu n'as quand même pas peur de ce petit chien ! »), la transmission de préceptes religieux ou d'opinions si ce ne sont pas les vôtres, de même que la remise en question de ce que vous venez de dire à votre enfant (lors des moments partagés) sont autant de points inacceptables, dont vous devez parler immédiatement avec les grands-parents. Il s'agit de votre enfant et de votre manière de l'éduquer, ce sont des points non négociables.

Et si la situation reste bloquée, n'hésitez pas à mettre un peu de distance pour prendre le temps de la réflexion et revenir à des rapports plus sains.

Ne cherchez pas à les convaincre

N'allez pas voir vos parents avec l'énergie de les convaincre que VOUS avez trouvé la bonne méthode éducative. Vous n'y arriverez pas. Mais l'inverse est également vrai. Car en matière d'éducation, les dogmes n'existent pas, en particulier lorsqu'on échange avec des personnes de générations différentes : la comparaison est impossible ! On parle d'époques différentes (n'ayons pas peur de le dire), où la norme dans les relations parents-enfants était différente, où les rôles – et donc les comportements de chacun – étaient différents.

Face aux remarques ou agissements qui agacent, faites gentiment comprendre à vos parents que vous ne pouvez pas être traité comme les frères et sœurs de vos propres enfants. Rappelez-leur que, lorsqu'ils sont devenus eux-mêmes parents, bons moments et conflits avec la génération précédente existaient également. Et qu'ils ont, tout comme vous, puisé dans leur héritage culturel ce qui leur plaisait et inventé autre chose avec leurs propres enfants !

Faites confiance à votre enfant

N'oubliez pas que ce sont VOS parents et que ce sont les GRANDS-PARENTS de votre enfant. Cela change tout !

Face à certaines phrases ou certains gestes qui impliquent nos enfants, notre grille de lecture se trouble : mais ce n'est pas la même histoire ! Les enfants ont une très bonne capacité d'adaptation, ils vivent souvent la situation avec beaucoup plus de recul que nous !

Vérifiez parfois avec l'intéressé (la version mini, hein !) : « Tu te souviens quand papi ou mamie t'a dit ça ?… Si j'avais été à ta place, moi j'aurais été vexé/peiné, etc. » C'est vrai, c'est votre ressenti – parlez-en simplement et brièvement. Si l'enfant corrobore, rectifiez le tir avec les grands-parents. Mais généralement, votre enfant vous dira le plus naturellement du monde : « Mais ça, c'est papi/mamie ! C'est son petit caractère/sa manière de me dire que mon comportement ne lui a pas plu ! »

Vous restez le référent de l'enfant. Vos paroles et vos actes ont plus de poids que de ceux quiconque. Alors soyez donc rassuré ! Et n'oubliez pas que dans la relation aux grands-parents, il est normal de vivre quelques ajustements. D'autant plus s'ils sont pensés par amour pour l'enfant.

Dans la rue, à la crèche, à l'école, etc.

Laisser beaucoup d'autonomie à son enfant, l'accompagner dans ses tempêtes émotionnelles, veiller à ce que son alimentation corresponde à ses besoins, s'adapter autant que faire se peut à son rythme sont autant de décisions parentales qui peuvent générer des réactions plus ou moins agréables, dans votre entourage proche ou plus étendu !

Comme avec tout ce qui n'est pas encore « la norme », ces réactions pourront, dans le meilleur des cas, être l'occasion de discussions intéressantes avec vos interlocuteurs. Au parc, à la sortie de l'école ou lors de réunions en famille ou entre amis, de nombreuses passerelles vous permettront d'échanger avec des parents qui mettent en œuvre une éducation très autoritaire, ultra-protectrice ou simplement différente de la vôtre : vous partagez en effet le dénominateur commun le plus fort qui soit, puisque vous souhaitez élever des enfants équilibrés, bien dans leurs baskets, respectueux des autres et de leur environnement. Sur cette base, tous les échanges sont bons à prendre !

Mais cela pourra donner lieu parfois à des paroles très dures, que l'on peut vivre comme de véritables agressions. Je ne compte plus le nombre de fois où, laissant mon enfant de trois ans courir dans la rue jusqu'au prochain passage piéton, j'entendais de parfaits inconnus nous lancer : « Vous ne viendrez pas pleurer le jour où il se fera écraser ! » Ou au supermarché, en pleine tempête émotionnelle : « Quel petit capricieux ! Ouh, tu n'es pas beau quand tu pleures ! » Face à de telles aberrations, vous pouvez garder en tête quelques répliques bien senties pour rabattre le caquet de ces importuns ou choisir de les ignorer superbement.

En revanche, vous devez vous protéger en tant que parent. Votre choix est un choix éclairé, bienveillant, qui demande beaucoup d'énergie, de courage, d'amour. N'ayez pas un comportement différent à la maison ou à l'extérieur du fait des pressions sociales. Votre enfant y perdrait ses repères. S'il se sent touché par les paroles prononcées sur son comportement ou votre manière de l'éduquer, revenez avec lui sur cet épisode.

Sans juger, expliquez à votre enfant que les gens qui nous entourent ont tous leurs propres règles, leurs propres croyances, et qu'ils ont reçu une éducation différente. Rappelez-lui que, pour votre part, vous avez confiance en lui, en ses capacités, que vous êtes là pour l'accompagner en toutes circonstances. Ces épisodes sont en général courts et ne laissent pas de trace, c'est pourquoi – aussi désagréables qu'ils soient – ils n'ont aucune importance.

Ce qui est très différent avec les structures dédiées à l'éducation de nos enfants, comme l'école ou la crèche. Certes, les lignes sont en train de bouger. Les structures alternatives – Montessori, Pikler, Steiner ou autres – se développent de manière exponentielle et nombre d'enseignants de l'école traditionnelle adaptent leur enseignement et proposent des ateliers individuels – l'expérience de Céline Alvarez fait des émules dans l'Éducation nationale). Mais ce courant n'est pas encore majoritaire. Votre enfant va donc être très probablement confronté à un système de valeurs tout autre, où les activités ne sont décidées que par l'adulte, menées en groupe, avec des enfants du même âge, dans un temps donné et sanctionnées par une évaluation.

Mon propos n'est pas de porter un jugement de valeur sur cet enseignement – qui peut être conduit par une personne compétente, bienveillante et inspirante, et convenir parfaitement à l'enfant – mais simplement de vous aiguiller sur la manière de gérer la situation avec votre enfant si ce qui se passe à l'école est très différent de ce que vous lui proposez à la maison.

Enfin, les critiques émanent quelques fois de votre conjoint. Les principes éducatifs font souvent l'objet de longs débats dans les couples ! C'est normal, car chacun arrive avec son histoire, sa personnalité, ses croyances et ses projections sur l'enfant. Si votre envie, vos convictions ou votre instinct vous poussent à adopter les principes de la parentalité bienveillante et à laisser de l'autonomie à votre enfant, faites-le ! Si votre partenaire ne partage pas votre point de vue, laissez-le faire à sa guise. Il est probable qu'en voyant l'enfant progresser et s'épanouir avec cette liberté et cet amour inconditionnel, il rejoigne bientôt votre avis et adopte votre mode éducatif. L'expérience du quotidien aura bien plus de poids que tous les débats par anticipation dans lesquels vous pourriez vous embourber mutuellement !

Plusieurs éléments à prendre en compte

✱ Votre enfant passe six et dix heures par jour à la crèche ou à l'école. Il est donc certain que ce qui s'y joue pour lui va bien au-delà des apprentissages « classiques ». La curiosité et l'ouverture d'esprit, la confiance en soi et dans les autres, la transmission de valeurs comme le respect ou la tolérance, la capacité à communiquer, tout cela et bien d'autres compétences se développent aussi en collectivité. Pour toutes ces raisons, vous devez considérer les éducateurs, enseignants et autres intervenants comme des co-éducateurs de tout premier plan et que vous travaillez ensemble dans des domaines qui sont complémentaires pour l'enfant : vous en qualité de spécialiste de l'éducation, eux en qualité de spécialistes de la pédagogie.

✱ Nous savons désormais que la qualité des relations établies entre l'enfant et l'enseignant conditionne la qualité des apprentissages (de nombreuses études l'ont montré). Votre seul impératif consiste à vous assurer que cette relation est bienveillante et respectueuse.

✱ Laissez une porte ouverte sur ce qui se passe à l'école. Lorsque votre enfant vous raconte un épisode de sa journée, croyez-le toujours. Si l'épisode vous étonne ou génère chez vous des émotions désagréables, veillez à demander des précisions pour remettre les choses dans leur contexte et – sans essayer d'imposer votre avis – demandez à l'enfant ce qu'il en pense.

✱ Ne perdez pas de vue non plus que votre enfant n'est sans doute pas le même lorsqu'il évolue au sein d'un groupe dans la sphère éducative et lorsqu'il évolue seul ou dans la fratrie dans la sphère familiale. À partir de ce postulat, le regard du co-éducateur peut être très enrichissant, car il vous permettra de découvrir de nouvelles facettes de votre enfant. N'hésitez pas à poser des questions : « Vous me dites que mon enfant est comme ceci ou comme cela à l'école, je ne le connais pas sous cet aspect-là. Est-ce que vous pourriez me donner une ou deux situations précises pour que je sois sûr de bien vous comprendre ? »

✱ Votre enfant est tout à fait capable de comprendre qu'il y a des personnes qui pensent différemment de ses parents (il en rencontrera d'ailleurs tout au long de sa vie, et c'est tant mieux !), que le fonctionnement de l'école est différent de celui de la maison et qu'il est nécessaire qu'il s'y adapte. Pour vous rassurer, sachez que l'enfant éduqué dans un esprit bienveillant saura bien souvent répondre de manière appropriée à un adulte qui ne le serait pas.

Mieux vivre tous ensemble est une thématique d'actualité, qui déborde très largement le cercle de la famille ! C'est pourquoi il est urgent de comprendre que seule une approche empathique et bienveillante de l'enfant lui permettra de se construire en confiance, en comprenant l'importance du respect de soi, des autres et de l'environnement dans lequel il évolue. En ce sens, grâce à la parentalité bienveillante, nous avons toutes les chances de faire éclore des adultes responsables, autonomes, capable d'exercer leur libre arbitre et bien dans leurs baskets.

POUR MIEUX VIVRE TOUS ENSEMBLE

VOUS VEILLEREZ À...

- établir des règles plutôt que des interdits, notés par écrit, sur proposition de chacun des membres de la famille,

- vous assurer que les besoins fondamentaux de votre enfant/vos enfants soient comblés (faim, soif, sommeil/fatigue, affection),

- apprendre précisément à votre enfant/vos enfants la différence entre sentiments et émotions, et à s'exercer régulièrement à reconnaître et nommer ses émotions,

- apprendre précisément à votre enfant/vos enfants à reconnaître la nécessité d'être traversé par des émotions agréables et désagréables,

- revoir vos automatismes de langage basés sur des négations, injonctions, sommations, paroles dévalorisantes, interrogations inadéquates ou chantage, et reformuler positivement.

GUIDE DE SURVIE AUX CRISES

NIVEAU 1	**La pression monte...** • Formulez clairement, brièvement, fermement votre demande, à hauteur d'enfant, en prenant soin d'obtenir son attention. • Vérifiez que ses besoins fondamentaux sont comblés. • Utilisez l'humour. • Reconnaissez ses envies, puis faites valoir vos besoins ou vos limites, par un leadership bienveillant.
NIVEAU 2	**Alerte tempête émotionnelle !** • Ne cherchez pas à endiguer la crise, laissez l'enfant s'exprimer, sans pour autant que son comportement soit blessant. • Verbalisez ses émotions désagréables et faites preuve d'empathie. • Recherchez la cause véritable (plus ou moins directe) de ce débordement d'émotions. • Soyez en paix avec votre conscience de parent.
NIVEAU 3	**Quand la crise vous contamine** • Constatez devant l'enfant que la situation est bloquée, que vous êtes en colère et que vous souhaitez vous isoler un moment pour faire descendre la pression. • Éventuellement, cherchez une solution ensemble. • Si votre comportement a été inadéquat, demandez pardon à l'enfant et réexpliquez posément : « Quoi que tu fasses, quoi que tu dises, PERSONNE n'a le droit de te taper, de mal te parler, de te manquer de respect, pas même ton papa et ta maman. » • Analysez les causes de votre black-out (notamment en revenant sur votre enfance), identifiez les situations à risque, décidez explicitement face à votre partenaire ou avec un ami de ce que vous ferez si cela se reproduit.

②

Vos alliés au quotidien

La bienveillance, vous l'aurez compris, ne repose pas que sur nos seules épaules ! Vous avez pu voir, dans la première partie de cet ouvrage, comment un aménagement facilitant l'autonomie de l'enfant et le choix d'accessoires pensés pour leurs petites mains pouvait simplifier le quotidien. Voici maintenant de nouveaux alliés pour vous accompagner dans votre mission de parent. Ils vous feront comprendre que la parentalité positive n'est pas seulement un courant éducatif, mais que c'est un mode de vie à part entière.

ADOPTEZ LA PHILOSOPHIE DU HYGGE

En semaine, les moments avec nos enfants sont souvent menés tambour battant, entre notre retour tardif du travail, le bain, la préparation du dîner, le tout souvent entrecoupé de quelques coups de téléphone ou de lecture d'emails auxquels il faut «absolument» qu'on réponde. On se rattrapera le week-end: promenade au parc ou sortie accrobranche, deux heures de jeu de construction à quatre pattes, un petit cadeau par-ci, trois tours de manège par-là, et la semaine recommence. Mais prenons-nous vraiment le temps d'accorder à nos enfants des moments de qualité? L'exceptionnel peut-il remplacer le quotidien? Leurs jeunes années, si importantes pour le développement de bases saines et solides, méritent qu'on revoie un peu nos priorités. Et ce n'est peut-être qu'une question d'organisation et de disponibilité d'esprit.

Le point d'équilibre famille/travail

Depuis de nombreuses années, le Danemark caracole en tête des pays les plus heureux du monde. Parmi les raisons qui expliquent un tel niveau de bonheur, il nous faut évoquer leurs moments de *hygge*. Mais quésako?

Citée par Malene Rydahl dans son livre *Heureux comme un Danois*, l'anecdote qui suit illustre parfaitement ce qu'est le *hygge*. «En 2010, le Premier ministre Lars Løkke Rasmussen se trouve pris dans une polémique médiatique terrible: il a annulé une réunion avec quatre-vingts diplomates internationaux pour des raisons personnelles. La rumeur s'enflamme. On dit qu'il est resté à la maison pour s'occuper de sa fille, qui s'est tordu la cheville. Le débat devient tellement pénible que Lars Løkke Rasmussen doit organiser une conférence de presse. Il dément l'histoire, mais explique très clairement que s'il prend très au sérieux sa fonction de Premier ministre, ce rôle reste passager dans sa vie, contrairement à son rôle de père. Quelques mois plus tard, il part en vacances avec sa femme et ses deux enfants hors vacances scolaires pour profiter d'un moment en famille[1]. »

Voilà donc une des clés du bonheur danois : l'équilibre des moments famille/travail ! À vrai dire, cela semble être une évidence. On pressent aisément qu'un tel point d'équilibre favorise une efficacité optimale dans ses responsabilités professionnelles, une plus grande motivation au sein de l'entreprise, la sensation de remplir pleinement chacun de ses rôles, un sentiment de sérénité et de bonheur… D'ailleurs, la traduction la plus courante du mot *hygge* est « bien-être ».

Si le Premier Ministre du Danemark réussit à organiser les conditions matérielles et logistiques de son bien-être et à établir un juste rapport travail/famille, peut-être pourrions-nous nous y essayer nous aussi ? Quels aménagements pourrions-nous envisager dans notre vie professionnelle ? Quels impacts cela aurait-il sur nos relations au travail, qu'il s'agisse des clients, de nos collègues et partenaires ou de la direction ?

Il est vrai qu'au Danemark, le système social favorise cet équilibre : les Danois passent un tiers de leur journée au travail (soit un peu moins de huit heures) et peuvent organiser librement leur temps. La plupart font ainsi une partie de leurs tâches professionnelles à la maison sans que cela choque patron et collègues. Les mères comme les pères vont couramment chercher leurs enfants à la sortie de l'école ou de la crèche à 16 heures, quitte à retravailler le soir une fois que ces derniers sont couchés. Et tout le monde trouve cela bien. D'ailleurs, à l'inverse des journalistes qui, ayant voulu faire un buzz médiatique, ont jugé l'attitude du Premier ministre un peu légère, les Danois ont vu en Lars

---

1. Malene Rydal, *Heureux comme un Danois*, Grasset, 2014.

Løkke Rasmussen un homme sympathique, sincère et bienveillant. Cet épisode l'a rapproché de ses électeurs.

La culture française est très éloignée de cet état d'esprit. Nous courons tout le temps, imposant parfois à nos enfants des journées plus longues que les nôtres : en les déposant à la crèche ou à l'école à 8 h 30 et en les récupérant à 18 heures voire 18 h 30, cela fait des semaines de 50 heures pour nos chères têtes blondes.

Pourtant, leurs jeunes années sont capitales pour leur développement et la sphère parentale constitue le meilleur cocon pour qu'ils s'y développent.

∗ Les enfants n'accordent jamais autant de confiance à quelqu'un qu'à leurs parents. Et c'est précisément cette confiance qui leur permet de se lancer dans de nouvelles aventures, qui encourage le développement de leurs compétences et qui leur permet d'aborder de nouvelles difficultés,

∗ La maison procure un cadre calme et ordonné favorisant la concentration et qui permet de respecter le rythme de l'enfant (alors que la collectivité les oblige à suivre le mouvement et les plonge dans une ambiance où le volume sonore est très élevé).

∗ Enfin, par essence, la maison offre une multitude d'activités et d'objets en lien avec la vie réelle, notamment pour les très jeunes enfants (les jouets sont le seul matériel de travail proposé dans les crèches).

Notre propos n'est pas de dire que la socialisation offerte par les lieux collectifs dédiés aux enfants n'est pas importante ni de nier la qualité et le professionnalisme des personnes qui y travaillent. Nous voulons simplement vous inciter à faire en sorte que vos enfants n'y passent pas trop de temps comparé au temps passé à la maison. Veiller à cet équilibre mérite peut-être, durant quelques années, de réaménager vos conditions de travail, quand c'est possible.

C'est parfois beaucoup plus simple qu'il n'y paraît. Il suffit de s'autoriser à y penser, puis de le mettre en œuvre ou de le proposer à votre supérieur hiérarchique ou à vos partenaires de travail. Cela peut même ouvrir la voie à de saines habitudes de vie à long terme : en quittant votre travail suffisamment tôt pour aller chercher vos enfants ou en restant auprès de l'un d'eux parce qu'il est malade, sans vous excuser ni expliquer que vous DEVEZ le faire, vos interlocuteurs vous regardent sans doute avec un peu d'envie mais, surtout, ils vous respectent et respectent d'autant plus votre travail. Et vous et vos enfants pouvez profiter à profusion d'ocytocine – cette fameuse hormone de l'amour. Ce faisant, vous avez quelques chances d'atteindre le même niveau de bonheur que nos voisins danois !

Profiter du moment présent, en toute simplicité

Si ce concept est si difficilement traduisible, c'est parce qu'il englobe d'autres notions que celle du bien-être qui découle d'un juste équilibre travail/famille, dont nous pourrions également nous inspirer. En effet, un moment *hygge* doit être vécu dans une « simplicité chaleureuse ». Cette notion concerne tout autant l'ambiance (un cadre intime et harmonieux, avec lumière douce, matières confortables, décoration épurée) que les activités pratiquées, puisqu'il s'agit simplement d'être ensemble, en famille ou entre amis, de discuter, de se promener, de grignoter un en-cas délicieux, de boire un chocolat chaud, etc. En somme, pratiquer le *hygge* revient à goûter aux choses simples de la vie avec les personnes qui nous sont chères.

Ce moment de qualité vécu en famille n'est donc pas exclusivement centré sur l'enfant. Pas besoin non plus de trouver des idées toutes plus extraordinaires les unes que les autres ni de posséder les compétences d'un animateur hors pair, encore moins de passer des heures « au service » du bonheur de votre enfant en vous oubliant au passage. Passer des moments *hygge*, c'est avant tout être ensemble, faire des choses simples et jouir de l'instant présent.

Par exemple, les Danois profitent de la nature en été en organisant des pique-niques dans les parcs, en assistant à des concerts en plein air ou en se promenant en famille ou entre amis. Quand la période de Noël bat son plein (il fait alors nuit presque toute la journée), ils passent encore plus de temps en famille et avec leurs amis en veillant à ce que leur maison soit décorée simplement, confortablement, sans faste : une multitude de coussins, un feu de cheminée, de nombreuses bougies, des plats simples mais savoureux sont pour eux les ingrédients d'un Noël parfait. Pas de choses exceptionnelles, pas de réalisations complexes et onéreuses qui stressent et éloignent du but recherché, qui est de passer des moments de qualité en famille.

Le *hygge*, c'est aussi pratiquer ensemble des activités utiles, par exemple rendre service à une voisine malade, embellir sa maison en allumant des bougies ou en composant un bouquet de fleurs, s'y mettre à plusieurs pour préparer le repas du soir, s'investir dans une activité bénévole (par exemple, participer à une collecte de déchets qui polluent la nature). Rendre service, savoir faire preuve d'empathie, essayer de faire du bien

⊱ EN APARTÉ ⊰

LE CERCLE VICIEUX DE LA CULPABILITÉ

Dans une vie où nous n'arrêtons pas de courir, nous nous trouvons pris dans un cercle vicieux : «travailler trop» (aux dépens du temps accordé à la vie de famille) fait naître en nous un sentiment de culpabilité qui nous pousse à la surenchère vis-à-vis de nos enfants. Spectacles, cadeaux, sorties, loisirs, vacances, rien n'est trop beau pour eux. Nous rivalisons d'imagination pour les fêtes d'anniversaire, planifions le programme des vacances six mois à l'avance, couvrons nos enfants de cadeaux à Noël, etc. Autant d'actions qui nous dédouanent probablement de notre culpabilité mais qui ne remplacent pas une «véritable» présence, quotidienne et attentive. Pire, nous risquons de contaminer nos enfants avec le virus de la «pléthorite aiguë», une drôle de maladie qui leur fait croire que le monde tourne autour d'eux et de leur seul plaisir, que l'ordinaire est sans saveur et ennuyeux, que seules des activités ou des possessions de plus en plus exceptionnelles les rempliront de joie. Une joie pourtant de très courte durée. Quand on a tout vu, tout fait, tout connu à dix ans, le reste de la vie doit sembler bien long !

aux autres participent à notre bonheur et sont des valeurs importantes à transmettre aux enfants. Cela tombe bien car ce sont aussi des activités qu'ils adorent pratiquer (ils n'aiment rien tant que se sentir utiles).

Quelques idées au quotidien

Pas de doute : adopter l'état d'esprit *hygge* et le pratiquer au quotidien est un très joli cadeau que nous pouvons faire à notre famille. Certes, aérer notre agenda et ralentir le rythme pour apprendre, ensemble, à apprécier les choses simples de la vie ne dépend pas uniquement de nous. Mais faisons au mieux… et au plus vite. Les jeunes années de nos enfants passent comme l'éclair, et ils n'auront bientôt plus autant besoin de notre présence.

Quand vous êtes présent, soyez-le vraiment

La première résolution à adopter est la plus radicale, mais c'est aussi la plus efficace : délestez-vous de votre téléphone à l'entrée de la maison. Entre les appels à rallonge, la consultation frénétique des réseaux sociaux, les textos à rebondissements, votre attention est sans cesse accaparée par des gens qui ne sont pas là… Finalement, la technologie a tendance à nous déconnecter totalement… de ceux qui sont présents. Retrouvez votre sens des priorités ! L'atmosphère de vos soirées deviendra très vite plus paisible, propice à la détente, grâce à un déroulé fluide. Vous apprendrez à profiter de tous les interstices (par exemple, quand le repas est en train de cuire) pour observer vos enfants, poser une question, améliorer la composition d'une recette, réfléchir aux prochaines photos à encadrer, rêver… ou ne rien faire du tout !

Vous aurez tout le loisir de consulter votre téléphone une fois les enfants couchés. Et cela coupera net leur envie de jouer avec.

Cette résolution a son corollaire : quand vos enfants vous parlent, obligez-vous à les écouter vraiment (c'est-à-dire à mettre en pause ce que vous êtes en train de faire), à les regarder attentivement (éventuellement en vous accroupissant pour vous mettre à leur hauteur) et à les écouter jusqu'au bout.

Poser une question, faire part d'une remarque, raconter une anecdote demandent beaucoup d'efforts aux enfants : raisonnement logique, construction grammaticale, mobilisation du vocabulaire, capacité de mémorisation, effort d'élocution. Ce qui nous est naturel, à nous adultes, doit forcer notre respect quand ce sont nos enfants qui le font. Par ailleurs, pour un enfant bavard, cette écoute active lui donnera plus rapidement la sensation d'être entendu et de combler son besoin d'attention. Pour un enfant timide, c'est la seule manière de l'encourager à s'exprimer de plus en plus.

Peut-être pouvez-vous également améliorer votre organisation quotidienne pour vous soulager de certaines tâches et avoir ainsi plus de temps « libre » le soir ? L'ouverture du courrier pourra sans doute attendre votre pause déjeuner du lendemain. Quand vous préparez un plat, doublez les quantités et vous n'aurez plus qu'à réchauffer les restes le jour suivant. Proposez à vos enfants d'alterner bain et toilette de chat un jour sur deux. Et évitez d'allumer la télévision le soir, car elle a tendance à attirer l'attention de tout le monde, au détriment des échanges en famille. Toutes ces petites résolutions faciliteront votre réelle présence à la maison, qu'elle soit dédiée à vos enfants ou pas !

Ralentissez et prenez le temps de ne « rien » faire

Les recherches du philosophe allemand Hartmut Rosa en disent long sur notre époque. À travers ses écrits, il s'est penché sur une des plus grandes énigmes de notre monde moderne : pourquoi manquons-nous toujours de temps alors que les progrès technologiques pourraient nous permettre d'en économiser davantage ? Du cheval à la voiture, du train à l'avion, du courrier à l'email, les progrès techniques n'ont cessé de nous faire gagner du temps, mais au lieu d'en profiter, nous réalisons toujours plus de choses, poussés par des impératifs de croissance. Au lieu d'écrire un ou deux courriers par jour, nous envoyons vingt ou trente emails. Au lieu de profiter du temps gagné sur les transports, nous parcourons vingt fois plus de kilomètres. Tous les pans de nos vies sont concernés, la sphère professionnelle en premier lieu, bien sûr, mais aussi la sphère domestique, nos connaissances intellectuelles, le besoin de vivre à fond nos passions, de multiplier les loisirs. Nous sommes les victimes consentantes d'une véritable aliénation au temps. Au quotidien, la majorité de nos actions ne sont pas guidées par nos valeurs, nos priorités, nos envies, mais par notre agenda !

Nos enfants sont les premières victimes de cette accélération. Ils sont obligés de suivre notre rythme, en semaine comme le week-end, sans pouvoir profiter d'un seul temps mort. Et nous leur concoctons en outre des plannings de ministre en les inscrivant à mille activités et en les poussant à acquérir toujours plus de compétences : pratiquer un sport collectif pour développer leur esprit d'équipe, apprendre l'anglais pour en faire des citoyens du monde, jouer du piano pour développer leur côté artistique, suivre un stage de cirque pour l'équilibre, sans oublier les nombreux moments avec les copains pour la sociabilité ! Même les dessins animés sont touchés par ce phénomène d'accélération : Candy, Astro le petit robot ou encore Esteban et Zia, les héros des *Mystérieuses Cités d'or*, semblent avoir été piqués par une mouche tsé-tsé quand on les compare aux héros des dernières productions de Disney ou de Pixar !

Dans ce contexte, la vivacité des réactions de nos enfants ne doit pas nous étonner : cette accélération nie leur rythme naturel, elle les bouscule, perturbe leur développement et les heurte.

La question du temps est sans cesse remise à l'ordre du jour dans les débats sur l'école. Semaine de quatre ou de cinq jours, longueur des grandes vacances, vacances trop fréquentes, tous ces thèmes font régulièrement la une des médias et occupent tout aussi régulièrement le ministère de l'Éducation nationale. Savez-vous que les grandes vacances ont été instaurées il y a très longtemps pour permettre aux enfants de paysans d'aider à la moisson ? Entre les habitudes du passé et les contraintes d'aujourd'hui, comment respecter le rythme de nos enfants ?

La question est trop complexe pour qu'il soit possible de la régler en quelques lignes. Mais elle peut nous inciter à penser le temps autrement. Cessons de survaloriser le temps où l'on agit, où l'on apprend, où l'on doit occuper les « petits » pour vaquer tranquillement à nos occupations d'adultes. Repensons la manière dont nous vivons le temps « libre » en famille, sans chercher à remplir à tout prix ces moments.

Profitons-en pour rêver (et non pas rêvasser, si péjoratif), nous ennuyer, laisser place à l'imprévu… Et n'oublions pas que les enfants ne sont pas encore imprégnés de notre culture on/off, travail/temps libre. Leur cerveau n'arrête jamais de se développer, même quand il semble ne « rien » faire !

Apprenez à vos enfants à ressentir les petites joies de l'existence

Jusqu'à six ans environ, les enfants ont tous les sens en éveil. Utilisons cette faculté, en commentant à bon escient certains faits du quotidien pour qu'ils apprennent à relier leurs sensations avec leur ressenti.

Insister sur la beauté de plus petits détails ou gestes, expliquer le plaisir que l'on y prend vont permettre à l'enfant de s'exercer à y prêter attention à son tour, mais aussi de les relier à des sensations physiques, des émotions ou un état psychique particulier.

Petit à petit, il va développer sa propre sensibilité et repérer lui-même plein de petites choses du quotidien. Vous constaterez vite qu'à ce

> ### EN APARTÉ
>
> ## LANCEZ-VOUS
>
> — « Humm, tu sens cette bonne odeur qui sort du four ? Ça me met en appétit. »
>
> — « J'adore m'allonger sur ces coussins, ils sont si moelleux que ça me relaxe vraiment. Tu veux essayer ? »
>
> — « Ce que j'aime le plus à Noël, ce sont les illuminations. Je pourrais les regarder pendant des heures ! »
>
> — « Tu entends le chant des oiseaux ? Ça me met de bonne humeur lorsqu'ils me réveillent le matin ! »
>
> — « Goûte ces petites baies, elles éclatent dans la bouche et elles ont un jus merveilleusement sucré ! »
>
> — « C'est drôle de couper des courgettes en tout petits cubes. J'ai l'impression que ça me permet de ranger dans ma tête et de trouver de nouvelles idées... »

petit jeu, il se montrera plus fort que vous ! Un enfant a une capacité d'étonnement immense et ses remarques ne manqueront pas de vous surprendre, de vous faire sourire ou de vous toucher.

On rapproche souvent la capacité à être heureux d'une sorte d'entraînement aux ondes positives : ces séances font certainement partie des exercices de musculature quotidiens !

Trois kifs par jour

Dans le même esprit, vous pouvez profiter d'un repas en famille ou d'une discussion pour partager ce qui vous a le plus plu durant la journée écoulée et exprimer à tour de rôle votre « gratitude ». Le mot a son importance : au-delà du plaisir ressenti, il s'agit de susciter l'envie authentique et profonde de remercier pour les instants vécus (remercier quelqu'un en particulier, les éléments de la Nature, la vie, etc.).

ADOPTEZ LA PHILOSOPHIE DU HYGGE

«Professeure de bonheur», comme elle se définit elle-même, Florence Servan-Schreiber évoque, dans *3 kifs par jour*[1], un outil formidable qu'elle a inventé et expérimenté en famille: il s'agit d'un rituel (encore un!) qui consiste à raconter à ses proches trois moments de la journée qui nous ont fait du bien et nous donnent envie de dire merci. Il n'y a qu'une contrainte: ne jamais critiquer les kifs cités.

Avec un peu d'entraînement, voilà ce que cela pourrait donner avec vos enfants: «*Aujourd'hui...*

✱ ...la maîtresse m'a appris comment dessiner des lignes toutes droites à l'intérieur d'un cercle et j'ai pu m'exercer aussi longtemps que j'ai voulu;

✱ ...ma copine Luna m'a aidé à retrouver mon sac à dos qui avait glissé sous le banc;

✱ ...les fleurs de la plante dont je m'occupe ont éclos, elles sont magnifiques et sentent trop bon!»

Avec ce rituel, l'enfant termine sa journée en lui portant un regard positif et peut ainsi développer sa confiance (en lui et dans les autres) et son optimisme. Il paraîtrait même que la gratitude procure un sommeil plus profond et plus réparateur. Ce qui est certain, c'est que cela le rendra heureux et qu'il aura plaisir à perpétuer ce rituel.

En tant que parent, vous serez une source d'inspiration formidable qui va progressivement aiguiller l'enfant à repérer ses propres kifs. Alors, quand vient votre tour de partager vos kifs de la journée, soyez honnête et précis, décrivez à la fois des faits et des sensations, des sentiments et des émotions, développez des formules par lesquelles vous remerciez nommément des personnes ou des éléments. C'est un moment où vous pouvez exprimer votre gratitude envers vos enfants: «Aujourd'hui, j'ai eu une journée difficile, avec beaucoup d'obstacles et de contrariétés. Mais grâce à toi, à ta joie de vivre et à ton affection, je me sens beaucoup

---

1. Florence Servan-Schreiber, *3 kifs par jour et autres rituels recommandés par la science pour cultiver le bonheur*, Marabout, 2011.

225

mieux et je termine la journée de manière positive. Je te remercie d'être dans ma vie. »

Nul doute que cela remplira son réservoir affectif tout autant que le vôtre. Et peut-être cela lui inspirera-t-il un jour l'envie de vous remercier d'être son parent.

Le journal de gratitude

Pour un enfant très petit (avant trois ou quatre ans, la notion de journée leur échappe encore), le journal de gratitude est une expérience formidable. Chaque dimanche soir, par exemple (c'est à vous de fixer le moment et de le rappeler), ouvrez une nouvelle page dans un joli cahier choisi par l'enfant et dédié à cet exercice, puis consignez-y en cinq à six lignes maximum les belles choses qu'il a vécues pendant la semaine. Soyez à l'écoute de ce qu'il vous propose, et si vous lui faites des propositions pour pallier un manque d'idées, demandez-lui si elles méritent d'être inscrites ou non dans son journal. Lui seul peut le décider.

Ce journal de gratitude pourra être illustré de photos (représentant les moments vécus) ou de dessins (faits par vous-même ou par l'enfant). Il lui sera ainsi plus facile, en le feuilletant, de faire remonter ses souvenirs tant qu'il ne sait pas encore lire. Et tout au long de la semaine, en fonction des événements, peut-être penserez-vous à photographier telle ou telle chose pour remplir le journal du dimanche soir. Quand l'enfant se sera pris au jeu, nul doute qu'il vous le demandera lui-même !

À tout âge, le journal reste un outil formidable pour garder la trace des moments et favoriser un ancrage positif. Comme le dit très joliment Florence Servan-Schreiber, « la gratitude, ça sert simplement à vivre la même vie mais en mieux ». Alors, lancez-vous !

Fêtez le quotidien

La vie quotidienne a longtemps été rythmée par des rituels religieux : messe et repas du dimanche, déjeuner de poisson le vendredi, diverses fêtes (Pâques, Toussaint, Noël, etc.). L'influence de la religion s'est amoindrie, mais ce n'est pas une raison pour ne pas laisser tomber le principe : profitons-en pour créer nos propres traditions !

ADOPTEZ LA PHILOSOPHIE DU HYGGE

Loin d'être désuètes, les traditions sont un pilier des familles heureuses. Elles répondent à un besoin fondamental chez l'être humain : celui d'appartenir à un groupe, avec ses codes, ses règles, ses habitudes et ses célébrations régulières, et de s'y sentir reconnu comme un membre à part entière. Célébrer vos propres fêtes va ainsi susciter une fierté d'appartenance chez vos enfants, développer leur sens du collectif et renforcer vos liens familiaux.

Pour créer vos traditions, vous pouvez valoriser les petites actions hebdomadaires où l'on célèbre le quotidien, personnaliser avec fantaisie les principales fêtes traditionnelles ou inventer de toutes pièces les grandes dates de votre famille.

✽ Tous les vendredis, on prend l'apéritif ensemble.

✽ Le samedi matin, on va au marché.

✽ Tous les dimanches soir, on prépare ensemble une pizza.

✽ Le premier samedi de chaque mois, c'est soirée pop-corn et on regarde un film en famille.

✽ On fête chaque changement de saison par un grand repas où l'on évoque tous les aliments des trois prochains mois ou des choses à faire en lien avec la saison ! Par exemple, pendant le dîner du premier jour de l'hiver, on cherche des envies particulières (manger des châtaignes dans un cornet chaud, s'emmitoufler dans des plaids, faire des bonhommes de neige, boire des chocolats chauds…), on réfléchit à la décoration de la maison, on récolte des éléments naturels qui symbolisent l'état de la nature à ce moment-là…

✽ Pendant les grandes vacances, on rejoint les cousins chez papi-mamie et on a le droit de dormir tous ensemble une ou deux nuits sous la tente, dans le jardin.

✽ On a une compile de chansons des vacances qu'on connaît tous par cœur et qu'on chante à tue-tête quand on part.

✽ Celui dont c'est l'anniversaire a le droit de choisir le menu du repas.

Bien plus qu'une date sur le calendrier ou une habitude familière, ces moments festifs célèbrent avant tout le lien qui unit tous les membres de la famille. Vos enfants – tout comme vous, probablement – se réjouiront avant, pendant et après… Ces moments souvent forts en émotions constitueront pour eux des marqueurs positifs importants, des points de repère heureux, et ils seront une source de souvenirs pour la vie entière. ! Peut-être même qu'ils traverseront les générations. Qui sait ?

L'ALIMENTATION POSITIVE

Qu'il s'agisse de leur santé, de leur croissance, de leur développement cérébral ou de leur comportement, la nutrition joue un rôle capital dans la vie des enfants. À l'heure où l'on déborde littéralement de nourriture, le rôle « nourricier » du parent n'a jamais eu tant d'importance. Il nous faut en avoir conscience et le prendre plus que jamais à cœur pour instaurer, dès le plus jeune âge, le goût des choses bonnes et saines et fournir à nos enfants la meilleure énergie vitale pour découvrir le monde.

En France, 80 % des publicités diffusées dans les programmes destinés aux enfants promeuvent des produits en complète contradiction avec les recommandations des nutritionnistes[1] : trop gras, trop sucrés ou trop salés. Grâce au matraquage publicitaire ou à des packagings attractifs, les aliments qui font le plus envie à nos enfants sont bien souvent de véritables petits poisons ! Méfions-nous de nos visites au supermarché…

Alors, rien ne vaut le fait maison, non ? En fait, pas toujours ! Sucre blanc, farine raffinée, œufs de poules élevées en batterie, fruits traités aux pesticides, levures pleines de phosphates, la qualité et la valeur nutritive des repas faits maison dépend aussi des ingrédients utilisés !

On l'aura donc compris : pour être un parent positif, il faut aussi manger positif ! Pour cela, il est peut-être temps de nous assurer de nos bonnes habitudes alimentaires.

---

1. Selon une étude réalisée en 2010 par l'*UFC-Que choisir ?*

Ces aliments dont nous devrions nous méfier…

Votre enfant est excité, agressif, ne tient pas en place? D'un jour à l'autre il peut avoir de sautes d'humeur qui vous paraissent incompréhensibles? Malgré vos observations attentives ou vos discussions ouvertes en famille, aucun de vous ne semblent comprendre à quoi cela est dû. Et si ça venait de l'alimentation? Sucre, gluten, lait de vache et additifs alimentaires peuvent véritablement entraver votre démarche de parent bienveillant et perturber votre enfant. Pour mieux comprendre les mécanismes à l'œuvre, voyons ensemble les ingrédients et aliments suspects et leur impact sur l'organisme des plus petits…

Le sucre : l'ennemi public numéro 1

Pour bien comprendre l'impact du sucre, il nous faut savoir ce qui se passe dans notre corps lorsque l'on en ingère. Dans l'estomac, le sucre – et, globalement, tous les glucides des aliments – sont transformés en glucose, un carburant dont nous avons besoin.

Pour qu'il irrigue notre corps (muscles et cerveau), le glucose passe dans le sang lors de la digestion. En fonction de la concentration de glucose dans le sang et de sa nature (sucre d'origine naturelle, contenu dans les fruits par exemple, ou sucre ajouté, contenu dans les confiseries), le corps opère une régulation naturelle qui fait intervenir plus ou moins fortement des organes (foie, rein, pancréas) et des hormones (telles que l'insuline).

Et c'est là que se trouve la source du problème : lorsque l'on ingère du sucre ajouté (non naturel et dépourvu de nutriments et de fibres) et/ou de fortes quantités de sucre, on provoque un pic de glycémie. Le pancréas s'affole, produit trop d'insuline pour réguler cet afflux… et le corps se trouve, paradoxalement, en carence de sucre !

Pour l'organisme, cet état de carence est une donnée «dangereuse» à laquelle il réagit en sécrétant de l'adrénaline, de l'épinéphrine et de la norépinéphrine. Ces «hormones du stress» mettent le cerveau en hyperactivité pour qu'il trouve une réponse rapide au problème. Durant cet épisode hormonal, nous sommes d'abord sujets à de la fatigue (hypoglycémie, parfois accompagnée de sueurs ou d'un état de malaise), à laquelle succède excitation, anxiété, agressivité, voire colère.

L'organisme réagit en produisant du glutamate, un neurotransmetteur excitateur qui génère une irrépressible envie de manger à nouveau, et du sucre en priorité, puisque le cerveau le reconnaît comme une source d'énergie ultrarapide. Voilà notre organisme entraîné dans un engrenage infernal !

L'organisme d'un enfant de quatre à huit ans n'a pas besoin de plus de 15 g (soit trois morceaux) de sucre par jour pour fonctionner correctement. Soit environ 5 kg de sucre sur une année. Or, selon l'étude INCA2[1], nos enfants consomment chaque jour 99 g de sucre, soit six fois plus que le seuil conseillé. Comment en est-on arrivé à de telles aberrations sanitaires ? Les réponses sont multiples.

Nous consommons TROP SOUVENT du sucre

Cette saveur, reconnue par le corps comme une source d'énergie potentielle, est très appréciée… C'est presque « naturel » ! Malheureusement, nous avons habitué notre palais à en consommer de plus en plus souvent au cours d'une journée : nous avons ainsi ancré très profondément certaines habitudes assez discutables selon lesquelles un petit déjeuner doit être sucré, un goûter sucré, et on ne termine rarement un repas sans dessert. Un petit creux ? Et hop ! un petit aliment sucré. C'est ce que nous apprenons à nos enfants : nous les habituons à rechercher cette saveur partout, à rythmer leur journée autour de pauses sucrées, nous utilisons le sucre en guise de récompense, nous les en privons en punition et tous les événements importants sont célébrés avec du sucre : gâteau d'anniversaire, visite chez le glacier, quelques bonbons devant la télé ! Nous devons véritablement en prendre conscience pour faire évoluer nos habitudes.

---

1. Étude individuelle nationale des consommations alimentaires. Les études INCA sont réalisées tous les sept ans par l'Anses (Agence nationale de sécurité sanitaire de l'alimentation, de l'environnement et du travail) et servent à analyser et à estimer le risque sanitaire lié à de multiples substances pouvant se retrouver dans les aliments.

Nous consommons TROP de sucre

Parce que le sucre appelle le sucre : notre organisme est ainsi fait que, lorsque nous consommons du sucre, nous avons envie d'en absorber toujours plus. Dans nos sociétés modernes, le sucre est disponible à profusion et nous avons petit à petit augmenté les doses, jusqu'à atteindre des seuils dangereux. Nous avons tendance à trop sucrer nos recettes, à rajouter du sucre dans les produits industriels qui en contiennent déjà où à chercher des produits dont le goût comblera nos papilles.

D'ailleurs, les industriels ont vite compris que sucrer plus leur permettait de vendre plus ! Certains aliments explosent ainsi sans complexes les seuils journaliers recommandés.

✱ Pour le petit déjeuner, si vous donnez à votre enfant une poignée (30 g) de céréales au miel ou au chocolat, vous atteignez la moitié de la ration journalière conseillée, soit 7,5 g de sucre. Pour peu que vous complétiez avec un jus de fruits, le quota est atteint.

✱ Pour le goûter, faites votre choix : avec cinq biscuits au chocolat, votre enfant a atteint son quota journalier de sucre (15 g) ! Une seule madeleine couvre la moitié de la dose journalière (7,5 g). Un petit paquet de gaufrettes, et vous l'avez carrément doublée (30 g). Enfin, une barquette à la fraise ou à la framboise contient 5 g de glucides, dont 3,5 g de sucre ; sachant qu'un sachet individuel contient six barquettes, je vous laisse faire le calcul !

✱ Vous préférez un gâteau maison ? Nous vous conseillons d'adapter votre recette, car une tablette de 200 g de chocolat pâtissier est constituée pour moitié de sucre (100 g).

✱ Une petite soif ? Une canette de soda, c'est 35 g de sucre !

✱ On termine le repas par un dessert ? Un yaourt à la vanille contient 20 g de sucre, une crème au caramel 20 g aussi.

✱ Un événement à fêter ? Réfléchissez-y à deux fois : un sachet de 45 g de dragées au chocolat, c'est 25 g de sucre.

Ces résultats sont édifiants. À l'heure où diabète, obésité et autres maladies associées à une consommation excessive de sucre montent en flèche dans nos sociétés, ils pourraient être considérés comme criminels, notamment dans le cas des produits spécifiquement conçus pour les enfants.

Nous consommons TROP de sucres cachés/modifiés

Le sucre raffiné se cache partout, même dans des produits dont vous pensez qu'ils en sont exempts ! Utilisé comme agent de texture, conservateur ou simplement excitateur de papilles, vous pouvez ainsi en retrouver dans un pot de 200 g de sauce tomate (12 g), un saucisson de 200 g (7 g) ou sept crackers pour l'apéritif (2 g environ). Le sucre représente à peine moins d'un quart d'une bouteille de ketchup (22 g pour 100 g), mais on le trouve également en quantité importante dans les cordons-bleus de dinde, le surimi, les soupes en brique, la mayonnaise allégée, les fromages à pâte fondue, les chips, les plats préparés, les légumes en boîte, le jambon, etc.

Qu'on l'appelle sirop de glucose, saccharose, dextrose, fructose, maltose, maltodextrine et amidon et autres dérivés, il est donc présent dans bon nombre d'aliments courants. Lisez attentivement les étiquettes des produits et vous verrez qu'ils sont rares à ne pas en contenir ! Ces sucres cachés n'en sont pas moins des sucres et ils nous font rapidement dépasser les seuils recommandés.

Mais faute n'en revient pas qu'aux industriels ! Quand nous préparons un gâteau avec de la farine raffinée ou encore des pâtes blanches ou toute autre recette à base de produits raffinés, nous consommons des glucides à indice glycémique (IG) élevé, qui produisent les mêmes pics de glycémie que le sucre blanc dans notre corps : cette régulation constante du taux de sucre dans le sang épuise nos organes et favorise les mêmes réactions comportementales (nervosité, agressivité).

Trop, trop souvent et modifié : voilà donc le triple problème auquel nous sommes confrontés avec le sucre et, sur cette question, nous avons une grande responsabilité face à nos enfants. Une réduction lente mais sûre des produits sucrés, ainsi qu'un remplacement systématique des sucres raffinés par des sucres complets sont donc deux actions importantes à entreprendre pour donner à nos enfants de saines habitudes. Le sucre

> **EN APARTÉ**

SUCRES NATURELS ET SUCRES RAFFINÉS

Extrait de la canne à sucre ou de la betterave sucrière, le sucre raffiné (ou sucre blanc) est issu d'une longue transformation industrielle : nettoyage de la matière brute au lait de chaux, traitement au dioxyde de carbone, puis à l'acide sulfurique, cuisson, cristallisation, centrifugation, filtrage, décoloration, recoloration. Toutes ces opérations l'ont vidé de ses substances nutritives et enrichi de quelques substances chimiques.

Lorsque nous consommons ces sucres raffinés, notre organisme ne les reconnaît pas. Afin de les assimiler, il va devoir produire des enzymes digestives spécifiques, brûlant au passage quelques minéraux et vitamines (notamment du calcium, ce qui va favoriser l'apparition de maladies osseuses et de caries). Par ailleurs, le sucre blanc irrite nos intestins, ce qui peut occasionner gaz, constipation ou diarrhées. Sa simple digestion demande ainsi tellement d'énergie qu'elle risque à terme, si l'on en consomme trop et trop souvent, d'affaiblir l'organisme tout entier, donc notre système immunitaire.

L'assimilation des sucres naturels par l'organisme est en revanche beaucoup plus facile. L'explication est simple : un fruit mûr consommé cru contient des fibres solubles qui vont ralentir l'absorption du glucose dans le sang et modérer la sécrétion d'insuline. Avec une glycémie régulée, pas de risque de tempêtes hormonales ni de réactions neurologiques désagréables en perspective ! Les sucres naturels contiennent également des vitamines, des antioxydants, des nutriments, de l'eau et des fibres insolubles qui favorisent le transit intestinal (mais ceci est une autre histoire).

provoquant un effet de dépendance semblable à la cocaïne, c'est un chemin difficile, mal débroussaillé et en pente raide qui s'ouvre devant nous. Mais la santé physique, psychique et mentale de nos enfants (et la nôtre aussi !) en dépend[1].

Également sur le banc des accusés : le gluten et le lait de vache

Au-delà du sucre, d'autres aliments sont régulièrement pointés du doigt pour les risques qu'ils peuvent faire courir à la santé de tous, donc à celle de nos enfants. Faisons le point sur deux stars aujourd'hui très médiatisées : le gluten et le lait de vache.

Du gluten un peu partout

Le gluten est une protéine contenue dans bon nombre de céréales, comme le blé, l'orge, l'avoine ou le seigle. C'est lui qui apporte de l'élasticité à nos pains, gâteaux, pâtes et autres bases pour pizzas, tartes, etc. Mais beaucoup d'autres aliments en contiennent aussi (le surimi, par exemple) et il est utilisé comme épaississant et liant dans les produits industriels (potages, desserts lactés gélifiés, sauces, plats préparés…).

Comme pour le sucre, la même problématique se cache derrière le « phénomène » gluten.

✱ Nous ingérons TROP et TROP SOUVENT des aliments qui en contiennent. Or notre organisme n'est pas formaté pour manger autant de céréales, pâtes et pain, et cette consommation massive provoque notamment de fortes inflammations au niveau de l'intestin grêle. Comme pour tout aliment consommé en overdose, notre corps fini par le rejeter plus ou moins violemment (de la simple indisposition occasionnée par des ballonnements ou de la constipation jusqu'aux pathologies graves, comme la maladie cœliaque).

---

1. Pour en savoir plus sur les glucides et les dangers des sucres raffinés, vous pouvez consulter le rapport de Raphaëlle Ancellin, « Glucides et santé : état des lieux, évaluation et recommandations », Afssa, octobre 2004.

**Le blé consommé aujourd'hui a été tellement MODIFIÉ génétiquement que certains organismes l'identifient parfois comme un toxique et cherchent à l'éliminer, ce qui demande beaucoup d'énergie, épuise le corps et sollicite énormément le tube digestif.

La maladie cœliaque (allergie au gluten) implique une élimination totale du gluten et fait l'objet de traitements et recommandations spécifiques. Mais bon nombre de personnes (et d'enfants, en particulier) développent aussi aujourd'hui une sensibilité au gluten qui implique de modifier certaines habitudes alimentaires. Nous ne sommes pas là pour vous inciter à éliminer complètement le gluten de l'assiette de vos enfants, mais d'en réduire leur consommation en privilégiant riz complet, pâtes au sarrasin, polenta, quinoa, légumes secs et pommes de terre et en préférant les petits plats maison aux produits industriels. Cela permet de leur offrir, de temps en temps et en conscience, le plaisir d'une bonne baguette de pain croustillante, élaborée avec de la farine de blé. Enfin, il vaut mieux privilégier.

Le lait de vache, un aliment difficile à digérer

Encore une fois, on retrouve la même problématique : TROP, TROP SOUVENT et MODIFIÉ.

Le lait de vache est constitué d'eau, de matières grasses, de protéines (principalement de la caséine), de glucides (notamment le lactose) et de matières minérales. La digestion du lactose dans l'intestin grêle fait appel à une enzyme spécifique : la lactase. Si celle-ci peut être produite en grande quantité par le nouveau-né, cette production décline naturellement à mesure que l'enfant grandit. À partir de trois ans, sa disponibilité dans l'organisme chute drastiquement jusqu'à atteindre, à l'âge adulte, un seuil représentant 10 % de sa valeur initiale ! Lorsque l'on ne produit plus (ou pas assez) de lactase, le lactose fermente, dérègle la flore intestinale et développe des agents toxiques qui provoquent maux de tête, troubles digestifs, troubles ORL, eczéma, fatigue chronique et hypoactivité. Potentiellement, des maladies plus graves peuvent se développer à terme.

La consommation quotidienne de produits laitiers est trop lourde pour notre système digestif qui peine à la digérer. À grands coups d'intrusion dans les écoles et de spots publicitaires, on a fini ancrer très profondément en nous la croyance selon laquelle «les produits laitiers sont nos amis pour la vie». Leur atout le plus vanté, c'est leur apport en calcium, pour la bonne santé de nos dents et de nos os, et l'on nous recommande d'en consommer trois par jours. Pourtant, c'est TROP et TROP SOUVENT! Quel dommage que le «collectif de défense du chou, des épinards et des amandes» n'ait pas autant de moyens financiers que l'industrie laitière… ni autant d'appui du côté du ministère de l'Agriculture! Car ces trois produits sont quelques-uns des nombreux aliments ayant une teneur en calcium très élevée. Autre atout, le calcium qu'ils contiennent est plus facilement assimilable par notre organisme que celui du lait!

Par ailleurs, comme pour le blé, le lait consommé aujourd'hui a très fortement évolué. Pour accroître les rendements, on n'hésite pas à gaver les vaches d'hormones afin qu'elles produisent toujours plus de lait, ce qui les fatigue et les rend de ce fait sujettes aux infections, occasionnant alors un recours massif aux vaccins et autres antibiotiques à titre préventif. Sans compter que ces vaches sont nourries d'herbes à fortes teneurs en pesticides et de farines. Autant de substances qui se retrouvent dans votre bol de lait du matin, qui a tout pour être indigeste!

Comme pour le gluten, l'idée n'est pas de proscrire le lait si l'on n'est pas allergique au lactose ni à la caséine, mais simplement d'en consommer en quantité raisonnable et de bonne qualité. Le lait pur et le lait fermenté (yaourt) ne devraient pas faire l'objet d'une consommation quotidienne. Par ailleurs, il vaut mieux privilégier des produits laitiers bio, dépourvus de résidus de pesticides, hormones et antibiotiques, mais aussi plus riches en oméga 3, en vitamines A et E et en antioxydants. À défaut, optez pour des «laits végétaux» (lait d'amande ou yaourts de soja, par exemple). Enfin, sachez que le lait de chèvre ou de brebis est plus facilement assimilé par l'organisme que le lait de vache. Et que le beurre ou le fromage (donc le lait transformé) est nettement plus digeste que le lait pur ou fermenté.

Chez les enfants sensibles au gluten ou digérant mal le lait, des aliments aussi basiques que le pain, les pâtes et les yaourts deviennent de véritables agents toxiques, capables de les fatiguer inutilement et de provoquer des troubles de l'apprentissage, de l'affectivité, de la socialisation, etc. Par ailleurs, la diète sans gluten et sans lait est de plus en plus recommandée par des professionnels aguerris pour améliorer le quotidien des enfants présentant des « troubles Dys[1] » ou des comportements violents ou agressifs. Elle pourrait même améliorer les comportements des enfants atteints d'autisme[2].

Les complices discrets : les additifs alimentaires

Les phosphates

L'utilisation des phosphates a été multipliée par trois cents depuis les années 1960. Additifs alimentaires aux nombreuses vertus (couleur, cuisson, aspect, conservation des produits industriels), ils sont présents dans quasiment tous les aliments contenant des additifs : plats préparés, poudre à lever, glaces, fromages fondus, sodas, riz incollables, barres chocolatées et chewing-gums. Pas de doute, nos enfants (et nous aussi !) sont en overdose ! Pourtant, on estime que deux à trois enfants sur dix seraient sensibles aux phosphates. Quelques sources parlent même de 20 % des garçons.

Les phosphates bloquent la production de noradrénaline, une hormone qui règle le flux des excitations nerveuses au niveau des synapses du cerveau. Les symptômes sont sévères : hyperactivité, sautes d'humeur, insomnies, violences, crises de colère, incapacité à se concentrer, troubles de l'apprentissage, troubles du langage, susceptibilité, TOC,

---

1. L'appellation « trouble Dys » désigne les troubles cognitifs spécifiques (langage, gestes, etc.) et les troubles des apprentissages qui en découlent : dyslexie, dysorthographie, etc.
2. Voir, entre autres, les travaux de Laura Cousino Klein, de l'université de Pennsylvanie.

tics… Et ces symptômes seraient aggravés par la consommation de sucre blanc et de gluten.

La diète Hafer, consistant à éliminer tous les phosphates de l'alimentation, donnerait des résultats spectaculaires sur les enfants hyperactifs. Couramment utilisée dans les pays nordiques (Allemagne, Norvège, Suède), elle permettrait d'éviter de recourir à des traitements lourds comme l'administration de médicaments telle la Ritaline.

Mais les phosphates ne sont pas les seules substances louches à repérer sur les étiquettes des produits industrielles (n'oubliez pas votre loupe !).

Les colorants artificiels – E100 à E199 sur l'étiquette

Ils figurent en petit sur les étiquettes des produits, mais ils sont faciles à identifier quand on sait qu'il s'agit des additifs E100 à E199. Ils occasionnent de nombreux troubles, entre autres maux de tête, problèmes de la vision, réactions allergiques, etc. L'Union européenne a même demandé aux fabricants d'ajouter une indication quant aux possibles effets excitants sur les enfants ! C'est vous dire s'ils peuvent être néfastes…

Particulièrement présents dans les aliments destinés aux enfants, les colorants artificiels ont souvent pour effet de tromper le consommateur en masquant l'absence de vrais aliments, comme les fruits et les légumes. Pour les éviter, on choisit les aliments préparés avec de vrais fruits et légumes – ceux-là sont d'ailleurs indiqués en gros sur les étiquettes !

Les huiles et graisses (végétales) hydrogénées ou les acides gras trans

Dites définitivement adieu aux pâtisseries industrielles et autres viennoiseries vendues en conditionnement plastique, aux préparations pour gâteaux en sachet, aux crèmes glacées de mauvaise facture, aux biscuits apéritifs, à la margarine… Les matières grasses qui sont utilisées dans ces recettes visent à remplacer les coûteux beurres, crèmes et autres bonnes huiles par des ersatz moins chers et permettant une très longue conservation. Le problème, c'est que ces huiles hydrogénées font grimper les risques de cholestérol, maladies cardiovasculaires, diabète et prise de poids en flèche ! Lisez donc attentivement les étiquettes ou bien préférez le «pur beurre» (en général, c'est écrit en gros sur le paquet).

Les antioxydants BHA et BHT

Ils sont présents dans les céréales du petit déjeuner, la purée en sachet, les chewing-gums, les préparations pour dessert, etc. Pourtant, ils sont montrés du doigt par l'Organisation mondiale de la santé car ils sont potentiellement cancérigènes et ils pourraient être considérés comme des perturbateurs endocriniens.

Le benzoate de sodium

Ce conservateur (pour les sodas, confitures, tartes aux fruits) est soupçonné de générer de l'hyperactivité chez les enfants.

Le glutamate

Cet additif a pour principale vertu de rehausser le goût. Voilà pourquoi on le retrouve si souvent dans les produits industriels : biscuits apéritifs, conserves de légumes, bouillons cubes, sauces, plats cuisinés, sel, poivre, pain, produits allégés, gâteaux et biscuits, pâtisserie industrielle… et tous les produits dont l'emballage indique «goût…» («goût barbecue», «goût fromage», «goût chocolat»). Il se cache sous plusieurs dénominations : glutamate sodique, arginine glutamate, mais aussi huile de ricin ou huile de soja hydrogénée. Très irritant pour l'intestin, cet additif pourrait provoquer des états de panique chez les enfants, des maux de tête, de l'irritabilité, de l'anxiété ou une grande fatigue physique ou psychique.

Nous n'avons pas pu être exhaustif dans la liste des produits à éviter pour le bien-être de vos enfants, mais celle que nous vous proposons est déjà suffisamment lourde. Elle peut faire peur.

Bien sûr, il faut distinguer les données scientifiques des témoignages individuels, ne pas confondre allergie et sensibilité (au gluten, au lactose, etc.), ne pas s'alarmer inutilement ni effrayer nos enfants.

Bien sûr, vos enfants ne sont pas élevés sous cloche et ils seront forcément exposés à ce type de substances, à l'école, chez les copains, dans les goûters d'anniversaire. Et ils vous demanderont sans doute jusqu'à épuisement un soda ou quelques friandises… Accordez-leur ce plaisir de temps en temps et laissez-les en profiter pleinement ! Mais maintenant que vous êtes mieux informé, voici quelques pistes pour proposer à vos enfants une alimentation vraiment « bienveillante ».

✱ Si vous avez remarqué chez eux des symptômes tels que crises de colère inexplicables, une excitation hors du commun, une soudaine apathie ou des douleurs incompréhensibles, regardez de plus près ce qu'ils ont mangé quelques heures plus tôt. Peut-être vos placards contiennent-ils quelques coupables à l'air pourtant bien innocents que vous pourrez proscrire ?

✱ Si vous avez déjà observé chez vos enfants des formes sévères des comportements décrits ci-dessus, pourquoi ne pas profiter des vacances pour tenter une semaine de régime strict ? Vous pourrez ensuite réintroduire un à un les aliments, en observant attentivement les réactions de vos enfants après chaque nouvel ajout.

✱ Vos enfants ne présentent aucun trouble ? Alors tant mieux ! Pour autant, votre nouvelle prise de conscience est une bonne occasion pour revoir le contenu de vos placards et de leurs assiettes pour qu'ils ne développent pas d'intolérance à terme et ne pénalisent pas leur organisme avec des substances inutiles et nocives.

Faites évoluer le contenu de votre chariot

Quelques changements tout simples dans le contenu de vos placards et de votre réfrigérateur, combinés avec une meilleure organisation, permettront d'installer facilement des habitudes alimentaires positives dont vous ne tarderez pas à noter les bienfaits sur toute votre famille. La règle de base est de privilégier les aliments non transformés (ou très peu), issus de préférence d'une agriculture raisonnée. Entrons maintenant dans le détail, avec ce tour d'horizon des principaux aliments.

Organisez vos achats

Évitez d'acheter fruits et légumes au supermarché et optez plutôt pour les marchés ou les petits producteurs. Mais si vous ne pouvez pas faire autrement, commencez par ce rayon. Vous aurez ainsi moins tendance à remplir votre chariot de produits inutiles et pas très sains.

En arrivant, vous devez être muni d'une liste précise de vos besoins, élaborée à partir de vos menus planifiés sur une semaine (voir p. 93). Sélectionnez aussi rigoureusement les produits transformés que vous comptez acheter. Attention, ce n'est pas parce qu'un aliment est étiqueté bio et sans gluten qu'il est nutritionnellement correct !

Enfin, prenez systématiquement le temps de lire les étiquettes des produits que vous voulez mettre dans votre chariot vérifiant trois points très simples.

✳ La liste des ingrédients est longue ? Reposez tout de suite le produit sur son étagère, car il contient forcément quelques-unes de ces fameuses substances chimiques à proscrire.

✳ La liste des ingrédients commence par « sucre » ? Oubliez tout de suite ce produit. Les fabricants étant tenus de présenter les ingrédients dans leur ordre d'importance, le sucre est forcément majoritaire dans la recette.

✳ La liste des ingrédients contient beaucoup de noms qui ne vous évoquent aucun aliment connu, par exemple de l'amidon ou du fructose ? Ou alors des parties d'aliments, comme des jaunes d'œuf ou du lait en poudre ? Laissez tomber et mettez-vous en quête d'un produit équivalent avec des ingrédients naturels.

Toute cette analyse détaillée peut vous sembler fastidieuse, mais vous connaîtrez progressivement les produits qui répondent à vos nouvelles habitudes et les dénicherez de plus en plus vite dans les rayons.

Pour finir, sachez que moins vous stockerez chez vous de produits « louches », moins vos enfants seront tentés d'en manger et plus vite ils trouveront du plaisir à consommer des aliments sains.

Les fruits et légumes : bio de préférence

De plus en plus d'études montrent que, à doses importantes et régulières, les pesticides nous exposent à des risques de maladies et perturbent notre système endocrinien. Certes, ces risques de toxicité sont évalués sur des échantillons puis extrapolés. Pour nombre de produits, et grâce aux limites imposées par les autorités sanitaires, il faudrait consommer plusieurs kilos d'un fruit bourré de pesticides pour déclencher une réaction. Sauf que cet argument néglige trois facteurs.

✳ D'abord, il faut extrapoler à l'échelle d'une vie : en ingérant pesticides et autres produits toxiques sur plusieurs des années, les risques de développer des maladies augmentent.

✳ Ensuite, lorsque nous achetons des produits bourrés de pesticides, nous soutenons en quelque sorte un mode de production peu respectueux du vivant, de l'environnement, des clients mais aussi des personnes qui y travaillent. Est-ce vraiment ce modèle que nous voulons transmettre à nos enfants ?

✳ Enfin, les fruits et légumes bio sont plus riches en vitamines, minéraux et antioxydants que ceux issus de l'agriculture conventionnelle. Et ils sont aussi beaucoup plus savoureux. Alors pourquoi s'en priver ?

Vous ne savez jamais lesquels choisir ?

Laissez faire les professionnels en vous inscrivant à une AMAP (Associations pour le maintien d'une agriculture paysanne) ! Ces structures privilégient un lien direct entre les producteurs et les consommateurs. Le principe est simple : vous vous engagez pour un an à régler tous les mois un forfait basé sur le nombre de personnes à nourrir dans votre foyer et l'association livre chaque semaine, à un endroit fixe (boutique, local proche de chez vous), un panier de fruits et légumes de saison, généralement bio, mais aussi, pour certaines structures, des fromages, de la viande, du vin, des œufs, en fonction de leurs possibilités.

Pour trouver une AMAP près de chez vous :
www.reseau-amap.org

Votre panier ne coûte pas plus cher qu'au (super)marché, les produits sont de grande qualité, vous gagnez du temps et vous pouvez découvrir des ingrédients que vous n'avez pas l'habitude d'acheter. Enfin, vous pouvez visiter les lieux de production avec vos enfants et rencontrer les agriculteurs : c'est une aventure formidable à partager en famille.

Vos enfants ne raffolent pas des légumes ?

Prenez garde à la manière dont vous-même vous les dégustez : insistez-vous autant qu'avec d'autres produits sur le plaisir que vous prenez à les savourer ?

Osez proposer à vos enfants une alternative. Des courgettes ou des petits pois ? Des radis ou du maïs ? Une poire ou un abricot ? Jusqu'à ce que leur palais se soit habitué à de nouveaux goûts et que vos enfants aient fini par découvrir qu'ils pouvaient raffoler de ce qu'ils rejetaient auparavant. C'est une vieille technique de sioux qui a fait ses preuves.

Enfin, quand vous faites le marché, laissez-leur choisir un ou deux légumes qu'ils souhaiteraient goûter. C'est également un premier pas vers de nouvelles saveurs.

Ils finissent toujours par pourrir dans le bac à légumes ?

Dès votre retour du marché, passez une heure en famille à laver, peler, découper les fruits et légumes achetés pour les congeler. Chaque soir, il vous suffira de sortir un ou deux sachets pour préparer votre repas. Vous évitez le gaspillage et vous faites un gain de temps considérable !

Et si vous manquez d'idées pour les accommoder quand ils sont frais, passez-les à la moulinette à idées en vous posant ces quelques questions :

✳ Puis-je les tailler en bâtonnets pour les grignoter crus et les tremper dans une sauce ?

✳ Puis-je les découper en dés pour les inclure dans une omelette ?

✳ Puis-je les tailler en tranches pour faire un gratin ?

✳ Puis-je les réduire en purée ?

✳ Puis-je les râper et les mélanger avec de la farine, du fromage et des herbes pour faire des galettes ?

✻ Puis-je les inclure dans un appareil à quiche ?

✻ Puis-je les faire simplement poêler avec deux cuillerées à soupe d'huile d'olive, en ajoutant à la fin, pourquoi pas, des graines, des épices ou un peu de sauce soja ?

Avec l'habitude, les idées viendront naturellement. N'hésitez pas à noter dans un carnet les recettes de vos plus belles réussites, il constituera une source d'inspiration très utile les jours où vous manquez d'idées !

Les farines : sans gluten et non raffinées

En jetant votre paquet de farine raffinée, un nouveau monde va s'ouvrir à vous : celui des farines complètes ou semi-complètes d'une infinité de céréales dont vous ne soupçonniez même pas l'existence ! En voici quelques-unes faciles à dénicher… et à utiliser !

✻ Cap sur la farine complète de petit épeautre ! Cette sous-espèce rustique du blé tendre remplacera avantageusement votre farine classique : nettement moins riche en gluten, elle est plus digeste et son indice glycémique est faible. Attention à la réserver aux biscuits et aux pâtes à tarte, car elle lève moins bien que la farine de blé.

✻ En revanche, sa cousine, la farine d'épeautre (tout court ou bien « grand » épeautre) lève aussi bien que la farine de blé, mais elle est plus digeste. Idéale pour les gâteaux, le pain, les brioches.

✻ La farine de riz est un basique, car elle se marie avec toutes les autres. Mais ne l'utilisez jamais seule, car elle rendrait vos préparations bien trop friables.

✻ La fécule de maïs ou de pomme de terre allège la texture des pâtes (quelques fois « plombées » par les farines complètes). Elle permet également d'épaissir les sauces et crèmes (idéale pour la béchamel).

✻ La farine de châtaigne est délicieuse dans les préparations sucrées, mais il faut impérativement l'associer à une farine légère (de riz par exemple) ou à de la fécule. Ces recommandations valent aussi pour la farine de pois chiches.

✻ Enfin, pensez aux poudres d'oléagineux (amandes, noisettes). Outre qu'elles sont riches en calcium, en phosphore, en magnésium et en vita-

> **EN APARTÉ**
>
> ## ADAPTEZ VOS RECETTES
>
> Pour garder la consistance de vos recettes habituelles, vous ne pouvez pas vous contenter de remplacer votre farine de blé raffinée par la même quantité d'une nouvelle farine complète. En fait, vous devrez associer deux farines complètes différentes (ou plus selon vos goûts, votre niveau d'expertise et ce que vous avez sous la main).
>
> Par exemple, si votre recette indique 200 g de farine, considérez cette quantité comme celle à atteindre en mélangeant :
>
> — pour des recettes sucrées (pâte à gâteau, crêpes, biscuits, etc.), 100 g de farine de riz complet + 100 g de poudre d'amandes, ou encore 50 g de farine de pois chiches + 150 g de farine de petit épeautre, ou encore 50 g de fécule + 50 g farine de châtaigne + 100 g de farine d'épeautre ;
>
> — pour des recettes salées (pâtes à tarte, cakes, etc....), 50 g de farine de quinoa + 150 g de farine de petit épeautre, ou encore 50 g de farine de riz + 150 g de farine de sarrasin.
>
> Vous aurez deux ou trois bocaux en plus dans vos placards mais ce sera une bonne occasion de faire le plein de micronutriments !

mine E, elles regorgent de « bons » lipides. Et elles donnent un petit goût en plus à vos préparations.

Le lait et ses dérivés : misez sur les alternatives végétales

Le rayon des laits végétaux ou des produits alternatifs au lait de vache est en pleine expansion. Variez les plaisirs pour profiter de leurs bienfaits respectifs.

Pour le petit déjeuner, les laits d'avoine, d'amande ou de noisette sont parfaits. Aromatisés à la vanille ou au chocolat, ils sauront séduire même les plus récalcitrants.

Si vos enfants ont l'habitude de manger des tartines beurrées, essayez les purées d'amandes ou de noisettes sur du Pain des fleurs craquant. C'est délicieux.

Pour les yaourts et desserts réfrigérés, dégustez à l'aveugle des yaourts à base de lait de soja : vous ne verrez pas la différence ! Les desserts à base de lait de coco font également leur arrivée en France. Pour les plus audacieux, essayez ceux à base de lait de chèvre ou de brebis.

Pour la cuisine, adoptez la crème de soja, de coco, d'avoine, de riz pour remplacer sans problème la crème fraîche, aussi bien à froid (chantilly, desserts) qu'à chaud (sauces, quiche, gratins). Pour les gâteaux ou la cuisson, remplacez le beurre par de l'huile (voir aussi p. 249).

Pour inciter vos enfants, pourquoi ne pas réaliser vous-même vos laits végétaux ? C'est tout simple ! Mettez à tremper toute une nuit 150 g d'oléagineux (amandes, noisettes ou noix de cajou). Rincez-les et mixez-les avec un litre d'eau pure. Il ne reste plus qu'à filtrer le contenu. Bonne dégustation !

Le sucre : intégral et naturel

Comme pour les farines, les alternatives aux produits raffinés ne manquent pas. Pour remplacer le sucre blanc en poudre, choisissez du sucre de canne intégral (muscovado ou rapadura), au goût de caramel plus ou moins prononcé. Ne le confondez surtout pas avec le sucre roux (presque aussi raffiné que le sucre blanc, quand il n'est pas carrément coloré !). Son extraction mécanique lui permet de conserver sels minéraux, oligo-éléments (dont le magnésium et le fluor), vitamines et acides aminés. Pour les enfants, il a un fort pouvoir reminéralisant et, cerise sur le gâteau, il ne donnerait pas de caries !

Très sucrant (dans vos recettes, comptez au maximum une cuillerée à soupe pour deux personnes), le miel d'acacia a une saveur prononcée et des vertus antiseptique, digestive et sédative. C'est le seul miel qui affiche un indice glycémique bas.

Le sucre de coco est également très intéressant. Issu de la sève des fleurs de cocotier, il a un indice glycémique très bas et remplace très bien le sucre blanc dans les gâteaux !

VOS ALLIÉS AU QUOTIDIEN

Il existe encore beaucoup d'autres sucres naturels, comme celui de bouleau, le sirop d'agave (à consommer raisonnablement) ou le sirop d'érable. Tous ont des goûts très différents et des propriétés elles aussi très variées. N'hésitez pas à regarder sur Internet pour trouver des alternatives saines et savoureuses au sucre raffiné !

EN APARTÉ

ADAPTEZ VOS RECETTES

La première chose à faire est de réduire de façon conséquente la quantité de sucre, car la plupart des recettes sont souvent trop sucrées. Si votre recette requiert 200 g de sucre, diminuez progressivement la quantité pour arriver à terme à un volume de sucre pour trois volumes de farine.

Ensuite, adaptez les quantités en fonction du pouvoir sucrant de chaque produit. Ainsi, 200 g de sucre blanc pourront être remplacés par 50 g de sucre de coco, ou 50 g de miel d'acacia, ou 75 g de sirop d'agave, ou 100 g de sucre de canne intégral.

Dans certaines recettes de gâteaux et autres biscuits, pourquoi ne pas remplacer le sucre par une compote de pomme, une banane écrasée ou encore une dizaine de dattes réduites en purée et additionnées d'un peu d'eau ? Ces éléments au fort pouvoir sucrant vont parfaitement s'intégrer à la plupart des recettes et leur apporter un moelleux incomparable... sans sucre ajouté !

Matières grasses : optez sur les « bons » lipides

Notre cerveau et les membranes de nos cellules sont constitués à 70 % de lipides. De même que nous devons procurer de l'eau de bonne qualité à notre corps, nous devons fournir à nos cellules des huiles d'une qualité irréprochable : bio et de première pression à froid.

Oubliez l'huile de tournesol et l'huile d'arachide, aux vertus réduites ! Le choix d'autres sources est très étendu et vous pouvez tout à fait mélanger différentes huiles, en particulier dans vos assaisonnements.

Parfaite pour les préparations crues comme pour la cuisson, l'huile d'olive est riche en acides gras mono-insaturés, en oméga 3 et en antioxydants.

Les huiles de noix, de colza ou de noisette ont des goûts plus marqués. Utilisez-les crues de préférence (salade, vinaigrette, assaisonnement) et achetez-les en petits flacons que vous conservez au frigo, car elles rancissent vite.

Sur des légumes crus ou cuits, testez l'huile de lin, de germes de blé, de sésame ou de cameline. Elles ont des propriétés et des saveurs différentes.

Pour changer du beurre

On le remplace traditionnellement par de l'huile d'olive, mais pourquoi ne pas essayer l'huile de coco ? Elle parfume agréablement les recettes sucrées et on la trouve en version « désodorisée » pour les recettes salées. Vierge et bio, c'est l'une des plus saines : sa graisse se stocke difficilement et sa richesse en acide laurique (également présent dans le lait maternel) en fait un puissant antifongique et antibactérien.

Les purées d'oléagineux sont également très intéressantes à incorporer dans les gâteaux à la place du beurre et en quantité égale à celle indiquée dans la recette.

Revoyez le contenu de leurs assiettes

Si, à table, les enfants décident de la quantité de ce qu'ils mangent (oubliez le contrôle autoritaire, les ruses et les récompenses pour les inciter à manger plus), c'est vous qui avez la responsabilité du menu. Voici quelques conseils pour élaborer une assiette parfaite sur le plan nutritionnel.

EN APARTÉ

TRADITIONS DU BOUT DU MONDE

Si vous manquez d'inspiration, tournez-vous vers les traditions culinaires des quatre coins du monde :

— Le couscous marie semoule de blé, pois chiches et légumes.

— Le dahl associe riz, lentilles et légumes.

— Le chili se prépare avec du riz, du maïs, des tomates et des haricots secs.

— Le riz cantonais comprend petits pois, omelette coupée en fins morceaux et lanières de jambon.

✱ Légumes et fruits de saison représentent environ 50 % de l'assiette, l'idéal étant d'en consommer la moitié crue et l'autre cuite à la vapeur, à l'étouffée ou à four moyen pour conserver vitamines et minéraux.

✱ Comptez 25 % de céréales complètes ou de féculents : pomme de terre, pâtes, riz ou pain à la farine complète, polenta, épeautre, orge, quinoa, semoule, boulgour, etc.

✱ Complétez par 25 % de protéines animales (de préférence du poisson et des œufs, plus rarement des viandes blanches) ou végétales (pois chiches, lentilles, haricots secs, pois cassés, etc.). Le soir, misez sur les légumineuses, car vos enfants auront très vraisemblablement consommé des protéines végétales au déjeuner.

À partir de ces proportions, l'éventail des déclinaisons est immense ! Et comme les enfants adorent la variété, ils seront ravis d'avoir une assiette colorée, avec plusieurs éléments à goûter.

Occasionnellement (deux à trois fois par semaine), vous pouvez remplacer la portion de protéines par : des laitages (fromage ou yaourt de préférence), de la viande rouge ou de la charcuterie, ou encore une confiserie, un soda ou une portion de gâteau industriel.

À boire !

Le corps humain étant constitué d'eau à 75 %, une bonne hydratation tout au long de la journée est capitale pour permettre un fonctionnement optimal de l'organisme et du cerveau.

Mais qu'est-ce que ça représente concrètement pour un enfant? Au moins huit verres d'eau par jour, soit 1,2 litre! Êtes-vous certain que votre tout-petit atteigne ce chiffre? Ce n'est pas évident, car les enfants ont du mal à reconnaître la sensation de soif et ils sont également plus vulnérables à la déshydratation que les adultes. Si vous voulez aider votre enfant à penser, raisonner, mémoriser, comprendre, etc., il va falloir l'encourager à boire régulièrement !

L'astuce consiste à transformer le besoin en habitude : liez la consommation d'eau à huit moments clés de la journée. Par exemple : avant de partir à l'école, lors de la pause du matin, au repas de midi (deux verres), au goûter, pendant les devoirs, au repas du soir, avant de se coucher. Un mois à ce rythme et votre enfant aura ancré la consommation régulière d'eau dans ses habitudes, même lorsque vous n'êtes à côté de lui !

Pour l'encourager, vous pouvez également mettre en place un «coin à eau» à sa vue et à sa disposition. Une jolie carafe déjà remplie, des verres décorés, des pailles, quelques glaçons twistés en y insérant des petits fruits rouges, des tranches d'orange ou de citron, une feuille de menthe ou de basilic : tous ces moyens pourront inciter votre enfant à se servir et à boire.

Boire de l'eau est également un remède imparable contre les crises émotionnelles et les colères ! Certains chercheurs avancent qu'un cerveau et des cellules sous-hydratés seraient gênés dans leur communication. Une hydratation insuffisante pourrait aussi provoquer de la fatigue, des maux de tête, des douleurs musculaires.

Dès les premiers signes d'énervement, proposez à votre enfant de faire une pause pour boire. Et si la crise est enclenchée, demandez-lui de boire au goulot d'une petite bouteille ou avec une paille. Au-delà de la réhydratation du cerveau, plisser la bouche et se concentrer sur sa respiration nasale vont enclencher immédiatement un processus de détente. Magique, non ?

Quelle eau choisir ?

Seul une eau pure permet une bonne élimination des toxines et rétablit l'équilibre du terrain biologique. Pour les enfants, il convient de choisir une eau faiblement minéralisée et contenant le moins de polluants possible. Pour cela, trois solutions s'offrent à vous : l'eau en bouteille, l'eau du robinet filtrée ou l'eau purifiée par osmose inverse.

L'eau en bouteille

L'eau en bouteille coûte cher et elle n'est pas vraiment écologique. Mais si c'est votre choix, préférez les eaux de sources peu minéralisées. Veillez aussi à ne pas la conserver trop longtemps après achat : la migration des phtalates, du bisphénol A et des autres substances chimiques contenues dans les bouteilles en plastique ne valent pas mieux que les résidus pollués de l'eau du robinet !

L'eau du robinet filtrée

Grâce à des normes sanitaires très strictes, l'eau du robinet est généralement parfaite… d'un point de vue bactériologique ! En revanche, elle peut contenir divers résidus chimiques :

✳ des nitrates (contenus dans les engrais agricoles, ils infiltrent les sols, puis les sources d'eau naturelle qui nous alimentent en eau courante), qui se transforment en nitrite cancérigène sous l'effet de la chaleur (eau de cuisson des pâtes, des légumes, etc.) ;

✳ du chlore, ajouté dans l'eau pour empêcher la contamination bactérienne, mais qui abîme notre tube digestif ;

✱ du calcaire, qui encrasse votre organisme comme il le fait de votre bouilloire !

✱ divers micropolluants (fongicides, pesticides, produits industriels, métaux lourds, médicaments et antibiotiques) difficiles à filtrer ;

✱ mais aussi les bactéries contenues dans les canalisations qui amènent l'eau jusqu'à vous.

Pour contrer ce cocktail nocif, le charbon actif a fait ses preuves. Ce matériau a pour principale propriété l'adsorption (oui, vous avez bien lu !), qui consiste à fixer certaines molécules de gaz ou de liquide de manière réversible : tel un aimant, il va ainsi attirer à lui les molécules nocives ou chimiques contenues dans l'eau du robinet – principalement le chlore et le plomb. Il est ainsi utilisé dans les carafes filtrantes (en plastique ou en verre). Vous pouvez aussi utiliser du charbon à l'état pur, vendu en bâtonnets, que vous placez directement dans une carafe ou une bouteille et que vous laissez agir quelques heures.

Pour qu'ils soient vraiment efficaces (et ne pas devenir eux-mêmes un nid à microbes), les filtres des carafes doivent faire l'objet de quelques précautions : les installer avec des mains propres, veiller à ce qu'ils soient le plus souvent immergés dans l'eau, laver quotidiennement le contenant, changer les filtres dès qu'ils faiblissent, ne pas laisser l'eau stagner trop longtemps et veiller à ce que le filtre choisi ne contienne pas d'iodure d'argent (ce métal lourd toxique est rejeté dans l'eau au bout d'un mois d'utilisation).

Pour éviter ces désagréments, vous pouvez opter pour un système de filtration au charbon actif sur et sous évier, qui élimine mieux les résidus nocifs tout en évitant les manipulations quotidiennes.

L'eau purifiée par osmose inverse

Les maladies dites « de civilisation » (cancer, maladies cardio-vasculaires) se développeraient du fait d'un sang trop alcalin, trop oxydé et chargé en toxines. Pour contrer ces dégâts, certains chercheurs recommandent de boire une eau légèrement acide (PH inférieur à 7, alors que l'eau du robinet est alcaline à cause du chlore et du calcaire), dont la teneur en électrons n'oxyderait pas les cellules et dont la pureté permettrait la bonne élimination des toxines du corps. Un osmoseur est indispensable pour produire cette eau « parfaite ».

Cette machine, qui se place sur ou sous l'évier, utilise la pression du robinet pour purifier l'eau. Schématiquement, l'eau « osmosée » traverse un filtre à charbon actif (bye-bye le chlore et le plomb) puis une membrane micro-perforée extrêmement fine qui intercepte tous les contaminants de l'eau (microbes, bactéries, nitrates, calcaire) pour ne laisser passer que les molécules d'oxygène et d'hydrogène.

L'eau purifiée remplirait totalement son rôle : réhydrater nos cellules pour éviter leur oxydation ; assurer une bonne assimilation des aliments, donc des vitamines, oligoéléments, sels minéraux qu'ils contiennent ; nettoyer le corps en favorisant l'élimination des toxines (par les selles, l'urine, la transpiration).

Ce dispositif présente deux inconvénients : il est cher et encombrant. Mais il permet de disposer en permanence d'une eau d'une qualité parfaite, aussi bien pour boire que pour cuisiner, en supprimant les contraintes d'approvisionnement ou de filtration.

LES REMÈDES NATURELS

Les premières années de nos enfants sont hypermédicalisées et les traitements allopathiques et visites chez le pédiatre souvent nombreux. Ces contacts réguliers avec le corps médical éclairent et rassurent les nouveaux parents. Néanmoins, il pourra être intéressant d'apprendre quelques rudiments de médecine naturelle. Ainsi, la naturopathie, l'homéopathie, l'aromathérapie ou les fleurs de Bach peuvent transformer votre gestion des petits bobos du quotidien, qu'ils soient physiologiques, psychologiques ou comportementaux.

Pourquoi avoir recours aux médecines naturelles ?

Il y a tant de raisons qui nous poussent à nous tourner vers les médecines naturelles ! La première est sans doute qu'elles nous redonnent les clés de notre santé, là où nous avons eu tendance à la laisser entre les mains de spécialistes, si brillants soient-ils, de leur diagnostic ultra-précis et de leurs ordonnances pour le moins complexes. L'être humain est une formidable machine et la médecine moderne a tendance à nous déresponsabiliser quant à son bon fonctionnement. C'est comme si nous avions oublié que notre santé dépend d'abord de nous. C'est précisément là que les médecines naturelles peuvent nous donner un formidable coup de pouce : en vente libre et souvent bon marché, leurs remèdes sont diablement efficaces pour combattre la maladie et, mieux encore, pour la prévenir – sous réserve d'une automédication éclairée ! Leur accès et les ressources qui y sont liées nous permettent de nous poser des questions capitales sur notre état de santé, nos sensations corporelles et nos émotions. Elle nous donne l'opportunité de mieux nous connaître et de reprendre notre santé en main.

Rien ne compte plus, à nos yeux de parents, que la santé de nos enfants. Mais c'est en prenant la mesure de cet état d'esprit que nous leur apprendrons à être responsables d'eux-mêmes, à prendre soin de leur corps et de leur esprit. « Jouer au docteur » pour décrire ses symptômes, évaluer sa douleur, identifier son inconfort, est bien plus sérieux qu'il n'y paraît !

La prévention est un axe fondamental des médecines naturelles, que vous ne pourrez en aucun cas retrouver chez votre médecin « classique », l'allopathie n'intervenant qu'une fois la maladie déclarée. Il est tellement simple de mettre en place des stratégies de protection pendant les périodes hivernales ou d'épidémie qu'il serait dommage de s'en priver (sauf si vous avez envie de profiter de la salle d'attente du pédiatre pour combler votre retard de lecture de magazines féminins ou parentaux !).

Autre différence : les médecines naturelles s'intéressent moins aux symptômes qu'à leur origine. Elles prennent en compte l'individu dans sa globalité (physique et psychologique), ce qui est extrêmement pertinent pour nos petits, qui ont du mal à gérer leurs émotions et pour lesquels les signes extérieurs d'une maladie peuvent avoir une origine psychologique bien plus complexe. C'est souvent lors de maladies à répétition (otites, laryngites) qu'on finit par se tourner vers un homéopathe ou un naturopathe, en se disant : « Après tout, pourquoi pas ? » Mais leur approche alternative permet souvent d'aller au-delà des symptômes pour mettre en lumière une ou plusieurs causes auxquelles nous n'avions pas pensé et trouver enfin une résolution pérenne.

Cette particularité permet spécifiquement aux médecines naturelles d'agir sur les troubles du comportement ou les états émotionnels si difficiles de gérer quand on a deux, quatre ou six ans, voire plus : agressivité, anxiété, cauchemars, difficulté de concentration, jalousie, etc. Qu'il s'agisse de traitements ponctuels (suite à un choc ou pour faire face à un événement stressant, comme la rentrée des classes) ou sur le long terme (à l'arrivée d'un petit frère ou d'une petite sœur, en cas d'agressivité récurrente), les remèdes naturels aident en toute innocuité les enfants à traverser des caps importants et soulagent bien souvent le rôle des parents.

Enfin, si la médecine moderne a pour objectif de tuer les microbes, bactéries et virus qui nous encombrent, elle provoque souvent quelques dégâts collatéraux au passage, notamment en éliminant de nos intestins des bactéries très utiles. Agissant de concert avec les mécanismes de guérison du corps, les médecines naturelles respectent la flore intestinale et rééquilibrent le terrain dans sa globalité, empêchant la maladie de faire irruption à nouveau.

Chez l'enfant, ce processus est très important car il permet de renforcer son système immunitaire, en cours de développement. Dans son *Guide pour soigner mon enfant au naturel,* le docteur Christine Coquart l'explique de manière très claire : « Le principe est simple : si le corps est habitué à devoir surmonter par lui-même pathologies et infections, surtout bénignes, il s'en "souviendra" et pourra le refaire la fois suivante. C'est ce qu'on appelle l'immunité acquise. En revanche, si un médicament "travaille" systématiquement à sa place, l'organisme en gardera également la mémoire. La fois d'après, il attendra qu'un traitement extérieur agisse de cette même façon. Cette auto-immunité est fondamentale en pédiatrie, puisque la petite enfance est une période de pleine construction et de programmation des "schémas" de fonctionnement et de défense de l'organisme. »

Pas de doute, les médecines naturelles sont un allié de poids dans votre rôle de parents. Faisons un rapide tour des disciplines les plus connues et les plus indispensables.

L'aromathérapie

Découvrez le pouvoir des remèdes directement issus des plantes : sommeil, humeurs, mal des transports, coups et bosses, colère, concentration, immunité, maladies hivernales, piqûres d'insecte… Sous une forme ou une autre, aucun mal du quotidien ne leur résiste !

Les huiles essentielles

Utilisées depuis l'Égypte antique, elles font un grand retour et connaissent un fort engouement de la part du grand public. Il faut dire que ces petits flacons d'essence de plantes, réalisés à partir de fleurs, de feuilles, de graines, de fruits, de racines ou d'écorces de plantes, contiennent des principes actifs extrêmement puissants.

Issues de la distillation ou de l'expression d'une partie d'une plante, les huiles essentielles sont hyper-odorantes et leurs usages sont multiples : alimentaires, médicaux, cosmétiques ou ménagers.

En matière de santé, elles s'avèrent très efficaces contre les infections d'origine bactérienne ou virale, mais aussi pour surmonter les troubles du sommeil ou du comportement (excitation, apathie, concentration, agressivité, colère, etc.) ou encore les problèmes musculaires.

Quelques points à connaître

* Les huiles essentielles sont hydrophobes : elles ne se mélangent pas à l'eau. Il s'agit de les utiliser diluées dans une huile végétale, un produit lavant, des sels de bain, etc.

* Ayant une composition chimique extrêmement complexe, les huiles essentielles contiennent de multiples principes actifs, ce qui explique notamment que certaines soient capables d'agir sur de multiples pathologies (c'est le cas, par exemple, de la lavande vraie – voir p. 260).

* Pour être sûr d'utiliser la bonne huile essentielle, avec les propriétés que vous recherchez, reportez-vous toujours à son nom latin. Il existe ainsi huit sortes d'huiles essentielles de thym, trois de basilic, six d'eucalyptus, sept de lavande, et leurs propriétés peuvent être radicalement différentes.

Pour les emplois spécifiques des huiles essentielles, voir p. 268 et suivantes.

* Les huiles essentielles ne doivent pas être utilisées de manière prolongée. Le traitement des troubles liés au sommeil ou à la nervosité, le soutien à l'immunité, par exemple, peuvent être suivis pendant une semaine ou deux, puis il est nécessaire de marquer une pause.

Comment les administrer aux enfants (de plus de cinq ans !)

✔ La voie respiratoire

Respirer les huiles essentielles est le moyen le plus simple et le plus efficace de profiter de leurs bienfaits. En effet, le simple fait d'inhaler leurs molécules chimiques les propulse rapidement dans nos alvéoles pulmonaires, puis dans notre cerveau et dans notre circulation sanguine.

✳ La diffusion d'huiles essentielles peut se faire à l'échelle de toute la maison ou de la chambre seulement, à l'aide d'un diffuseur ou d'un nébulisateur, à raison de dix gouttes par session. En quinze minutes seulement, cela vous aide à chasser les microbes, à installer une ambiance calme ou à faciliter le coucher.

✳ On peut également verser deux à trois gouttes d'huile essentielle sur un galet poreux, sur le coin d'un oreiller ou sur un mouchoir que l'enfant respirera doucement dès que le besoin s'en fera sentir – pour déboucher le nez ou faire passer des nausées en voiture.

✳ Enfin, on peut aussi ouvrir un flacon et demander à l'enfant de l'inhaler quelques instants pour calmer ses pleurs et se sentir réconforté !

✔ La voie cutanée

C'est l'autre mode d'administration préconisé pour les enfants. Là aussi, il y a plusieurs manières de procéder.

✳ Pour désinfecter une plaie, arrêter un saignement ou soulager une piqûre de moustique, versez une goutte d'huile essentielle (mélangée à une infime quantité d'huile végétale) sur une compresse, un coton, un pansement ou un coton-tige (piqûre d'insecte).

> ### ATTENTION !
>
> L'usage d'huiles essentielles est déconseillé pour les enfants de moins de cinq ans. N'oubliez pas de les diluer dans de l'huile végétale ou des émulsions naturelles (crème, gel douche, etc.).

✱ Pour un profond moment de détente, mélangez deux ou trois gouttes d'huile essentielle à une cuillerée à soupe d'huile végétale et effectuer un massage du dos, du ventre, du thorax.

✱ Pour une action à la fois cutanée et respiratoire, préparez un bain aromatique en diluant trois à cinq gouttes dans une cuillerée à soupe de savon liquide (pour une baignoire de taille adulte).

✱ Pour une action rapide, mélangez une ou deux gouttes d'huile essentielle avec une infime quantité d'huile végétale et passez ce mélange avec votre doigt sur la face intérieure des poignets de votre enfant, au niveau de la carotide, sur le plexus ou encore sous la voûte plantaire.

✱ Enfin, pour les maux de ventre, déposez deux gouttes d'huile essentielle sur une serviette mouillée chaude que vous aurez bien essorée et pliée, puis laissez appliquer une quinzaine de minutes.

La lavande vraie : pour tester avant de vous lancer

Si vous souhaitez faire un essai avant de vous lancer dans l'aromathérapie, commencez par vous procurer un seul petit flacon d'un produit star, l'huile essentielle de lavande officinale (appelée aussi *Lavandula angustifolia* ou lavande vraie) ! C'est une fabuleuse touche-à-tout, puisqu'elle peut :

✱ calmer (en petites touches à l'intérieur des poignets ou sur le plexus, par exemple) ;

✱ détendre physiquement, car elle est un bon décontractant musculaire (en diluer trois à cinq gouttes dans une cuillerée à soupe de bain moussant) ;

✱ diminuer le stress (voie respiratoire) ;

✱ favoriser une nuit calme (diffusion dans la chambre avant le coucher) ;

✱ réduire les démangeaisons ou les irritations de peau (l'associer à de l'huile végétale de Calendula),

✱ calmer les brûlures et coups de soleil (dans un gel d'aloe vera) ;

✱ désinfecter et cicatriser une plaie (une goutte sur un coton-tige ou une compresse), et diminuer la douleur (propriétés anesthésiques) ;

LES REMÈDES NATURELS

> **EN APARTÉ**

PRÉCAUTIONS D'EMPLOI

— Respectez toujours les conseils de dilution donnés à titre indicatif. Une goutte est une goutte : si une quantité plus importante tombe du flacon, jetez la préparation et recommencez.

— Avant la première utilisation, vérifiez que votre enfant n'est pas allergique en appliquant quelques gouttes de l'huile essentielle choisie (ou du mélange) dans le pli du coude, puis attendez vingt-quatre heures pour voir si une réaction cutanée se produit.

— N'appliquez jamais une huile essentielle pure ; la voie cutanée diluée et la diffusion atmosphérique sont à privilégier avec les enfants de plus de cinq ans.

— Lisez attentivement les fiches techniques données avec chaque huile essentielle pour respecter les conseils d'utilisation qui lui sont spécifiques. En effet, certaines huiles sont irritantes et doivent donc être diluées, d'autres ne conviennent pas aux enfants de moins de trois ans, d'autres encore aux enfants de moins de sept ans ou aux épileptiques, certaines sont photosensibilisantes, etc.).

— Ne laissez jamais vos flacons d'huiles essentielles à portée de main des enfants.

✱ régénérer la peau et réduire les cicatrices (associée à de l'huile végétale de rose musquée).

Cela semble presque magique, non ? Mais attention, l'emploi des huiles essentielles exige une grande prudence, car ces extraits végétaux sont très puissants. *Petit rappel : ne pas les employer pures et ne pas les utiliser sur les enfants de moins de cinq ans.*

Les huiles végétales et les macérats huileux

Associés aux huiles essentielles ou utilisés purs, les huiles végétales et les macérats huileux sont élaborés à partir de graines, de fruits oléagineux ou de plantes. Chaque produit a des propriétés précises.

Huiles végétales et macérats huileux constituent un support parfait pour diluer les huiles essentielles et peuvent même en potentialiser les effets. Utilisés purs, ils seront très utiles pour nourrir la peau fragile des enfants lors des soins quotidiens.

Parmi mes préférées

✻ L'huile de Calendula adoucit toutes les peaux, même les plus irritées. Elle est idéale pour les massages «douceur» grâce à ses vertus apaisantes. Elle présente une odeur délicate.

✻ L'huile d'arnica permet de décontracter les tensions musculaires inhérentes à la vie mouvementée des petits et à leurs phases de croissance.

✻ L'huile de bourrache, très concentrée en oméga 6, équilibre l'humeur des enfants et répare les lésions provoquées par l'eczéma (achetez-la en petit flacon, car elle rancit vite).

✻ Pour les enfants qui détestent la sensation de «gras» sur la peau, l'huile de noisette évite ce désagrément tout en permettant aux principes actifs des huiles essentielles associées de pénétrer très profondément dans le corps.

Les hydrolats

Également appelés «eaux florales», ces cousins tout doux des huiles essentielles sont issus de la distillation de fleurs, comme leur nom l'indique. Il s'agit en fait de la vapeur d'eau qui a servi à extraire les molécules d'huiles essentielles dans l'alambic. Au passage, cette vapeur s'est imprégnée des molécules hydrosolubles de la plante, s'enrichissant ainsi de propriétés thérapeutiques.

Les hydrolats ont les mêmes vertus que les huiles essentielles, mais ils leurs effets sont beaucoup plus doux et ils ne présentent donc aucune

> ### EN APARTÉ
>
> ## PRÉCAUTIONS D'EMPLOI
>
> Contrairement aux huiles essentielles, les hydrolats peuvent sans problème être administrés aux enfants, à condition de respecter ces deux précautions :
>
> — Préférez les hydrolats bio (les autres peuvent contenir de l'alcool) et vérifiez bien que la liste des ingrédients se limite à deux mentions, le nom latin de la plante et de l'eau !
>
> — Après ouverture, placez vos flacons au réfrigérateur pour une meilleure conservation (ils pourront ainsi se garder plusieurs mois une fois entamés).

contre-indication. Ils s'utilisent sans risque sur la peau des enfants, qui peuvent même les ingérer (une cuillère à café ou à soupe selon leur âge), purs ou dilués dans un verre d'eau.

Quelques indications

✶ Les eaux florales de lavande vraie, de fleur d'oranger ou de camomille ont un parfum et un goût agréables et elles sont apaisantes : sur une débarbouillette, elles laisseront la peau douce ; au dîner, une cuillerée à soupe dans un verre d'eau facilitera l'endormissement ou favorisera un état de calme et de détente !

✶ L'eau florale de bleuet est formidable pour les irritations oculaires, les débuts de conjonctivite et autres petits problèmes de « poussière » dans l'œil.

✶ L'eau florale de rose de Damas chasse les tensions et réduit les colères, irritations et autres sursauts d'agressivité chez l'enfant, pour l'amener à un état de paix intérieure, d'harmonie, voire d'euphorie.

L'homéopathie

Qu'il s'agisse de l'arnica contre les bleus et les bosses ou de *Chamomilla* contre les douleurs dentaires, l'homéopathie avec les enfants a fait ses preuves.

En granules, globules (billes minuscules pour les tubes unidoses), suppositoires ou teintures mères, cette médecine est toujours fondée sur le même principe : l'administration à doses infinitésimales et dynamisées d'une substance qui, donnée en grande quantité, occasionnerait, chez un sujet sain, des symptômes identiques à ceux de la personne traitée. Ainsi, une piqûre d'araignée ou d'abeille sera soulagée par des granules de Tarentula ou d'Apis mellifica, remèdes composés à partir d'araignées ou d'abeilles entières (poche de venin et/ou dard compris). Autre exemple, Alium cepa, issu de l'oignon, est souvent préconisé pour les rhumes où le nez et les yeux coulent abondamment. L'homéopathie soigne donc selon un principe de similitude (le mot vient ailleurs du grec *homoios*, « semblable », et *pathos*, « maladie »).

L'homéopathie est une médecine naturelle d'une incroyable précision. D'ailleurs, l'entretien avec un praticien spécialiste ressemble parfois à

> **EN APARTÉ**
>
> ### PRÉCAUTIONS D'EMPLOI
>
> — Dans votre armoire à pharmacie, séparez bien les huiles essentielles des remèdes homéopathiques.
>
> — Alternez, en les espaçant de plusieurs heures, la prise d'huiles essentielles et de remèdes homéopathiques : les premières ont en effet la capacité d'altérer l'efficacité des seconds.
>
> — Privilégier la prise des granules à distance des repas et expliquez bien à l'enfant que – pour que le remède fonctionne – il doit le laisser fondre sous la langue...

un véritable interrogatoire : il pourra vous interroger longuement sur la manière dont vous transpirez (endroits, horaires, sensations, sueurs chaudes ou froides), vos envies et aversions alimentaires du moment, si vous vous mouchez « clair » ou « jaune », etc. De ces questions résulte une prescription très efficace, même pour des maladies aiguës.

Pour les emplois spécifiques des remèdes homéopathiques, voir p. 268 et suivantes.

L'homéopathie suscite de vives controverses, mais ses utilisateurs ne s'y trompent pas et leur nombre augmente chaque année. L'homéopathie commence d'ailleurs à faire son entrée à l'hôpital et de plus en plus de médecins allopathes se forment dans cette discipline pour compléter leurs soins.

L'homéopathie est une affaire de spécialistes et il est vraiment utile de connaître un excellent praticien près de chez soi. Cependant, l'absence de toxicité de ses remèdes en fait une option intéressante pour l'automédication, notamment avec des enfants. Ces derniers se montrent d'ailleurs souvent très enthousiastes quand il s'agit de prendre des granules. Que l'on choisisse des remèdes « flash » (micro-doses de globules, suppositoires ou prises très fréquentes de granules) ou une médication sur plusieurs jours, voire plusieurs semaines (granules ou teintures mères), les résultats sont parfois très bluffants, notamment avec les petits qui n'ont aucun préjugé sur l'efficacité des « petites billes blanches ».

Les fleurs de Bach

Découvertes par un médecin anglais, le docteur Edward Bach, dans les années 1930, les fleurs de Bach sont des élixirs floraux réalisés à partir d'essences de fleurs et stabilisés avec de l'alcool et de l'eau.

Aussi incroyable que cela puisse paraître, ce système de trente-huit fleurs des champs a été conçu pour favoriser l'harmonisation des émotions. Agissant de façon subtile, comme l'homéopathie, quelques gouttes de ces élixirs peuvent rééquilibrer les émotions, chez les enfants comme chez les grands !

Vous disposez donc, avec les fleurs de Bach, d'un outil formidable pour aider votre enfant dans ces tempêtes émotionnelles qui le submergent parfois et pour l'accompagner à développer une meilleure maîtrise de ses émotions. Essayez-les et vous les adopterez à coup sûr dans votre quotidien.

Certaines aident à trouver le calme ou la confiance en soi, libèrent des peurs, permettent d'accepter la contrariété. D'autres aident à mieux écouter les autres, favorisent les états de concentration, permettent de mieux affronter les difficultés ou de surmonter des chocs. On les trouve dans les magasins bio (autour de 10 € le flacon de 30 ml, pour un nombre d'utilisations très élevé).

Comment les administrer ?

Trouver, parmi les trente-huit fleurs de Bach, le ou les élixirs qui conviennent le mieux à une situation donnée nécessite un peu de connaissances, de finesse et d'intuition sur ce que ressent réellement votre enfant.

« Qu'est-ce que je ressens ici et maintenant ? » Voilà la question qu'il faut que vous vous posiez – en vous mettant à la place de votre enfant – pour identifier la ou les fleurs à lui donner. Une fois ce choix arrêté, vous avez deux solutions pour administrer le remède.

✽ Versez une goutte d'élixir dans un verre d'eau que vous donnerez à boire à l'enfant deux à quatre fois par jour.

✽ Plus simple encore – notamment avec les très jeunes enfants –, munissez-vous d'un flacon en verre ambré de 30 ml avec pulvérisateur et versez-y trois gouttes de chaque fleur et ajoutez 25 cl d'eau de source. Faites ensuite deux pulvérisations quatre fois par jour dans la bouche de l'enfant. Refaites le mélange chaque jour.

Pour faciliter votre choix, certains laboratoires ont mis au point des « élixirs composés » (associant les propriétés de plusieurs fleurs) pour les problèmes de sommeil, d'humeur, de stress. Le plus connu est le Rescue (ou « remède d'urgence »), dont la formule a été pensée par le docteur Bach lui-même pour surmonter les chocs émotionnels ou corporels. Dans tous les cas préférez les élixirs avec un label AB (bio).

Une semaine de traitement suffit généralement pour constater une nette amélioration ! Dans le cas de problèmes plus profonds ou installés depuis longtemps, on peut continuer le traitement jusqu'à trois semaines.

Pour aider l'enfant dans ses crises émotionnelles

Parler avec votre enfant du « traitement » que vous vous proposez de lui administrer peut avoir un réel impact sur le processus d'harmonisation émotionnel. Voici quelques conseils qui peuvent en augmenter ou en accélérer les effets.

✳ Selon l'âge de l'enfant, vous pouvez revenir quelques instants avec lui sur un schéma comportemental qui se répète (la colère par exemple) ou sur un sentiment qui semble l'envahir en ce moment (la peur de la rentrée des classes, par exemple), au besoin avec des livres pour enfants traitant du sujet.

✳ Engagez la conversation s'il le souhaite ou contentez-vous de lui donner les fleurs de Bach en lui disant que vous avez conçu spéciale-ment pour lui un élixir à base de plantes qui pourrait l'aider à traverser cette période.

✳ Montrez-lui des illustrations des différentes fleurs que vous avez choi-sies pour lui. Les enfants y sont souvent très sensibles.

✳ Expliquez-lui que, pour que l'élixir soit efficace, il devra prendre deux pulvérisations, plusieurs fois par jour (le matin au réveil, avant de déjeuner, avant de goûter et avant d'aller se coucher). Veut-il essayer maintenant ?

✳ S'il refuse, ne le forcez pas et réessayez un peu plus tard.

Les enfants étant sans préjugés, les effets ne tarderont pas à se faire sentir ! Il est même possible que votre enfant vous réclame spontané-ment sa « potion de fleurs ».

En revanche, si vous ne constatez aucune amélioration au bout de cinq jours, peut-être devriez-vous revoir votre sélection, demander conseil dans une herboristerie ou dans une pharmacie spécialisées dans les remèdes naturels ou encore prendre rendez-vous chez un professionnel.

Votre armoire à pharmacie naturelle

Pour les petits problèmes récurrents ou pour certains bobos ou troubles saisonniers, votre armoire à pharmacie gagnera à contenir une large palette de remèdes naturels. Pensez aussi aux crises émotionnelles que vous pouvez accompagner avec de l'homéopathie, de l'aromathérapie ou des fleurs de Bach.

> **RAPPEL!**
>
> L'usage d'huiles essentielles est déconseillé pour les enfants de moins de cinq ans. N'oubliez pas de les diluer dans de l'huile végétale ou des émulsions naturelles (crème, gel douche, etc.).

Au quotidien

Que vous cherchiez une alternative aux remèdes allopathiques, à aider vos enfants à développer leur immunité ou à contrer le fameux «virus du vendredi soir» (celui qui va pourrir votre week-end sans que vous puissiez décrocher un rendez-vous chez un médecin), votre armoire à pharmacie doit contenir quelques «indispensables». Heureusement, ces remèdes ont souvent un spectre très large, se conservent longtemps, agissent en parfaite innocuité (si l'on respecte la posologie) et sont bon marché.

Gérez la fièvre avec les remèdes naturels

La fièvre est un des premiers symptômes d'une infection. Mais elle est aussi le premier remède naturel que le corps met en place pour lutter contre les maladies. Jusqu'à 38,5 °C, ce mécanisme de défense permet en effet à l'organisme d'évacuer virus et bactéries (cela fonctionne un peu comme la pyrolyse dans un four autonettoyant!). Donc, ne bran-

LES REMÈDES NATURELS

> ### EN APARTÉ
>
> ## DU SOLEIL EN GOUTTES
>
> La vitamine D, c'est la vitamine du soleil : nous la synthétisons naturellement en nous exposant 30 minutes par jour à ses rayons. Elle est capitale pour une bonne santé physique et mentale. Elle facilite notamment l'absorption du calcium et du phosphore (donc la solidité des os) et renforce les défenses naturelles. Du fait de nos modes de vie sédentaires et urbanisés, les enfants en manquent souvent. Les pédiatres en prescrivent d'ailleurs régulièrement durant les premières années de vie (une dose trimestrielle ou annuelle).
>
> Pour un apport régulier, la vitamine D3 naturelle est une bonne option. Une à deux gouttes par jour, directement sur la langue ou à intégrer à une compote en automne ou en hiver constituent un apport très intéressant.
>
> L'organisme pouvant métaboliser la vitamine D, un apport n'est utile que pendant les mois de faible ensoleillement ou dans le cas où, pour des raisons de santé ou de mauvais temps, l'enfant reste plusieurs semaines sans sortir.

dissez pas la fameuse pipette de Doliprane dès que la température dépasse les 37,5 °C, mais laissez plutôt le corps réagir (un peu). Bien sûr, la fièvre est à surveiller de près avec les enfants (investissez dans un thermomètre auriculaire pour rendre cette opération la moins pénible possible pour vos petits).

Pour accompagner le corps dans ses mécanismes de guérison et faire baisser la fièvre, plusieurs remèdes homéopathiques sont à envisager (à prendre toutes les 30 minutes jusqu'à amélioration).

✶ Belladona 9 CH : la fièvre est apparue de manière brutale et immédiatement très élevée, la peau de l'enfant est très chaude, il est rouge, transpire, demande à boire, alterne agitation et apathie.

✳ Aconitum 15 CH : la fièvre est là aussi brutale et élevée, mais sans sueur – elle fait probablement suite à un coup de froid.

✳ Ferrum phosphoricum 5 CH : pour des fièvres modérées (38,5 °C) et lorsque d'autres symptômes l'accompagnent (yeux brillants, visage pâle, nez qui coule, mal aux oreilles ou à la gorge).

Pour soutenir les défenses immunitaires, accompagnez le remède homéopathique d'une dose d'oligoéléments de cuivre, or, argent par jour (sous forme d'ampoule, par exemple) ou de trois petits verres de solution au sel de nigari (voir encadré page ci-contre).

Pour les petits coups durs

✔ Brûlures

Imbibez un linge de potion de nigari que vous maintenez sur la zone concernée. Donnez aussi cinq granules Belladonna 9 CH toutes les deux heures jusqu'à disparition de la douleur. Auparavant, il faut laisser la brûlure au moins dix minutes dans l'eau tiède (jamais froide).

✔ Coups, bleus et bosses

La pommade et les granules d'arnica, bien sûr ! Une goutte d'huile essentielle de lavande vraie pour son effet antalgique (contre la douleur), cicatrisante et relaxante (enfants de plus de cinq ans).

✔ Saignements

L'huile essentielle de géranium rosat stoppe les hémorragies. Vous pouvez en mettre une goutte pure sur un pansement pour que le saignement cesse rapidement. En cas de saignement de nez, déposez-en une seule goutte sur une mèche de coton et insérez-la dans la narine concernée. Mais avant de procéder à ce soin, assurez-vous que l'enfant supporte le parfum très fort et très caractéristique de cette huile essentielle. Certaines personnes sont même intolérantes au géranium.

✔ Chagrins, colères…

… et autres peurs ou pleurs dus à une douleur physique ou psychique. Vite, deux pulvérisations de Rescue (fleurs de Bach) !

EN APARTÉ

LE SEL DE NIGARI :
DU MAGNÉSIUM 100 % NATUREL

Le magnésium est un oligoélément indispensable à l'organisme pour la production d'énergie, la transmission des influx nerveux, la stimulation des défenses immunitaires, la régénération cellulaire, la contraction musculaire. Il joue un rôle essentiel chez les enfants, en pleine période de développement cérébral et physique !

Le magnésium agit à en qualité de régulateur du comportement neurologique, pour réduire anxiété, nervosité, agressivité, insomnie, etc. Il joue aussi un rôle important sur la maturation cérébrale et entretient un bon fonctionnement cognitif (concentration, mémoire, apprentissage). Les apports recommandés sont de 250 mg/jour pour un enfant. Ils peuvent être en grande partie couverts par une alimentation riche en légumes verts, céréales complètes et oléagineux, mais une supplémentation reste nécessaire sera de toute façon nécessaire (de manière ponctuelle ou en cure courte deux fois par an), car seule une infime partie du magnésium apporté par les aliments est assimilé par l'organisme. Sans compter que nos besoins et ceux de nos enfants ont considérablement augmenté du fait de la pollution et du stress tant physique qu'émotionnel.

Étant laxatif et acidifiant, le magnésium est à doser selon l'enfant, notamment en cas de problèmes rénaux ou de troubles intestinaux récurrents.

Le magnésium peut s'acheter en pharmacie sous différentes formes et il est parfois combiné avec diverses vitamines. Mais pour une option 100 % naturelle, il vaut mieux privilégier le sel de nigari. Cette algue japonaise contient près de 90 % de chlorure de magnésium, très bien assimilé par l'organisme. De surcroît, ce magnésium premier choix ne coûte presque rien : environ 3 € le sachet de 500 g dans les épiceries bio !

Mode d'emploi

Diluez trois cuillerées à soupe de sel de nigari dans un litre d'eau peu minéralisée. Cette solution se conserve plusieurs mois au réfrigérateur où elle perd au fil du temps son goût amer. Car cette potion de super-héros est horrible à boire ! Mieux vaut y préparer vos enfants pour les inciter à l'avaler le plus vite possible (vous pouvez aussi la diluer dans un jus de fruit).

Posologie

À prendre toutes les six heures en cas de crise ou une à deux fois par jour en cure : 60 ml à deux ans, 80 ml à trois ans, 100 ml à quatre ans, 120 ml pour un enfant de cinq ans et plus.

Bienfaits

Avec une bouteille toujours prête au frigo, l'idée consistera à faire boire à l'enfant un petit verre dès que le besoin s'en fera sentir :

— pour retrouver une énergie sereine (contre l'excitation, l'irritabilité, la fatigue physique ou nerveuse) ;

— pour développer la concentration et supporter le développement cérébral (mémoire, apprentissage) ;

— pour développer l'immunité (hiver ou d'épidémies) ;

— pour soigner les troubles de l'hyperactivité, mais aussi agir positivement sur l'autisme, l'épilepsie ou la spasmophilie. (Lire à ce sujet l'ouvrage de Marianne Mousain-Bosc, *Hyperactivité, la solution magnésium*, Éditions Thierry Souccar, 2014.)

— pour juguler virus et bactéries (dès les premiers symptômes ou lors d'épisodes de fièvre) ;

— pour nettoyer les petites blessures et plaies superficielles ;

— contre la constipation passagère ;

— en lotion pour les problèmes de peau de type eczéma ;

— pour soigner les brûlures et faire disparaître la douleur.

✔ Douleurs de croissance

Massez le corps ou les parties douloureuses avec de l'huile à l'arnica et donnez cinq granules de Rhus tox 9 CH pendant trois à cinq jours.

Pour les inconforts du quotidien

✔ Constipation occasionnelle

Des sachets de tisane à base de mauve et de guimauve (rien que le nom convaincra l'enfant de l'avaler) ou un à deux petits verres de potion de nigari.

✔ Eczéma et autres irritations de la peau

Ces affections touchent de nombreux enfants de manière plus ou moins sévères. Pour les soulager, abordez les soins quotidiens avec beaucoup de douceur, par exemple en débarbouillant le visage avec de l'eau florale de camomille plutôt qu'à l'eau pure. Vous pouvez aussi ajouter dans l'eau du bain de l'amidon de blé (en pharmacie). Vous pouvez aussi appliquer régulièrement sur l'ensemble du corps ou sur les parties concernées un mélange d'huile végétale de Calendula et d'huiles essentielles de lavande vraie et de camomille romaine (trois à cinq gouttes en tout dans une cuillerée à soupe d'huile végétale).

✔ Mal des transports

La Cocculine, complexe homéopathique, fonctionne très bien si elle est donnée avant ou pendant le trajet. Pour des nausées ou maux de ventre subits, faites respirer à l'enfant de l'huile essentielle de citron ou de gingembre sur un mouchoir.

✔ Maux de ventre

Utilisez de l'huile essentielle de camomille romaine diluée dans de l'huile d'amande douce, soit en massage délicat sur le ventre (en réalisant des mouvements circulaires lents dans le sens des aiguilles d'une montre), soit en cataplasme chaud (deux gouttes d'huile essentielle sur une serviette mouillée à l'eau chaude et bien essorée, que vous appliquez sur le ventre pendant dix à quinze minutes). Colocynthis 9 CH est également très efficace si les crampes sont douloureuses et nécessitent de se coucher en chien de fusil.

✔ Oxyures (vers dans les selles)

Faites des cures d'antiparasitaire naturel à chaque changement de saison, par exemple de l'extrait de pépins de pamplemousse : diluez dans un peu d'eau un nombre de gouttes équivalent à la moitié du poids de l'enfant (à prendre en trois fois au cours de la journée). En cas de crise, donnez trois jours de suite deux cuillerées à café de sirop végétal Massif de la Chartreuse, c'est imparable ! Consolidez le traitement en administrant Cina 30 CH, cinq granules une fois par jour, puis une dose de Cina 30 CH une fois par semaine (le dimanche soir, par exemple) pendant trois mois.

✔ Poux

En prévention lors de périodes d'épidémie, l'huile essentielle de lavandin super sur le col des habits : une goutte diluée dans un peu d'huile ou de crme et appliquée sur la nuque ou derrière les oreilles constitue un formidable répulsif et parasiticide ! Vous pouvez compléter ce dispositif par une à deux gouttes sur l'oreiller ou ajouter une goutte dans la dose de shampoing liquide.

Pour éradiquer les poux, laissez poser pendant une heure un masque à base d'huile d'olive ou d'huile de coco additionnée de quelques gouttes d'huile essentielle de lavandin super (5 gouttes pour 100 ml d'huile végétale), puis donnez un shampoing.

Pour l'été

✔ Soleil et autres agressions de la peau

✱ Prévoyez toujours un flacon d'huile de Calendula ou un pot de crème à base d'aloe vera à appliquer quand l'enfant a pris le soleil ou si sa peau est desséchée par l'eau de la mer ou de la piscine, irritée par le sable ou les bouées gonflables. Ces deux soins vont apaiser l'épiderme et le nourrir en profondeur.

LES REMÈDES NATURELS

> **RAPPEL !**
>
> L'usage d'huiles essentielles est déconseillé pour les enfants de moins de cinq ans. N'oubliez pas de les diluer dans de l'huile végétale ou des émulsions naturelles (crème, gel douche, etc.).

✱ En cas de coup de soleil, Apis mellifica 9 CH atténuera les rougeurs rapidement (trois granules trois fois par jour). Si la zone est douloureuse et chaude, associez à ce traitement Belladona 5 CH dans les mêmes proportions.

✓ **Égratignures**

✱ Quand on passe l'été en culotte courte, on risque fort de s'égratigner les genoux, entre autres ! Nettoyer les plaies à l'eau et appliquez une compresse avec une goutte d'huile essentielle de lavande vraie et une goutte d'huile essentielle de tea-tree.

✱ Pour favoriser la cicatrisation, utiliser de l'huile essentielle de géranium (elle régénère les tissus cutanés), associée à de l'huile végétale de rose musquée.

✓ **Insectes**

✱ Pour éloigner moustiques et insectes, les répulsifs aux huiles essentielles sont très efficaces et non toxiques. Vous pouvez aussi réaliser un mélange d'huile végétale et d'huiles essentielles de citronnelle, de combawa et de géranium rosat que vous appliquerez en massage sur le corps de vos enfants.

✱ En cas de piqûres, donnez cinq granules de Ledum palustre (ou d'Apis mellifica 5 CH s'il s'agit d'une piqûre d'abeille ou de guêpe).

Pour l'hiver

Novembre à mars est souvent une période noire pour les enfants qui enchaînent rhino, angines, gastros et coups de fatigue.

En prévention

Durant cette période sensible, il est très utile de soutenir le système immunitaire en administrant au choix, pendant tout l'hiver :

✳ une ampoule de cuivre, or, argent deux fois par semaine ;

✳ des probiotiques (sous forme de comprimés à croquer, pour les enfants à partir de deux ans) ;

✳ de l'extrait de pépins de pamplemousse à diluer dans de l'eau (le nombre de gouttes est équivalent à la moitié du poids de l'enfant, à répartir en trois prises dans la journée) ;

✳ des huiles essentielles antivirales en diffusion : eucalyptus radié, thym à linalol, tea-tree ou citron, pendant dix à vingt minutes matin et soir dans toute la maison, ce qui évitera que les microbes migrent dans toute la fratrie (attendre 30 minutes à 1 heure avant de faire rentrer les enfants dans la pièce) ;

✳ un petit verre de potion de nigari par jour ;

✳ une goutte d'huile essentielle de tea-tree (diluée) sous la plante des pieds (pendant les périodes d'épidémie).

La période « sensible » est longue, mais veillez à ne pas utiliser le même remède plus de trois semaines de suite et alternez les traitements.

Un rhume ?

Anti-infectieuses, les huiles essentielles de ravintsara et de thym à linalol combattent virus et infection. De surcroît, elles stimulent les défenses immunitaires. Veillez à en avoir toujours dans votre armoire à pharmacie. Vous pouvez éventuellement les associer à des remèdes homéopathiques plus ciblés.

✳ Contre un petit coup de froid ou un état un peu fébrile, administrez sans attendre cinq granules d'Aconitum napellus 9 CH.

✳ Votre intuition vous dit que c'est la rhino qui pointe son nez ? Belladonna 5 CH toutes les deux heures !

✳ Si le nez coule en abondance (écoulement clair), donnez-lui Allium cepa composé.

LES REMÈDES NATURELS

✳ Si le nez coule et qu'il est bouché en même temps, Kalium muriaticum 9 CH.

✳ Si le nez coule jaune ou verdâtre, Kalium bichoricum 15 CH.

✳ Si l'infection touche globalement la sphère ORL (rhume avec maux de gorge ou douleurs à l'oreille), Ferrum phosphoricum 9 CH.

✳ Si l'enfant est vraiment très encombré, l'huile d'eucalyptus radié va dégager ses voies respiratoires (à diffuser dans sa chambre 10 minutes avant le coucher ou à faire respirer quelques instants sur un mouchoir).

✳ Enfin, procédez plusieurs fois par jour au nettoyage du nez. La technique du mouchage est indispensable pour fluidifier les sécrétions et enrayer l'inflammation. Pour la rendre encore plus efficace, testez une pulvérisation de Rhinargion-A dans chaque narine : ce spray à base d'argent colloïdal est un anti-infectieux puissant, de surcroît très doux pour les muqueuses nasales.

Une toux ?

Au coucher, massez le thorax avec de l'huile essentielle d'eucalyptus radié diluée dans une l'huile végétale et/ou donnez le matin des granules de drosera composé.

Une otite ?

Elle accompagne souvent le rhume. Masser le pourtour de l'oreille (derrière et devant, puis descendre légèrement sur le bas de la mâchoire) avec une goutte de lavande vraie et une goutte de ravinstara diluées dans une cuillerée à café d'huile végétale d'arnica pour soulager rapidement votre enfant.

Associez cette action aux remèdes homéopathiques plus ciblés : cinq granules toutes les deux heures jusqu'à ce que la douleur soit supportable, puis espacez trois prises par jour jusqu'à disparition des symptômes.

✳ Si la douleur est très vive et brûlante, Capsicum annuum 7 CH.

✳ Si la douleur est lancinante, Belladonna 5 CH ou Aurum metallicum 5 CH.

* Si l'enfant est coutumier du fait, Aviaire 15 CH.
* Si l'oreille suppure, Kalium muriaticum 15 CH pour assécher l'écoulement.

Mal à la gorge ?

Optez pour du miel bio ou des pastilles à la propolis. Si l'enfant souffre, donnez Belladonna 9 CH (cinq granules toutes les deux heures jusqu'à ce que la douleur baisse en intensité, puis trois prises par jour), associé à Phytolacca decandra 7 CH, très efficace contre les infections de la gorge (cinq granules une à deux fois par jour).

C'est la grippe ?

Une dose d'Oscillococcinum toutes les six heures dès les premiers symptômes permettra de maîtriser l'évolution de la maladie. Pour faire baisser la fièvre et réduire rapidement frissons et courbatures, associez à ce traitement des granules de Bryonia 5 CH… et beaucoup de repos.

Pour les crises émotionnelles, les troubles psychologiques ou du comportement

Pas question de médicamenter nos enfants pour les rendre dociles, sages, performants et béatement heureux ! La vie est faite de trous et de bosses, de poussées d'énergie et d'appels au repos. Pour nos enfants aussi ! Nous devons aussi accepter qu'ils grandissent à leur rythme (avec leur immaturité cérébrale, notamment dans la gestion des émotions) et leur laisser le temps de parfaire leur personnalité. Seul un accompagnement parental bienveillant et patient leur est absolument nécessaire.

> **RAPPEL !**
>
> L'usage d'huiles essentielles est déconseillé pour les enfants de moins de cinq ans. N'oubliez pas de les diluer dans de l'huile végétale ou des émulsions naturelles (crème, gel douche, etc.).

Néanmoins, les remèdes naturels peuvent aider les enfants à passer des caps difficiles et inconfortables.

Dans les pages qui suivent, les élixirs de fleurs de Bach sont signalés par l'abréviation FB (par exemple, Aspen FB) pour que vous puissiez les identifier plus facilement.

Si l'enfant a du mal à trouver le sommeil ou que celui-ci est perturbé

✱ Proposez une tisane à base de tilleul, verveine, passiflore et mélisse en hiver ou de l'eau aromatisée à l'eau de fleur d'oranger en été (une cuillerée à soupe dans un verre d'eau).

✱ Si les difficultés d'endormissement sont liées à une angoisse, Aspen FB apportera un sentiment de paix intérieure et de calme en cas de peur diffuse où plusieurs causes peuvent être invoquées (peur de l'école, du noir, des monstres, de ne pas s'endormir, de faire des cauchemars, d'être seul…). À l'inverse, si la peur est clairement identifiée, donnez-lui Mimulus.

✱ Pour les enfants surexcités par leur journée et qui ont du mal à décrocher et à canaliser leur énergie, vous pouvez donner Impatiens FB ou Vervain FB. Par ailleurs, les huiles essentielles de mandarine verte, d'orange douce ou de petit grain bigarade apaisent le mental et relaxent le corps. Celle de marjolaine à coquille est sédative, calmante et relaxante.

✱ Si les difficultés (insomnies ou réveils nocturnes) sont installées depuis longtemps, essayez cinq granules de Passiflora 5 CH ou Passiflora composé pendant trois semaines au coucher.

✱ Contre les cauchemars et les terreurs nocturnes, donnez au coucher Stramonium 9CH et Rock Rose FB (trois granules de chaque pendant quinze jours) pour calmer les sentiments de panique.

✱ L'énurésie (pipi au lit) a son remède miracle, l'huile essentielle de cyprès de Provence, dont l'action sur le système nerveux permet de réduire les réactions non contrôlées. À appliquer le soir au coucher, en massage sur le ventre, diluée dans de l'huile végétale.

Si l'enfant présente un problème d'énergie (excès ou manque)

✱ Il est rêveur, perpétuellement la tête dans la lune, un peu apathique ? Clematis FB va l'aider à poser les pieds sur terre.

✱ •Hyperémotif, il se sent découragé à la moindre difficulté ou il a constamment besoin d'être soutenu ou complimenté pour se mettre en route ? Gentian FB développera chez lui de la persévérance.

✱ Il n'a pas confiance en lui, ne tente rien sous prétexte qu'il ne va pas y arriver, demande toujours l'avis des autres ? Cerato FB et Larch FB l'aideront à se faire confiance et s'affirmer.

✱ Il est stressé, angoissé, il gamberge facilement, il a souvent mal au ventre ou des difficultés à s'adapter (changement de classe, déménagement) ? Les huiles essentielles de marjolaine à coquilles (ou marjolaine des jardins), de lavande vraie ou de petit grain bigarade (en diffusion, en massage ou une goutte sur le plexus ou l'intérieur des poignets) vont apaiser ses craintes et le détendre.

✱ Il soupire, traîne des pieds, pourrait passer sa journée à regarder la télévision ? Hornbeam FB et Wild Rose FB vont lui redonner le goût de l'action et développer son esprit d'initiative. Diffusez également de l'huile essentielle de bergamote, pour son effet tonique.

✱ Il est rigide, perfectionniste, très dur avec lui-même comme avec les autres, qu'il s'agisse de réaliser un dessin, un geste sportif, enfiler sa veste ? Rock Water FB l'aidera à devenir plus souple.

✱ Il dit non à tout, répond avec impertinence ou agressivité, véhicule une énergie négative (tristesse ou colère), s'emporte à la moindre contrariété ? L'hydrolat de rose de Damas va améliorer son humeur et lui permettre de retrouver une harmonie émotionnelle.

✱ Il a la bougeotte, commence tout mais ne finit rien ? Vervain FB, associé au besoin avec des granules d'Argentum nitricum 9 CH, l'aidera à se recentrer et à s'accorder des moments de repos. Pensez à diffuser régulièrement une huile essentielle de camomille romaine ou de Mandarine dans la maison pour une atmosphère zen.

✱ Il vit à deux cents à l'heure, ne supporte pas d'attendre, veut tout, tout de suite, est autoritaire, irritable, s'ennuie facilement ? Impatiens FB, associé éventuellement avec des granules de Nux Vomica 15 CH ou de l'hydrolat de lavande vraie l'aideront à ralentir le rythme et à s'adoucir.

✳ Il a toujours « les doigts dans la prise » à cause de ses journées denses, il parle beaucoup et a du mal à faire descendre son excitation ? L'huile essentielle de marjolaine à coquilles (puissant calmant nerveux) va lui permettre de déconnecter, physiquement et psychologiquement, et d'enclencher une détente profonde (à diffuser ou à appliquer en massage).

✳ Si l'ambiance à la maison est électrique, que les enfants se chamaillent beaucoup, diffusez pendant quelques minutes de l'huile essentielle de mandarine ou de lavande vraie pour faire revenir le calme.

✳ À l'heure des devoirs, pour les aider à se concentrer, diffusez de l'huile essentielle de basilic exotique et/ou de citron !

Si l'enfant est en proie à des tempêtes émotionnelles

✳ En cas d'accès de fureur incontrôlée, si l'enfant semble perdre pied et se montre très violent avec son entourage ou avec lui-même, veut tout casser autour de lui, Cherry Plum FB va le calmer et le ramener à la raison.

✳ Pour espacer ces crises de colères/agitation, une cure d'une quinzaine de jours de Chamomilla vulgaris 15 CH pourra également le rendre moins irritable et Nux vomica 15 CH va calmer son agressivité.

✳ En pleine période sensible de l'ordre, certains enfants ne supportent pas la moindre tache sur leurs vêtements, se lavent les mains à la plus petite saleté, s'emportent parce qu'un vase a changé de place, que le rituel de la journée est bousculé par un imprévu ! Vite, Crab Apple FB à la rescousse ! Cette fleur va l'aider à s'assouplir et à mieux estimer ce qui est important et ce qui l'est moins !

✳ Il fait preuve d'autoritarisme auprès de ses copains d'école comme à la maison, agit comme un petit dictateur, veut obstinément avoir le dernier mot sur n'importe quel sujet ? Vine FB et des granules d'Aurum metallicum 15 CH vont l'aider à développer son écoute des autres et

> **EN APARTÉ**

POUR VOUS RASSURER

Certains caps sont plus difficiles à passer que d'autres et peuvent être éreintants pour les parents. Mais gardez en tête que :

— la quasi-totalité des familles vivent ou ont vécu cela pendant des périodes plus ou moins longues, sauf les enfants de Superman, qui viennent de Krypton, ceux de la blogueuse #trophappy #comblée #mykidsmylove, qu'elle préfère assortir aux rideaux du salon plutôt que de vous montrer la vraie vie, et ceux de tous les parents parfaits et complètement mytho !

— la maturation cérébrale de votre enfant est en cours ! Plus votre attitude sera bienveillante (même si elle peut être ferme !), plus il apprendra vite à maîtriser ses émotions... Et ces phases difficiles ne seront plus qu'un lointain souvenir ! #patience #maytheforcebewithyou.

son empathie, à troquer sa posture tyrannique contre un leadership naturel !

✱ Il est parti dans une crise de larmes interminable qu'il n'arrive pas à juguler ? Faites-lui respirer un galet ou un petit mouchoir sur lequel vous aurez versé quelques gouttes de camomille romaine.

✱ Il est irritable et enchaîne les crises de colère (toutes origines confondues) ? Commencez toujours par vérifier que ces besoins fondamentaux sont comblés (affection, sommeil, faim/soif) et qu'il ne rencontre pas de problème particulier qui vous aurait échappé (à l'école, dans la fratrie, lors des activités extrascolaires). Si tel n'est pas le cas, testez au choix, sur une dizaine de jours, Impatiens FB ou une association homéopathique de Chamomilla vulgaris et Nux vomica 15 CH. L'hydrolat de rose de Damas a également un effet puissant pour contrer colère, irritations et agressivité (une cuillerée à soupe une à deux fois par jour pour amener un sentiment de paix intérieure et d'harmonie). Une cure de magnésium, de lithium ou de zinc pourrait aussi l'aider à s'apaiser. Enfin, si aucun de ces remèdes ne fonctionne, interrogez-vous sur la probabilité d'une intolérance alimentaire et/ou n'hésitez pas à vous faire aider de spécialistes.

À l'école

✱ Il appréhende la rentrée des classes, le départ en classe de mer ou tout autre événement à venir (qu'il s'agisse d'un examen ou d'une visite chez le dentiste) ? S'il pleure, donnez-lui Gelsemium 15 CH ou Ignatia Amara. En cas de maux de ventre, Cina 9 CH (trois granules par jour).

✱ On lui a répété cent fois la même consigne mais il ne semble pas l'entendre ou s'en souvenir et reproduit les mêmes erreurs (d'inattention ?) ? Chestnut Bud FB va l'aider à tirer des leçons du passé.

✱ Il a du mal à se concentrer ? Qu'il s'agisse de surmenage intellectuel ou de difficulté d'attention, Kalium phosphoricum 15 CH va pouvoir l'aider.

✱ Il éprouve un sentiment d'injustice ou de vexation face à un épisode précis ? Donnez-lui Staphysagria 15 CH pour l'aider ce cap.

✱ Il est hyperémotif et chaque jour est vécu comme un tour de grand huit ? Ignatia amara 9 CH va le stabiliser.

✱ Il a du mal à se défendre ou fait l'objet de moquerie ? Centaury FB lui permettra de répondre fermement et se faire mieux respecter.

> **RAPPEL !**
>
> L'usage d'huiles essentielles est déconseillé pour les enfants de moins de cinq ans. N'oubliez pas de les diluer dans de l'huile végétale ou des émulsions naturelles (crème, gel douche, etc.).

✻ Tous les matins, c'est la même rengaine : « Je ne veux pas aller à l'école. » Il n'a ni envie ni motivation. Wild Rose FB va lui rendre son enthousiasme et le plaisir de découvrir le monde !

✻ Il est turbulent, impulsif, et il lui est très difficile de rester assis calmement de longs moments à l'école ? L'huile essentielle de Marjolaine à Coquilles pourra lui être d'un grand soutien.

Avec les autres

✻ Il a tendance à être égocentrique, narcissique, il ramène tout à lui, parle de lui tout le temps et ne supporte pas d'être seul ? Ce besoin d'attention n'est souvent que le signe d'un profond besoin d'être aimé. Heather FB va lui permettre de se débarrasser de cette crainte pour aller à la rencontre des autres.

✻ Il existe un remède pour des enfants « pots de colle », toujours « dans les jupes de leur mère » ! Avec Chicory FB, ils vont enfin prendre leur indépendance – toutes proportions gardées ! À noter qu'il s'agit souvent d'une manifestation d'insécurité affective (qu'il faudra donc calmer)

> ### EN APARTÉ

UN REMÈDE ULTRA-RAPIDE

Si vous manquez de temps ou que vous cherchez un remède ultra-rapide qui vous permette de prendre du recul quand la situation est bloquée ou que vous vous sentez épuisé, accordez-vous une heure (ou au moins une dizaine de minutes) pour visionner un sketch de Florence Foresti sur les mères parfaites, une vidéo de Véronique Gallo dans *Vie de Mère* (merci YouTube !), lire une ou deux planches de Mademoiselle Caroline ou quelques pages de *Serial Mother*… L'humour est un des remèdes naturels les plus efficaces pour votre santé émotionnelle et mentale ! Une automédication à pratiquer sans modération !

ou d'une difficulté à se détacher (dans ce cas, le parent est également invité à prendre Chicory FB !)

✳ Il traverse une période où il critique beaucoup son entourage et se montre très impatient ? Beech FB va l'aider à être plus tolérant.

✳ Contre les manifestations de jalousie, les rivalités exacerbées (notamment dans la fratrie), déclenchant des disputes, coups, morsures, invectives et autres déclarations du type «Je te déteste ! », Holly FB va rouvrir la porte de leur cœur.

✳ Il se compare sans cesse aux autres en se dévalorisant et éprouve un vrai complexe d'infériorité (physique ou intellectuel) ? Larch FB va développer l'estime de soi.

✳ Il est très timide, un peu peureux, et a du mal à aller au contact des autres ? Mimulus FB va l'aider à prendre confiance et s'ouvrir enfin.

✳ Déménagement, rentrée des classes, arrivée d'un petit frère ou d'une petite sœur ? Walnut FB est la fleur des grands changements ! Elle aide les enfants à passer des caps importants en douceur.

Les fleurs de Bach spécial parents

Nous, parents, ne sommes pas épargnés au niveau des émotions ! Les spécialistes des fleurs de Bach ont l'habitude de dire que les parents devraient prendre le même remède que l'enfant, car nos comportements sont souvent plus liés qu'on ne le croit. Je vous laisse juge de la pertinence de ce conseil, en fonction des humeurs et attitudes auxquels vous êtes confrontés au quotidien ! Quoi qu'il en soit, certaines fleurs de Bach devraient résonner dans votre expérience de parents.

✳ Vous avez du mal à dire non à vos enfants, vous vous mettez en quatre pour leur faire plaisir, quitte à ressentir une intense fatigue ou à vous plonger dans l'embarras (retard, budget, etc.) ? Centaury FB va vous aider à dire non à bon escient et à vous écouter. C'est important pour vous mais aussi pour avoir une relation authentique avec eux.

✳ Vous êtes prêt à tout pour vos enfants mais vous trouvez qu'ils vous le rendent bien mal ? Vous leur en voulez parfois et vous vous sentez

VOS ALLIÉS AU QUOTIDIEN

frustré, malheureux, pas aimé à la hauteur de vos efforts ? Chicory FB vous mettra dans une posture de générosité désintéressée.

✳ Vous aimeriez laisser de l'autonomie à votre enfant pour qu'il se développe et s'épanouisse, mais vous ne pouvez vous empêcher de le retenir. Va-t-il y arriver ? Et s'il tombait ? S'il se faisait mal ? S'il était déçu ? Vos craintes risquent de saper sa confiance en lui ! Red Chestnut FB vous aidera à surmonter vos peurs pour les autres.

✳ Vous doutez de vos intuitions de parent pour éduquer vos enfants, vous vous laissez influencer par votre belle-mère, le pédiatre ou votre meilleure amie ? Walnut FB va renforcer votre capacité à décider en votre âme et conscience.

OUI, NOS ENFANTS ONT DES SUPER-POUVOIRS !

Cela dit, on le savait depuis longtemps : ils sont capables de nous faire revenir sur nos principes « in-dé-bou-lon-nables », de se télé-porter à douze mètres de vous le temps que vous cligniez d'un œil, de se transformer en véritable Gremlins devant un biscuit cassé (alors que d'habitude, vous pourriez jurer que vous habitez avec Gizmo !), de savoir précisément le moment où vous poserez les fesses sur la cuvette des toilettes pour vous demander « T'es oùùùùùùùùùù ? », de laisser des empreintes de doigts incroyablement collantes, tel Superman, sur tous les murs de la maison, de faire fondre votre cœur en 2 min 5 avec un câlin, un bisou, un mot doux… Oui, pas de doute, nos enfants ont des super-pouvoirs !

Mais grâce à de nombreux pédagogues, chercheurs et spécialistes de la petite enfance, nous savons aussi qu'ils ont des super-pouvoirs inhérents à tous les êtres humains :

✽ celui d'être des explorateurs nés habités d'une curiosité insatiable ;

✽ celui d'avoir un cerveau surpuissant, qui va apprendre sans relâche et s'hyper-spécialiser au fil des expériences ;

✽ celui d'être naturellement bons envers leur prochain ;

✽ celui de se concentrer intensément et d'user avec subtilité de leurs sens ;

* celui de partir en quête de leur autonomie en ayant simplement, au préalable, observé leurs semblables ;

* celui de savoir faire preuve de libre arbitre dans le respect de leur entourage, si on les laisse s'exercer ;

* celui d'avoir envie de comprendre les êtres qui les entourent, d'être intégrés comme membres à part entière de leur famille et d'être aimés inconditionnellement ;

* celui de s'enthousiasmer pour toutes les actions du quotidien, si banales nous semblent-elles.

Alors que les questions de transmission et de développement du potentiel de l'enfant habitent chaque parent, il est galvanisant de comprendre que ces super-pouvoirs d'empathie, de concentration, d'autonomie, de coopération, d'altruisme, d'intelligence ne demandent qu'à être révélés ! Il suffit d'un environnement adapté à la taille de l'enfant, d'expériences quotidiennes enrichissantes, d'une attitude d'ouverture et de bienveillance de la part des adultes qui l'entourent. Pas de méthode ni de matériel spécifique, la panoplie du super-parent peut se résumer à un tournevis, des renforts aux genoux, une capacité d'empathie à toute épreuve… et un profond respect des lois intérieures de l'enfant.

L'enfance est une période sacrée, qui pose les bases de l'adulte à venir. En qualité de parent, elle nous demande de ralentir nos vies de grands pour respecter le rythme de l'enfant, d'oser nous libérer de nos croyances et de nos principes éculés, d'être à la fois un modèle à suivre, un observateur discret des petits exploits accomplis quotidiennement et un accompagnateur créatif, prêt à expérimenter et à enrichir la vie de tous les jours.

Si nous savons prendre la mesure de ce rôle, nul doute que nous pourrons alors, chaque jour, ressentir cet émerveillement décrit par Maria Montessori : «Je me mets au travail comme la paysanne qui, ayant mis de côté une bonne réserve de semence de blé, a trouvé un terrain fertile où semer librement. À peine les premières mottes de mon champ retournées, c'est de l'or que je trouve… Je me sens alors comme ce fou d'Aladin qui sans s'en douter, tenait en main la clé des trésors cachés. » (*L'Enfant,* 1936.)

Que l'enthousiasme de Maria Montessori vous inspire et vous habite longtemps pour révéler les super-pouvoirs de vos enfants.

BIBLIOGRAPHIE

✔ Pour approfondir ses connaissances sur la méthode Montessori

Maria Montessori *L'Enfant*, (1936), Desclée de Brouwer.

Edwin Mortimer Standing, *Maria Montessori : sa vie, son œuvre*, Desclée de Brouwer.

Céline Alvarez, *Les Lois naturelles de l'enfant*, Les arènes, 2016.

✔ Pour changer notre regard sur l'enfant

Tous les livres de Jesper Juul, mais plus particulièrement : *Regarde... ton enfant est compétent. Renouveler la parentalité et l'éducation*, Chronique sociale, 2012. — *Voulons-nous vraiment des enfants forts et en bonne santé ?*, Éditions Fabert, 2015.

Alfie Kohn, *Aimer nos enfants inconditionnellement*, Éditions L'Instant présent, 2014.

Arnaud Deroo, *Porter un regard bien-traitant sur l'enfant et sur soi – « Sois sage, obéis ! »*, Chronique sociale, 2014.

John Holt, *Les Apprentissages autonomes*, Éditions L'Instant présent, 2014.

✔ Pour résoudre les grandes interrogations du quotidien

Catherine Gueguen, *Vivre heureux avec son enfant*, Robert Laffont, 2015.

Guillemette Faure, *Le Meilleur pour mon enfant*, Les arènes, 2015.

Isabelle Filliozat, *J'ai tout essayé !*, Marabout Poche, 2013.

Jesper Juul, *L'Art de dire non en ayant la conscience tranquille*, Chronique sociale, 2012.

BIBLIOGRAPHIE

✔ Pour se libérer des violences éducatives

Olivier Maurel, *Oui, la nature humaine est bonne !* Robert Laffont, 2012.
— *La Fessée. Questions sur la violence éducative*, La Plage, 2015.

Alice Miller, *C'est pour ton bien. Racines de la violence dans l'éducation de l'enfant*, Champs Essais, 2015.

✔ Pour adopter une nouvelle manière de communiquer avec ses enfants

Haïm Ginott, *Entre parent et enfant*, L'Atelier des parents, 2013.

Adèle Faber et Elaine Mazlish, *Parler pour que les enfants écoutent, écouter pour que les enfants parlent*, Éditions Phares, 2012.

✔ Pour apprivoiser les grandes émotions

Isabelle Filliozat, *Au cœur des émotions de l'enfant*, Marabout Poche, 2013.

Eline Snel, *Calme et attentif comme une grenouille*, Les arènes, 2012.

Nathalie Choux et Gilles Diederichs, *Comptines de relaxation*, 2008.

✔ Pour comprendre le cerveau de l'enfant

Daniel Siegel et Tina Paine-Bryson, *Le Cerveau de votre enfant*, 2015.

✔ Pour rire et prendre du recul sur le quotidien !

Véronique Gallo, *Vie de mère*, sur Youtube.

Florence Foresti, *Mother Fucker* et *Madame Foresti* (DVD).

Mademoiselle Caroline, *Mamaaaaan ?! Quoi encore ?*, Delcourt, 2016.

Jessica Cymerman, *Serial Mother. Comment survivre avec des enfants*, Le Livre de poche, 2014.

REMERCIEMENTS

Merci à Gary et Gaspard! Qu'ils me permettent, encore pour quelque temps, de m'aider à progresser, m'enrichir et devenir une meilleure version de moi-même.

Merci à Fred de m'accompagner avec amour et humour sur ce chemin périlleux qu'est la parentalité et la construction d'une famille.

Merci à nos parents et nos grands-parents pour tout ce qui vaut la peine d'être transmis.

Merci à tous ceux qui, de la crèche des Couleurs à l'école Montessori, ont accompagné avec bienveillance nos enfants depuis plusieurs années et nous ont permis de progresser: Fabienne, Claire, Isabelle, Elisabeth, Habiba, Justine…

Merci à nos amis pour leur soutien inconditionnel et pour leur humour salvateur: Claire, Marc, Virginie, Pascal, Céline, Nicolas, Matthieu, Didier, Capucine, Pascale, Sylvain, Junior, Catherine…

Merci aux belles rencontres personnelles et professionnelles: Lydie Barusseau, Aude Lemaitre, Alain Ramier dit Patte de lapin, Chantal André, Xavier Gibert, Bertrand Barré, Emma Terrier et Erwan Girerd, ainsi que tous les experts qui nous ont suivis les yeux fermés dans l'aventure No Milk Today.

Merci à l'équipe de Marabout pour son enthousiasme et son professionnalisme, et tout particulièrement à Olivia Maschio Esposito pour son implication sans faille.

REMERCIEMENTS

Merci à nos petits modèles : Amicie, Hortense, Balthazar et Gary, ainsi qu'à leurs parents et frères et sœurs. Merci à leur photographe, Marine Poron.

Merci à Maria Montessori, Jesper Juul, Alfie Kohn, Daniel Siegel, Haim Ginott, Jeannette Toulemonde, Olivier Maurel, Catherine Guegen et Céline Alvarez d'avoir défriché, pour tous les parents, le monde de l'enfance et de nous faire partager leurs intuitions, leurs savoirs, leurs convictions pour que nous devenions de meilleurs révélateurs de super-pouvoirs !

NO MILK TODAY !

Après une carrière de consultante en stratégie marketing, Audrey Zucchi a crée *No Milk Today* lorsque son fils a soufflé sa deuxième bougie. Inspiré de la Méthode Montessori et des dernières découvertes sur le cerveau de l'enfant, *No Milk Today* met au point des kits pédagogiques réunissant une multitude d'objets innovants pour adapter les maisons d'adultes à la taille des enfants et les laisser expérimenter en toute autonomie.

La mission de parent étant un challenge au quotidien, *No Milk Today* accompagne également les familles à l'aide de e-magazines mensuels dans lesquels des experts passionnants et aguerris (naturopathe, aromathérapeute, nutritionniste, coach parental, éducatrices Montessori, chefs cuisiniers, monitrice de pleine conscience…) font découvrir les meilleurs conseils et les plus chouettes activités pour une vie de famille joyeuse et bienveillante !

Sur le site Internet www.nomilk-today.com, trois kits sont disponibles :

✱ *Prendre soin de soi*, pour soutenir l'autonomie de votre enfant matin et soir et favoriser les remèdes et soins naturels au quotidien.

✱ *En cuisine et à table*, pour encourager les comportements élégants à table et maîtriser les gestes et habiletés nécessaires en cuisine.

✱ *Ma maison et moi*, pour que votre enfant participe à vos côtés aux tâches ménagères et créer une multitude de plateaux Montessori.

NO MILK TODAY !

Pourquoi *No Milk Today* ? C'est un clin d'œil à une injonction que tous les enfants se mettent à scander à partir de 18 ou 24 mois : quand ils vous lancent un matin « Pas de bib' aujourd'hui » ou « Moi tout seul ! », ils affirment leur envie de grandir et d'expérimenter en toute autonomie ! Pour chaque parent, c'est alors le moment de mettre en application le célèbre adage de Maria Montessori : « Aide-moi à faire seul ! »

No Milk Today,
Des objets pour les enfants
Des idées pour les parents
Pour un quotidien d'inspiration Montessori
Joyeux et bienveillant

TABLE DES MATIÈRES

Faire le choix de la bienveillance.. 9

Être parent : un art difficile 11
Dans une famille qui bouge, la place de chacun change 11
Les enfants sont eux aussi bien différents de ceux que l'on a été....... 12
L'enfant est devenu un choix, presque une cerise sur le gâteau 13

Vive la parentalité bienveillante...................................... 15
Ce qu'en disent les neurosciences 16
C'est bon aussi pour les parents....................................... 21

Montessori : une source d'inspiration formidable........................... 22
Les trois piliers de la pédagogie Montessori 24

À l'épreuve du quotidien 31
Libérez-vous de la violence éducative ordinaire 32
Affranchissez-vous du concept d'obéissance ! 36
Faites de votre couple une priorité................................ 41
N'oubliez pas vos besoins et restez authentique ! 44

UNE JOURNÉE EN FAMILLE

Pour des matins qui chantent.....................................49

Mettez au point un rituel **49**
Commencez par mettre au point le rituel idéal................... 50

TABLE DES MATIÈRES

Et maintenant, ajustez!... 51
Identifiez les saboteurs!.. 51
Que peuvent faire vos enfants – en toute autonomie?........................ 52
Votre rituel est au point: mettez-le en forme!................................ 55
Un conseil de famille pour présenter votre rituel 56

Adaptez l'environnement.. **60**
Dans la chambre: pour aider votre enfant à s'habiller seul.............. 60
Dans la salle de bains: pour l'aider à se faire beau tout seul 66
Dans l'entrée: pour rendre les départs plus faciles 69

Ne sabotez pas votre bienveillance dès le petit déjeuner!................ **70**
La face cachée du petit déjeuner «idéal»...................................... 70
De l'énergie au naturel... 72
Un petit déjeuner en autonomie 75

Ces détails qui font la différence!... **77**
Prenez 15 minutes pour vous 78
Déléguez et faites confiance… vraiment! 78
Désamorcez les petites bombes du matin...................................... 79
Soyez prêt à gérer les crises 80
Injectez une dose de bonne humeur.. 80

Pour des repas zen 85

Invitez vos enfants en cuisine! **85**
Pourquoi c'est important qu'ils mettent la main à la pâte.................. 87
Pourquoi cela va vous faciliter la vie 93
Un environnement préparé et des ustensiles à leur taille.................. 95

À table! **101**
Quelques facilitateurs indispensables.. 101
Les conflits de table revisités 103
Encouragez la politesse 105
«À table!»: ce n'est pas un ordre, c'est une invitation! 107

TABLE DES MATIÈRES

Pour des activités épanouissantes 113

À quoi on joue ? 113

L'intelligence de la main et les défis du quotidien 116
Laissez-le toucher 118
Laissez-le expérimenter 119
Valorisez les défis du quotidien 120
Ralentissez vos gestes 120

Tous unis pour une maison agréable ! 121
Des expériences importantes… 121
…et enthousiasmantes pour les enfants 122
Quelles tâches lui proposer ? 123
De vrais ustensiles 124
Je range, tu ranges, il range 127

Les plateaux d'activités pour la dextérité et la concentration 128
Comment composer les plateaux d'activités ? 128
Quelles activités proposer ? 130

Adaptez les espaces communs pour les activités 134
Le coin « travail »/Montessori 135
Le coin calme/lecture 140
Le coin nature 142

Pour des soirées apaisées 151

Se reconnecter quand on se retrouve 152
Un geste pour se reconnecter 153
« Tu me racontes ta journée ? » 154

Une ambiance zen et des activités calmes 156
Douceur et bienveillance 156
Yoga, méditation, relaxation : des aides précieuses 157

L'heure des soins apaisants 161
Apprenez-lui à prendre soin de son corps 161
Faites du bain un moment de bien-être 165

TABLE DES MATIÈRES

Quand la peur s'invite au moment du bain 169

L'heure du dîner **171**
Un moment de calme 171
Un dîner qui favorise le sommeil 172

L'heure du coucher **174**
Un lit adapté pour respecter son autonomie 174
L'histoire du soir 176

Pour mieux vivre tous ensemble 181

Des règles plutôt que des interdits **181**
Avant de passer à l'acte 182
Au travail ! 182

Et si on faisait un peu plus attention à ce que l'on dit ? ... **184**

Frictions du quotidien ou grosses crises émotionnelles **187**
Niveau 1 : la petite friction du quotidien 187
Niveau 2 : lorsque l'enfant est en crise 193
Niveau 3 : la claque, les mots qui font mal, les cris sont partis
   tout seuls ! 197

Avec les grands-parents **201**
Comment gérer cette relation ? 203

Dans la rue, à la crèche, à l'école, etc. **206**

VOS ALLIÉS AU QUOTIDIEN

Adoptez la philosophie du hygge 215

Le point d'équilibre famille/travail **215**

Profiter du moment présent, en toute simplicité **218**

Quelques idées au quotidien **220**
Quand vous êtes présent, soyez-le vraiment 220

Ralentissez et prenez le temps de ne « rien » faire 221
Apprenez à vos enfants à ressentir les petites joies de l'existence 223

L'alimentation positive 229

Ces aliments dont nous devrions nous méfier… 230
Le sucre : l'ennemi public numéro 1 230
Également sur le banc des accusés : le gluten et le lait de vache 235
Les complices discrets : les additifs alimentaires 238

Faites évoluer le contenu de votre chariot 241
Organisez vos achats 242
Les fruits et légumes : bio de préférence 243
Les farines : sans gluten et non raffinées 245
Le lait et ses dérivés : misez sur les alternatives végétales 246
Le sucre : intégral et naturel 247
Matières grasses : optez sur les « bons » lipides 248

Revoyez le contenu de leurs assiettes 249

À boire ! 251
Quelle eau choisir ? 252

Les remèdes naturels 255

Pourquoi avoir recours aux médecines naturelles ? 255

L'aromathérapie 257
Les huiles essentielles 258
Les huiles végétales et les macérats huileux 262
Les hydrolats 262

L'homéopathie 264

Les fleurs de Bach 265

Votre armoire à pharmacie naturelle 268
Au quotidien 268
Pour l'été 274
Pour l'hiver 275

Pour les crises émotionnelles, les troubles psychologiques
ou du comportement... 278

Les fleurs de Bach spécial parents 285

Oui, nos enfants ont des super-pouvoirs ! 287

Bibliographie 291

Remerciements 293

No Milk Today ! 295